贺兰山下种树人

宁夏大学口述实录（第二辑）

主编 郎伟

副主编 王海文 马海龙 张惠

黄河出版传媒集团
阳光出版社

图书在版编目（CIP）数据

　　贺兰山下种树人：宁夏大学口述实录. 第二辑 / 郎伟主编；王海文，马海龙，张惠副主编. -- 银川：阳光出版社，2021.9（2024.7重印）
　　ISBN 978-7-5525-6087-9

　　Ⅰ. ①贺… Ⅱ. ①郎… ②王… ③马… ④张… Ⅲ. ①宁夏大学－校史－史料 Ⅳ. ①G649.284.31

　　中国版本图书馆CIP数据核字（2021）第195041号

贺兰山下种树人——宁夏大学口述实录（第二辑）

郎　伟　主　编

王海文　马海龙　张　惠　副主编

责任编辑　李媛媛　贾　莉
封面设计　晨　皓
责任印制　岳建宁

黄河出版传媒集团
阳　光　出　版　社　出版发行

出　版　人　薛文斌
地　　　址　宁夏银川市北京东路139号出版大厦（750001）
网　　　址　http：//www.ygchbs.com
网上书店　http：//shop129132959.taobao.com
电子信箱　yangguangchubanshe@163.com
邮购电话　0951-5047283
经　　　销　全国新华书店
印刷装订　宁夏凤鸣彩印广告有限公司
印刷委托书号　（宁）0030340

开　　　本　880 mm×1230 mm　1/16
印　　　张　19.75
字　　　数　260千字
版　　　次　2021年9月第1版
印　　　次　2024年7月第2次印刷
书　　　号　ISBN 978-7-5525-6087-9
定　　　价　62.00元

总　序

1958年10月25日，经党中央、国务院批准，宁夏回族自治区成立。同年金秋，宁夏大学正式创建。

1958—1962年，一批接一批刚刚走出大学校门的青年学子，或参加工作不久的热血青年，积极响应党和政府"到边疆去，到西北去，到祖国最需要的地方去"的号召，怀着为祖国建功立业的崇高理想，毅然告别家乡和亲人，分别从北京、上海、天津、成都、广州、沈阳等繁华都市，义无反顾地奔赴偏僻遥远的宁夏，进入初创的宁夏大学（含宁夏师范学院、宁夏农学院、宁夏医学院），从而结束了宁夏没有大学的历史，翻开了宁夏高等教育崭新的一页。

1958—1978年，经历了初创的万般艰辛，年轻的宁夏大学和第一代"宁大人"，在极其艰难的条件下负重前行，在诸多因素困扰几近停办的情况下，初心不改，矢志不移，广大师生员工用坚定的信念、坚强的意志、勇于自我牺牲的情怀以及敢于努力争先的勇气，在一片荒漠戈壁滩上，书写了一部白手起家、共克时艰、螺旋式上升、曲折中前进的传奇，谱写了一曲坚韧不拔的生命之歌，同时也培育出了"不畏风寒、不怕困难、根深叶茂、本固枝荣"的宁大"沙枣树"精神，并传之后世，影响至今。

党的十一届三中全会至今，宁夏大学步入良性发展的快车道，学校几经分合，也先后迎来了宁夏工学院、宁夏教育学院（含银川师专）的并入和宁夏农学院的回归，完成了由单一师范教育为主向多学科发展的综合性大学的华丽转身。2004年，宁夏大学成为自治区政府与教育部"省部共建高校"；2008年，迈进国家"211工程"重点建设高校行列；2012年，成为"中西部高校综合实力提升工程"入选高校；2017年，跨入国家一流学科建设高校行列；2018年，跻身教育部与自治区人民政府"部区合建"高校行列。

在此期间，一代又一代"宁大人"，人心思齐、人心思进，抢抓机遇、砥砺前行，无论是苦心孤诣创办专业、凝练教学科研特色内涵的专家学者，还是殚精竭虑引领广大师生"跳出宁大看宁大""跳起来摘苹果"的一届届校领导，他们在社会大发展的关键节点上，立足地域优势和自身特色，创新进取、开拓前进，突破瓶颈、衔命疾进，使这个西部小省区名不见经传的地方高校一步步成长壮大。

高校应该是宁静的育人家园、活跃的学术社区和典雅的文化高地；大学以育人为本、尊重学者、崇尚学术为理念。回首宁夏大学六十多年的奋斗历程，我们感念于第一代"宁大人"付出的巨大牺牲和无私奉献，感念于此后一代代"宁大人"薪火相传的责任心和使命感。从这个意义上说，《贺兰山下种树人——宁夏大学口述实录（第二辑）》的结集出版，一方面使我们有幸聆听老领导、老教师讲述的精彩故事和不同的心路历程；另一方面，也有益于让后来的"宁大人"知道，宁夏大学的前辈们，他们如何用理想信念、文化传承来抵御生活的艰难和生存的困扰，如何用文化的火种照亮后来者前行的道路，又是如何努力用健康和谐的团体生活、心无旁骛的学术追求，来激励自己，培养合格的社会主义建设者和接班人。广大读者可以通过本书的阅读，欣赏到可歌可敬的老领导老教师的群像：真诚践行尊师重教的老校长刘继曾，为教师优先解决住房、为改善宁大办学条件奔走呐喊的法学家校长吴家麟，大学毕业便怀着一腔热血从北京师范大学奔赴宁夏扎根银川、"西行铺路五十年"的李增林（原宁夏回族自治区政协副主席）、张奎校长、刘世俊副校长，几十年如一日把教学科研搬到田间地头的李玉鼎教授（原宁夏农学院院长）、陈如熙教授，勇于开拓、敢于担当的张秀林（原宁夏教育学院院长）、杨圣诠（原宁夏工学院院长），以及抢抓机遇、目光深远，把宁夏大学带进"211工程"建设行列的陈育宁书记、校长（宁夏回族自治区政协原副主席），等等，他们的口述质朴亲切，他们的故事令人起敬。他们和所有创建初期的"宁大人"一样，是指路的明灯，是铺路的基石，也是燃烧的蜡烛，涅槃的凤凰，他们的牺牲和奉献，历史不会忘记，宁夏大学会永远铭记。

2019年夏日，站在新的起跑线上，宁夏大学适时召开了第七次党代会，明确提出了"到2025年，把宁夏大学建成区域特色鲜明、服务地方能力突出的西部一流大学"的一个战略目标，"立德树人"和"双一流"建设两条工作主线，"建设高效能现代大学治理体系"等七项重点任务。这是面向未来，学校各项事业的顶层设计和发展愿景，凝聚了全校师生的智慧，体现了全校师生的共同愿望。

自古至今，人才是第一生产力，是宝贵的财富，优秀的教育工作者，是助推学校不断发展壮大的力量源泉。当打开这本书的时候，你一定会从这些德高望重的老前辈身上，聆听到他们不一样的人生经历，学习到他们宝贵的治学育人经验，从而引发深思，深受裨益。我们有理由相信，目前已处于历史上发展势头最好的宁夏大学，必将涌现更多的有益于学校发展和社会建设的优秀人才。

铭记历史，这本书无疑是"宁大人"树立标杆、自我认知的一扇窗口，是贺兰山下种树人难忘的集体记忆。

开拓未来，宁夏大学新的发展蓝图已经绘就，新一届学校党委正与时俱进，牢牢把握"部区合建"和"双一流"建设叠加的重大历史机遇，不断增强忧患意识、创新发展理念、完善体制机制、优化治理结构，以更高远的历史站位、更宽广的国际视野、更深邃的战略眼光，加快推进综合改革，为学校发展作出长远谋划、注入永续动力，引领全校师生员工，承前启后、继往开来，丰富并更新着宁夏大学的光荣传统和"沙枣树"精神的时代内涵。

　　校史档案工作是学校文化建设的重要组成部分，抢救性采集口述校史，是一项非常有意义的工作，由此，我们在感谢编者付出辛勤劳动的同时，也对这本书的付梓，充满热忱的期待。

宁夏大学党委书记　李星

二〇二〇年七月二十七日

贺兰山下种树人·序

作为地处祖国西北地区的一所地方性高校，宁夏大学始建至今，已经走过了62年的峥嵘岁月。62年当中，几代人为这所地方高校的建设和发展贡献了青春和热血、汗水和智慧；也见证了这所大学由1958年创建时的"三土"学校（土教师、土教室、土学生）成长为今天的211大学和"部区合建"大学的不平凡历程。

对人类发展的广漠悠长时空而言，62年的时间不算漫长，这一段岁月在历史的长河里所激起的应有"浪花"也并非巨大无比。然而，对所有曾经和正在生活、工作、战斗和学习在这座校园里的人而言，62年又是多么漫长而又充满了人生的丰富意味和内心情韵的时光。许多人以满怀激情和梦想的青春年纪来到宁夏大学，一直到花甲之年带着依依不舍的深情离开洒过汗水和泪水的校园，他们的一生与宁夏大学相伴相随，其生命年轮里已经无可避免地留下了"宁大岁月"所带来的深刻记忆。他们青春年少的时候，共和国也正年轻。于是，他们高唱着"革命人永远是年轻"的时代之歌，感应着"大风起兮云飞扬"的时代召唤，从祖国的四面八方，来到当时甚为荒寒的宁夏，开始了宁夏高等教育历史的第一次美丽书写和描画。当他们即将进入壮年的时刻，这片土地的上空忽然间阴云密布、寒流阵阵。西北风比往日要凛冽了许多，讲台上的讲授也带着些滞重和迟疑。好在，飘流于天空中的疑云终于被时代的长风吹散吹跑，改革开放的灿烂阳光一时间洒满原本荒凉的西北之地。正是在春风浩荡、壮怀激烈的20世纪80年代，那些经历了岁月淬炼、命运磨砺的"归来者"们和在新时期以后逐渐加入宁夏大学教职员工行列的更年轻的奋斗者们，在新的历史条件下，开始了宁夏大学的又一次崭新创业之旅。在时代风潮的强劲推动之下，这一次的创业显然异乎寻常，这一次的建设和发展也完全超出许多人的想象。当时间进入21世纪，坐落于黄河之滨、贺兰山下的这座西部高校，已经不再是面貌模糊、神情黯淡的旧有状态。相反，激情四溢、从容挥洒倒成为宁夏大学的崭新气质。这显然是新的创业年代所给予的精神馈赠，更是工作和学习于这座校园当中的所有师生用不倦的奋斗和永不停止的追求所塑造的精神性格。

　　我从1984年北京大学中文系毕业后被分配到宁夏大学中文系任教，迄今已经36年。这36年当中，除去在宁夏师范学院任教四年外，我一直在宁夏大学工作，是这座西部高校近四十年来建设和发展的参加者和见证者。1984年7月当我怀着新奇而又忐忑的心情第一次进入这座校园时，我还只是一个22岁的毛头小伙子。如今，经历了岁月风霜的吹打，早已经到了韩愈老先生所谓的"发苍苍、视茫茫"的年岁。这样的年龄，自然会对往昔有回顾、有眷恋，也会对曾经接触过的宁夏大学的创业老人们和耳闻目睹的"老故事"有兴致、有深情。2019年春末，我从宁夏师范学院奉调回到宁夏大学。不久，宁大档案馆馆长王海文来汇报工作，谈话中言及口述实录档案一事。我和海文虽是学中文出身，但老话所谓的"文、史、哲，不分家"，我们的历史感大概比一般人要略强一些。遂商议决定趁宁夏大学的创建老人们还有许多人处于身康体健状态，进行口述档案的抢救式挖掘和记录。目的只有一个：用真实的记录，为宁夏大学的创建史和发展史留一份沉甸甸的历史资料。当然，也希望在日益喧嚣和功利主义成为流行意识的年代，宁夏大学的年轻教师和莘莘学子能够从这一份份口述实录档案中，从并不遥远的故事、人物和旧年事迹当中，深深体会共和国早期历史上的那一份理想主义和集体主义情怀，认真感悟前辈们不畏艰险、不怕困难、矢志不移、发愤图强的硬骨头精神和"舍小家顾大家"的无私、忘我的精神境界。体会和感悟不是为了发"思古之幽情"，而是为了从历史深处和前辈们的奋斗精神当中汲取应有的精神营养和进取的力量，以强大的心脏去迎接未来的挑战。因为，我始终固执地相信：历史是明天的太阳。

是为序。

宁夏大学副校长　郎　伟
二〇二〇年十月二十八日

目 录

王世英

　　王世英，1928年10月生，宁夏中卫人，中共党员，原宁夏教育学院党委书记。1978年主持筹备宁夏教育学院创建工作，为教育学院的发展打下坚实的基础，为宁夏各市县中小学培养多名合格在职教员。1953年宁夏省学委授予王世英"学习模范甲等"荣誉称号。1989年荣获"全国优秀教育工作者"称号。

记者：请您介绍一下自己来到宁夏大学（原宁夏教育学院）工作的情况。

王世英（以下简称王）：我叫王世英，是中卫市（人）。

1979年春天，自治区党委决定把我从自治区教育局调到（原宁夏）教育学院去工作。1972年到1979年，我在自治区文教局做副局长。1978年的5月就定下来要重建教师进修学院，后来又改做教育学院。党的十一届三中全会以后，在改革开放这种情况下，决定成立教师进修学院，也就是在1979年春天（宁夏）教育学院（筹建的时候来校的）。

记者：您能具体谈谈当时筹备宁夏教育学院的情况吗？

王：（宁夏教育学院的工作是）干什么呢？就是要培养中小学合格的教师，（同时）在职的教师也要提高、学习，让他们成为更加合格的教师。因为当时我们的中小学教师很缺，同时师资的质量不高，有些是中学毕业就回到中学教书的，所以在这种情况下要适应教育政策，必须是要把师资问题解决了，才能够大力地发展教育，（自治区党委）就派我去负责搞这个工作。

教育学院的地址就在银川市罗家庄，是原来宁大的农场。宁大农场是干什么的呢？就是当时（学生）实习用的。在这一段时间，教育厅负责在这个农场盖了一栋三层小教学楼，当时也只有这一座三层的教学楼，再的都是一些烂平房。我们去的时候，连办公都没地方。

教育学院要（办）成高等学校，经费是问题，基本建设、房子是问题，师资是问题，反正就是一大堆问题摆在这儿。一开始我们的工作主要是往来调人啊、解决经费啊、搞基建啊。基建就是在西边教学楼的对面，就相当于办公楼啊，这个叫作大教室吧。建了一个大教室，合班上课、开会；建一个办公楼，我们就建这个，上面也批了，给了经费了。再就是逐步规划，要盖学生宿舍楼，要盖教学楼、图书馆楼、实验楼、理化实验楼……图书馆就包括阅览室，等等，那么就要钱啊，

筹备经费啊。那么最后呢，这些问题都如期解决了，学生宿舍楼也盖起来了。那么教师往哪儿住？就是那些旧房子，给收拾一下，隔一

1994年，王世英授课中

间、修一修，给调来的老师安排住上，就这么解决。最后五层大楼也盖起来了，教学楼、图书馆、实验室、综合楼连同教室，整个从东到西一个五层的大楼盖起来了，这些问题也就逐渐解决了。

（当时）根本没有教师，往来调教师有困难，那怎么办？只能分头解决。到处招兵买马、揽人才，先调几个，调不来怎么办？凑不齐，请宁大的老师来。宁大的老师也是有课的，我们就打听好他（宁大老师）的课一星期排多少节，什么时候能上课，我们再给他什么时候排上。后来呢，宁大往西边（西夏区）发展了以后，这个农场基本上就不用了，所以闲置下来了。我们教育学院（与其他兄弟院校）比较起来，我给你说实话，我们西北几个学校来说，几个学院我都去过，考察过、学习过，我们（实力）还是可以的。后来（西北地区的）教育院校每年都要开会交流，我们教育学院是头一批交流的。当时我们和宁大的关系特别好，宁大帮了（教育学院）很大的忙。

当时的经费是教育厅给我们（按）工作人员的编制，一个人给多少钱，再是（招）一个学生给多少钱，这都定了额的。这个钱还是不够，因为一开始招的学生还是少。怎么办呢？就想办法。宁夏回族自治区给我批准的中文（专业）招40个人，数学（专业）招40个人，就是80

个人，那么我就招90个或者是88个。多（出来的学生）在哪里（招）呢？阿左旗、陕北离我们很近，他们（地方上）也是困难很大啊，他们也想着培养教师。在我们招生的时候就和我们联系上。我们考试的时候（阿左旗、陕北的学生）统一（参加）考试，考试后先按我们的分数取上了以后，他们再给我们按照自治区规定的那个标准交些钱。这样子一年能多收入好几万元，所以这个经费问题逐渐也就好转了。

记者：请您总结一下从事教育工作这几十年的体会。

王：因为我是本地人，又办的是本地的教育事业，所以我热爱教育事业。我一辈子就是搞教育的。我参加革命以前就是小学教员，当小学教员的时候，中卫解放了，我就参加革命工作。后来入团，到教育厅（工作后）又入党，以后又到县上去当副科长，到中学当副校长、书记（专职党支部书记），以后又到教育厅来。就是说一贯受党的培养提拔，党的恩惠我总是记在心里。用什么来报答呢？就是不忘初心、牢记使命，现在说就是要好好工作、听党的话，党员就是按党的章程政策办事，严格要求自己。

记者：您对宁夏大学发展有什么期望？对当代大学生有什么寄语？

王：宁大现在各个方面的发展我们都很是满意，我希望我们宁大继续努力地办好。按照党中央的领导的要求来（工作），根据党的思想体系培养人才，现在就是新的方针政策吧，新时期中国特色社会主义教育，我们一定要办好。希望为宁夏、为国家培养大批合格的人才。宁夏大学已经能走在前面，我想一定是可以在大家的努力下（培养好人才）。现在国家建设也很需要（人才），需要我们给输送人才、输送技术。

王世英：初心不改办教育

辛婉怡

党的十一届三中全会开启了改革开放的历史新时期。宁夏回族自治区党委决定成立教师进修学院（后确定为宁夏教育学院），以培养中小学教师，提高在职教师的业务水平，使之成为合格的教育工作者。1979年春天，在自治区教育厅工作的王世英被调任至宁夏教育学院，负责教育学院的筹建工作。

共赴时艰搞建设

20世纪80年代，宁夏地区中小学教师不仅数量缺而且师资质量有待提高。为了适应教育的发展，提高办学质量，自治区党委决定派王世英和闪一昌负责筹建新的教育学院。教育学院筹备初期真是困难重重。宁夏大学搬至新市区后，原来的宁夏大学农场闲置的空地成为教育学院的选址。除了筹办初期教育厅在农场建造的三层教学楼，三百多亩的空地上只有几间破旧不堪的平房。缺资金、缺教师、缺教学楼，这一大堆亟须解决的问题都摆在了王世英面前。从事教育工作多年的王世英明白，眼下最重要的工作就是要打好基础搞基建，于是他多次跑财政厅、教育厅申请经费，联系区计委、建筑公司完善设计图纸，想方设法降低工程成本，提高工程质量，对每一个环节都亲力亲为。为了节约来之不易的资金，他和多家单位联系沟通，合理规划，终于建起了涵盖教学楼、图书馆、理化实验室的五层综合大楼。

解决办学经费短缺

对于新成立的教育学院而言，最大的困难是缺资金。当时的经费是按工作人员编制人数下拨的，学生和教师都是定额。为了获得更多的资金，王世英决定在原计划文科班、数学班各招40人的基础上扩大招生规模。了解到内蒙古阿拉善左旗、陕西省陕北地区这些离银川较近的地区也同样缺乏有经验的高级中学教师，王世英决定通过统一考试录取这些地区的学生，在帮助他们培养合格教师的同时也为教育学院增加了收入。教育学院还为相关单位组织短期学习班，并定期开展相关的教育培训班，这一系列的举措，使办学经费困难的局面逐渐得到了好转。

加强师资队伍建设

经费的问题得到解决后，摆在王世英面前的又一个难题就是教师的缺乏。王世英一边聘请宁夏大学的老师到教育学院代课，同时多方联系西安、上海等地的知名高校，送基层选调上来的大学毕业生和有丰富教学经验的高中教师去上海进修。通过听课、备课、当助教的方式，参加进修的教师不仅带回了新的教材、教案，还带回了先进的教学经验和教学理念。

本着尽量不麻烦他人的初衷，教育学院初期的课程设置都是配合宁夏大学老师的课程表，等宁夏大学的老师们没有课程安排时，把他们请到教育学院来讲课。由于从新市区到教育学院交通不便，身为教育学院院长的王世英在和学院书记闪一昌商量后，决定把教育厅配给他们的汽车专门用来接送来教育学院代课的老师，而王世英每天都骑着自行车上下班，往返于四公里之间的家和学校。与此同时，为了稳定师资队伍，让他们安心地教学和工作，王世英把政府分给教育学院的几套房子贡献出来，并在城里租了一些房子给教师住。凭借多年来基层工作积累的资源，他联系银川各中小学的校长，通过协商让教师子女就近插班学习。此外，还专门买了一辆大轿车接送学校老师和孩子们上学放学。

创新专业课程设置

教育学院主要招收高中毕业或师范毕业的在中小学任教的在职教师。参加培训的条件是学员本人有学习意愿、所在学校愿意培养、工作任务暂时由其他教师接替、市县愿意出培训费。这些教师经过统一考试后按成绩录取，进行为期两年的培养。教育学院招来的学员出于提高教学水平、增强工作能力的迫切需要，都有很强的学习愿望，但

1994年，王世英（前排右四）与宁夏教育学院部分教师合影

是由于家庭和工作的原因，往往不能参加长期的学习。为了解决学员的后顾之忧，王世英找自治区编办、人事劳动部门、教育部门、财政部门等相关单位制定了学员带薪培训的方案。同时，他对学员提出严格要求，让他们保质保量完成学习任务。

宁夏教育学院设有数学、语文、外语、政教、物理、化学等专业课程，两年学习期满经考试合格后，授予专科毕业证书。在王世英的倡导下，除了办长期的专科进修班，还专门聘请有经验的专家授课，办短期班，并和陕西师范大学进行合作，搞函授本科，同时为中小学教育管理者开办行政班。多层次、多形式的课程开展，有效地提升了学院的教育质量。经过十年的努力，教育学院发展到拥有7个专业、在校学生900多人、函授学生1700多人的规模，使得学院成为当时西北同类型院校中的佼佼者。截至1989年与银川师专合并前，为宁夏教育战线培养合格教员2700多名。从教育学院副院长到党委书记，王世英一直坚持原则，尊重、关心同事，充分发扬党内民主，遇到问题大家共同研究，反复论证，力求找到科学合理的解决办法。

1989年，宁夏教育学院与银川师专合并，同年，国家人事部、教育委员会授予王世英"全国优秀教育工作者"荣誉称号。1997年宁夏教育学院并入宁夏大学。1992年，王世英光荣离休。如今，已年逾九旬的王世英老师，仍坚持参加组织生活。他每天必读《光明日报》《宁夏日报》等报纸，坚持与时俱进。王世英用实际行动践行了一名党的教育工作者的承诺，用看似平凡的点滴铸就了并不平凡的事业。

（编校：马瑞）

王天勇　郑金玉

　　王天勇，1934年12月8日出生，河北滦县（今滦州市，下同）人，中共党员。1958年响应党的号召来到宁夏大学工作，是化学系的开创者和建设者之一，曾任农学、林学、畜牧学基础化学的教授工作。他在担任宁夏大学分析测试中心主任期间，发表了30多篇论文，其中有几篇，曾被美国CNNA杂志引用。

　　郑金玉，女，1942年3月17日出生，宁夏平罗人。1960年到宁夏大学工作，主要从事后勤工作。先后在宁夏大学幼儿园、校办工厂、食堂、水泵房、保卫处、学生处工作。工作期间，扎实肯干，曾多次获得"劳动模范"等荣誉称号。

记者：请二位简单地介绍一下自己以及自己在宁夏大学工作的主要经历。

王天勇（以下简称王）：我叫王天勇，1934年12月8日出生，祖籍是河北滦县。

我1958年9月来到宁夏，当时是响应党的号召，到边疆、到最艰苦的地方去，到祖国最需要的地方去。来到宁夏以后被分到宁夏农学院，就是现在宁夏大学的前身。合校以后就在宁夏大学化学系，当时是在分析教研室，从1958年到1986年，就在化学系。1986年以后成立宁夏大学分析测试中心，一直到1996年退休，基本情况就是这样。

郑金玉（以下简称郑）：我叫郑金玉，1942年3月17日出生，家在平罗。

我之前就在我们农村那个公社劳动，1959年他（王天勇）把我带出来。到了宁夏大学以后，第一个（工作部门是）被服厂，后来去幼儿园（工作），（再后来）从幼儿园又到（校办）工厂。从校办工厂呢，就到食堂，食堂干了几年以后，调到保卫处，（再）到水泵房看了一年多（水泵），又回到保卫处，在保卫处那会儿去就是看大门。最后就建立女生楼，就去管女生楼，一直到退休。这个学生宿舍管理就归学生处，实际上在学生处的时间相当长，大概有8年（的时间）。

记者：您在宁夏大学工作期间，有哪些自豪和欣慰的经历和成绩？

王：到农学院以后，我和夏宗健老师两个人当时在化学教研组，负责这一块的教学。（当时）宁夏农学院的牌子挂起来了，除了几间教室、几张桌椅板凳以外，什么都没有，当时要给学生开化学课，（要）做化学实验。我们最头疼就是实验室，我和夏老师亲自绘图纸，包括仪器、药品、试剂、实验台、水电、通风，都得亲自设计。特别是农学院（的学生）要学无机化学和分析化学。分析化学其中有一个定性分析，定性分析就是让你学会这个物质里边都由哪些物质组成的，因为它试剂特别多，一般都是几十种上百种，这些东西都是我们亲自拉出单子，然后叫别人去采购。农学院的化学实验室，基本上都是我们两个，从无到有，整个设计完成的。

后来1960年（原宁夏农学院）跟那个（原宁夏）师范学院化学系合并以后，就叫宁夏大学，合校后就发现他们师范学院化学系的实验设备和实验室那个条件特别差，基本就没有一个实验室的样子。我们又帮助师范学院实验室，把农学院我们这一套（实验室）搬去，又经过重新扩建，最后等于重新创建了一个宁夏大学的化学系的实验室。

第二个方面，当时学校想让我撑头筹建分析测试中心。我不想去，我想年年能带一届学生，保证把他们培养成合格人才。当时（学校）就对我说，你去看看他们各个仪器厂商都是什么仪器，档次够不够，适合不适合咱们学校。我去北京看了看，确实那个仪器在当时还是很先进的。但是回去之后我说，我只负责技术这一摊，（学校）说将来中心成立以后，不行你管技术再给你弄个副手管行政。后来我回去发现我的分析教研室里的办公桌也没有了，就等于把我弄的不去分析测试中心也不行了。

当时全国其他地方院校，包括什么河北大学、延边大学人家就比较聪明，争取不上这项（世界银行）贷款，这就是个损失，所以他们都偷偷地在学校已经开始盖分析测试中心的楼了。学校（宁夏大学）那时候啥动静都没有，我们回去一看没办法，没有房子。当时物理系盖了个物理楼，留了个旧物理楼，我们暂时就在这儿干吧。那个时候就在旧的物理楼，我们费了好大功夫重新改造了，在此期间的艰辛劳动就不用说了，就等于给分析测试中心先盖了个临时的窝窝。等于宁大的分析测试中心（比其他地方高校）晚了大半拍，我们是临时安置的。

（关于）分析测试中心的仪器的采购招标什么的，我们当时到南宁开了一次国家教委组织的那个招标的会议。当时这批仪器来了以后，不能归各系，更不能归哪个教研室，也不能给哪个课题组，也不能给哪个专家教授。这批仪器就是给学生们开现代仪器分析课的，必须让学生们亲自上机，不能够给个别人搞科研用。这个我感觉倒是非常明智的，就是学校必须成立一个专门的分析测试中心，直接归学校领导，不用担心将来这批仪器归（属）个人，由某个专家（或）某个教研室垄断，就必须给物理系化学系开课（使用）。

后来在盖分析测试中心楼的时候费了好大的事。这些现代分析测试仪器（所需要的楼），它不是像一般的办公楼，它对于磁场强度要求很高，一定要做磁屏蔽。当时委托给自治区设计研究院（来设计）。那时候有好多高工都头疼，说你们这个实验室也太高级了，这个要求那个要求，都不愿意承担这个项目。后来我三天两头得跑（区设计院），也就跟他们交了朋友了，生怕这个（分析测试中心）盖不好，仪器搬进去了以后，这个不合格那个不合格，那时候再从头来就晚了。好在那个时候的劳动没有白费，我把仪器所（规定）的特殊要求都给设计院说了，新的分析测试中心都盖成以后，仪器还很顺利地搬了进去。

还有一个方面，我主要想讲讲这个工农兵学员的情况。因为工农兵学员进学校是特殊历史时期中的一个历史事实，而且工农兵学员这一代，包括他们入学，在历史上是再也不会重现了，我跟工农兵学员感情都很深。

他们入学以后，我就感觉既然是由一个特殊历史时期造成的（这种情况），不怨他们，他们既然已经踏入学校的大门，那我就应该把他们培养成合格人才。当时是三年（的时间）要学四年的课程内容，这肯定是要从中间去掉好多知识，他们学不到，但是我当时认为无论如何要把大学本科这四年的（知识）教给他们。当时化学系分为无机化学、分析化学这两大块，（把）本来是两年的课压（缩）成一年，我那时候就加班加点地给学生上课。

1972年入学，1975年毕业的这是一批（工农兵学员），最后一批是1979届，就是1976年入学，1979年毕业的，这两届都是我亲自教过的。当时我把两年的课的内容，在一年（的时间内）要求他们学完。

当时工农兵学员意见也很大，说这个老师心太狠，把两年的（学习）让我们压（缩）成一年。关键是工农兵学员这一批呢，他们（知识）程度相差非常悬殊，当老师的不怕学生学习差，不怕程度差，就怕（知识）程度不齐。讲得太浅了吧，学习好的不买账；讲得太深了吧，学习差的跟不上。所以就是在这种情况下，我把这两届学生基本上全部合格培养出来了。到后来学习特别差的同学，我往往给他们加班加点，

1972年，王天勇在校园留影

晚自习我给他们辅导，终于把他们都培养得全部合格毕业了。

记者：您对母校未来的发展有什么期许？

王：说北大是我的母校，那（在）宁大我工作了将近40年，也可以说是母校。我还真的热爱它，我还是希望宁大这个老学校，希望它能够进入（全国高校）前百名。

平淡的幸福

王亚琴

我的父亲王天勇，博学睿智，治学严谨；我的母亲郑金玉，美丽聪慧，温婉善良。他们对事业的追求、对生活的热爱以及对家庭的付出，为我们这些做儿女的树立了榜样，他们是我们人生的楷模。我的父母现在退休在京和我一起过着平淡幸福的生活。这种幸福，源于他们的互相关爱和包容体贴，源于他们共同度过的艰难而无悔的青春，源于他们对祖国教育事业的艰辛奉献，源于他们对家人和朋友的无私付出。

我的父亲出生在一个富足优越的家庭，1958年北京大学毕业后，满怀热血踏上了支援祖国西部建设之路，他和他的同伴们克服重重困难，历尽千辛万苦，扎根于宁夏的教育事业，始终没有放弃自己的追求和信念。在宁夏那段艰苦的岁月里，父亲认识了母亲，父亲在那里收获桃李满天下的同时也收获了爱情、收获了家庭。

我的父亲是一个正直的、有事业心、有爱心的学者，他的生活中除了教学就是科学研究，他勤勤恳恳的工作，从来不计名利地位。他曾在国内外著名刊物上发表有价值的学术论文上百篇，他在几十年的教学生涯中倾注了所有的学识和心血，他的学生遍布宁夏乃至全国各个行业。时至今日，很多学生还经常联系父亲，交流信息。

父亲除了教授学生知识，对学生更是关爱有加。记得20世纪六七十年代的时候，物质严重匮乏，我们也就是勉强可以吃饱肚子，父亲还经常把生活困难的学生带回家吃饭，每次带学生回家吃饭都叮嘱妈妈多做些，让学生吃饱肚子。父亲还经常把学习困难的学生带回家辅导功课，一辅导就是一个晚上，我依然清晰地记得父亲耐心地给学生答疑解惑的画面：他反复在纸上写那些复杂的化学方程式，指导学生理解并牢记，实实在在是掰开了揉碎了的那种讲解。

印象中，我小时候家里没有太多的东西，家中最多的是父亲的专业书籍，唯一的一张桌子上堆满了父亲的书和他写的讲义，经常半夜醒来，还能看到父亲聚精会神在灯下备课、批改学生作业的情景。父亲教授的专业是分析化学，除了课堂教学还要带领学生做大量的实验，父亲经常利用休息时间夜以继日地在实验室准备实验。

父亲还是一个特别有进取心、有学习能力的人，他一直坚持不懈地学习新知识。20世纪80年代时，父亲调入宁夏大学分析测试中心，接管了世界银行无息贷款购买的先进的化学测试设备，那些设备的说明书都是英文的，学俄语的父亲硬是抱着一本大字典带着几个年轻人，把那些测试设备安装调试完成，为分析测试中心后续顺利开展教学任务立下了汗马功劳。当时那些设备在国内没有什么人用过，也无法请教别人，父亲硬是逐字逐句的把那些设备的英文说明书弄明白，并且掌握了正确的操作方法。那年我正好放暑假回银川，看到父亲一个暑假没有休息，每天都起早贪黑地研究那些设备，真是佩服得不得了。

在那个困难的年代，妈妈用她智慧和灵巧的双手把一家人的生活打理得井井有条。妈妈虽然文化水平不高，但是她蕙质兰心，总是能花很少的钱让我们穿戴得漂亮整齐，生活再困难也要保证孩子的牛奶和鸡蛋。她还是一位开朗大方的母亲，每当过年过节，妈妈总是会多做一些食物，送给那些家里孩子多口粮少的邻居。记得每年端午节，妈妈总会想尽办法多弄些食材，包一大盆粽子，然后熬夜煮出来，清晨我们醒来闻着满屋的粽香，妈妈就会从锅里捞出粽子一份份地分好，然后派我们给邻居送去。妈妈特别有爱心，乐于助人，邻居家里办大事小事，比如婚丧嫁娶的事情都会找妈妈帮忙，妈妈也总是不辞劳苦的乐于去帮忙。在单位里，妈妈也总是挑最苦最累的工作干。妈妈在工作上的付出是众所周知的，家里以前有很多妈妈工作中获得的各类奖状。记得我发小和我聊天时曾经说，她的命是我妈妈给的，她记得在幼儿园的时候，有一次差点儿从高处摔下来，幸亏我妈妈眼疾手快接住了她，才没有酿成惨祸。我每次回银川和发小们聊天，她们说的特别多的就是郑阿姨（我妈妈）多好多好之类的，可见我妈妈有多好！

父母对我们的爱细致入微。我10岁左右由于调皮把右腿摔断了，那段时间里为了让我早日康复，父母带着我四处求医，通过各种渠道找骨科大夫看，这在那个年代还是很少有的，我印象特别深刻的是，

1974年，郑金玉在宁大校园留影

腿刚做完手术的时候特别疼，父亲给我借来《钢铁是怎样炼成的》让我读，我被保尔·柯察金的坚强精神所感动，正是这本书给了我战胜病痛的力量，也让我在以后的学习生活中变得坚强和勇敢。

父亲是个爱书之人，他不仅自己爱看书，也要求我们多读书，他说知识是人类进步的阶梯，获取知识最有效的办法就是读书。我小时候，父亲每周都会带着我去图书馆借书，图书馆的李阿姨知道我爱看书后，每周都会特意为我提前挑出一些书让我选择。特别感谢父亲引导我走进知识的海洋，读书让我心灵充实、精神愉悦，读书带给我一生的快乐。

在我的成长过程中，父母教我真诚善良地待人、教我认真踏实地做事、教我客观理智地认识社会，他们用自己的言行潜移默化地影响着我，感恩父母给我的一切，感恩遇见我的父母。

在此特别感谢宁夏大学，感谢宁夏大学档案馆没有淡忘父辈们做出的辛苦努力，感谢命运给了我一个写父母的机会，让我回忆了那一段幸福的时光。

（编校：翟伟）

王天勇　郑金玉

作者简介

王亚琴，女，1963年出生，河北省滦县人。1985年毕业于北京邮电大学，曾荣获国家科技进步奖三等奖，邮电部科技进步奖二等奖。

琴瑟和鸣，乐育桃李

——记王天勇、郑金玉夫妇

郭晓雪

为积极响应党的号召，1958年9月，出生于河北省滦县，北京大学化学系毕业的王天勇来到宁夏。这个年仅24岁的年轻小伙，心里只有一个念头：投身于大西北，投身于祖国最需要的地方。最初他被分配到宁夏农学院工作，直到宁夏师范学院、宁夏农学院与宁夏医学院合并成为宁夏大学。王天勇就这样成为构成宁夏大学成长的一块砖。合校后，从1958年到1986年，王天勇在化学系工作了整整28年。1986年，宁夏大学成立了分析测试中心，王天勇在那里又工作了10年。1996年，王天勇离开了自己热爱的工作岗位，此时的他已经62岁了。

1958年，宁夏农学院成立化学教研组，王天勇就是其中一分子。化学教研组成立之初，牌子是挂起来了，但学校能给王天勇和他的同事提供的不过是几间教室、几张桌椅板凳。王天勇想要给学生开化学课，可学校连最基本的化学实验器材都没有。王天勇不甘心，他一心要把这件事做成。于是，他和同事亲自绘制图纸，包括仪器、药品、试剂、试验台、水电、通风……有的化学实验甚至要用到上百种试剂，王天勇便列出清单，找专人帮忙采购。就这么一笔一画设计、一点一滴采购，王天勇绘制在图纸上的实验室逐渐变成现实。

1958年末，一是心怀热血为了响应国家号召，二是觉得新奇想要体验生活，王天勇去农村下乡整整九个月。喂猪、养鸭、住马棚、干农活……双手打满血泡、指甲也变了形，王天勇从来没有想过放弃。他把自己当成一个真正的农民，毫无怨言，也因此被评为自治区甲等劳动模范。而当时村里有一位不到十八岁的姑娘郑金玉也同样被评为了劳动模范。她辛苦劳作，干的是男社员才会干的活，从来没有因为自己年龄小叫苦叫累。也正是在这个时候，王天勇和郑金玉都被对方所吸引，彼此产生了爱慕之情。郑金玉家住宁夏平罗县，在认识王天勇之前，她一直在村里公社劳动。1959年，郑金玉同王天勇结为夫妇，之后便随丈夫一同来到宁夏大学。刚到宁夏大学工作的郑金玉还不属于宁夏大学的正式职工，不能住学校教工宿舍。夫妻二人便在校舍旁挖了一个简易的窑洞居住。有一年唐徕渠发大水，王天勇当时还在窑洞里，隐隐听到外面有人喊："发大水啦！发大水啦！"便匆匆向外跑，此时水已经涨到王天勇的膝盖了。当时他除了户口本什么都没来得及带，便匆匆离开。等到水退下去后，王天勇才发现，炕已经被水冲塌了，连窑洞的顶都裂开了口子。炕塌了，王天勇和郑金玉只能打床板睡觉。屋里老鼠多，晚上睡觉被咬是常有的事。尽管生活条件如此艰难，王天勇还是坚持每天认真给学生上课，带学生做实验，晚上回窑洞给学生改作业，从不耽误。

郑金玉文化水平不高，只能在学校做杂工。宁夏大学幼儿园、校办工厂、食堂、水泵房、保卫处、学生管理处……都曾有过她忙碌的身影，但她干一行爱一行，无论做什么工作都要求自己做到最好。由于她的出色表现，1965年被评为自治区级劳动模范。

1962年，宁夏农学院和宁夏师范学院合并为宁夏大学，王天勇便挑起了化学系的重担。合并之初，王天勇发现，原属于宁夏师范学院的化学系在实验室和实验设备方面条件都很差，甚至连个实验室的样子都没有。王天勇便根据原宁夏师范学院化学系的现有状况，进行改建，并将原宁夏农学院化学系的实验设备、实验器材搬了过去，创建了宁夏大学的化学实验室。这个实验室的创建，也为后来学生授课、学生自主做实验打下了良好基础。

1972年，第一届工农兵大学生学员入学。当时的工农兵学员基础参差不齐，但对于王天勇来说，处于特殊的历史环境下，就应用特殊的方式让这些人成功求学。既然他们已经作为学生踏入学校的大门，自己就要尽全力把他们培养成才。由于工农兵学员学制为三年，教学任务重，许多老师都认为应该把课程进行缩减。可王天勇不赞同这种做法，他要做的不是把课程删减，而是把课程压缩。让这一批特殊的学生在三年内掌握大学本科四年的知识，这才是王天勇的目标。既要让学习好的同学掌握更多知识，又不能对学习困难的同学置之不管。于是，王天勇便利用自己的休息时间给学习上有困难的同学补课。功

2019年9月5日，档案馆口述档案采访工作人员与郑金玉（前排左一）王天勇（前排右一）合影

夫不负有心人，在王天勇的付出与努力下，他的所有工农兵学生全部顺利毕业。同学们也在与王天勇相处的过程中，建立了亦师亦友的关系。到现在，很多学生还都和王天勇保持着联系。

1981年前后，宁夏为保证人才质量，要求所有在宁夏工作的工农兵学员"回炉"，参加培训班补习数理化知识。学校便将这一重任交付于王天勇老师。由于参加培训班的学员大多都已参加工作，他们对于老师的要求很高。王天勇凭借自己丰厚的专业知识和风趣的上课方式，吸引了听课的很多学员。

20世纪80年代末，世界银行和国家教委为在各地方院校的发展中出一份力，争取到一批无息贷款，为的是给各学院采购一批先进的测试分析仪器。校领导便将这份重要的工作交由王天勇负责。于是，王天勇便成了分析测试中心的负责人。但由于学校没有其他场地，分析测试中心便被临时安置在物理系的旧楼。由于分析测试中心对实验室设计要求复杂、细致，王天勇隔三岔五就往设计研究院跑，和技术员讨论设计细节，生怕仪器搬进去后再出现问题。王天勇向技术员提出，实验室对磁场的强度有一定要求。一开始设计员们都不愿意接这个活，他们虽然工作多年，但没见过有人对场地设计要求这么高的。但后来的事实证明，王老师的坚持是正确的，为各项实验的顺利开展提供了保证。精益求精，把工作做到最好，这是王天勇对自己一贯的要求。

尽管北京大学是王天勇的母校，但工作了四十余年的宁夏大学，对于王天勇来说，更是有一种特殊的情感。时至今日，王老师虽然身居首都，但仍然关注和牵挂着银川，这是宁夏大学建设者对这片土地特殊的情谊。

（编校：褚文娜）

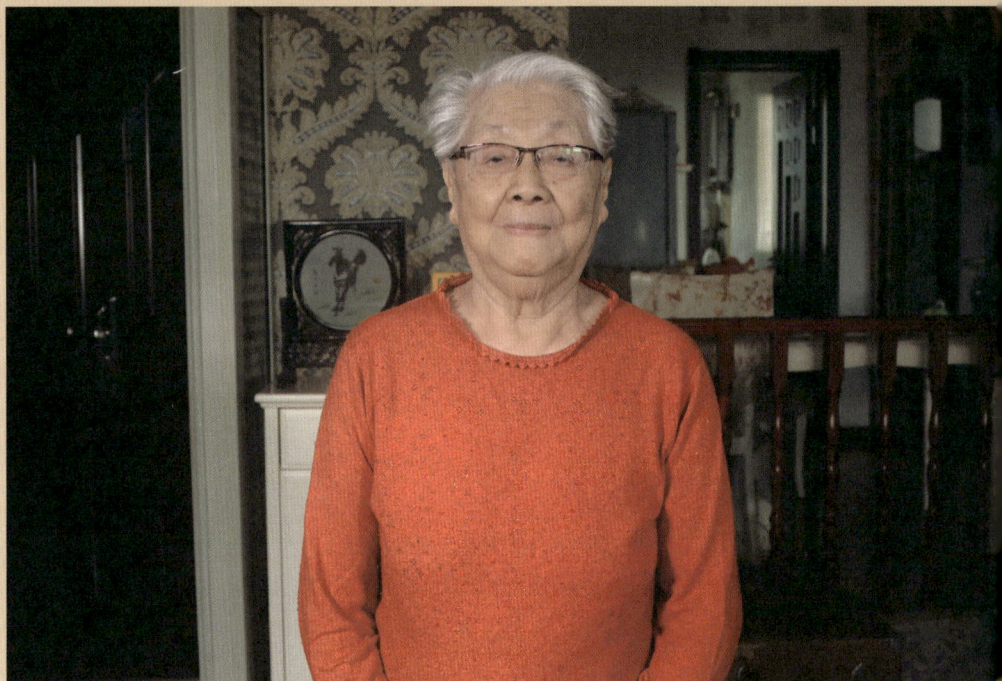

王希蒙

王希蒙，女，1930年出生，山东蓬莱县人，教授。毕业于北京林学院（现北京林业大学），1958年至今一直在宁夏农学院从事森林工程学的教学和科研工作，曾担任宁夏农学院副院长，曾参加中国森林昆虫和全国统编教材《森林昆虫学》的编写工作。翻译出版俄、英文译著十余部，主编并出版了《西北地区果树病虫害防治》《宁夏昆虫名录》《西北森林害虫及防治》等专著。发表学术论文40余篇，译文40余篇，曾为宁夏森林昆虫学科带头人。

记者：请您介绍一下自己和初次到宁夏工作的情况。

王希蒙（以下简称王）：我1930年6月1日出生，原籍是山东蓬莱。

1945年抗日战争胜利以后，我从蓬莱来到青岛读高中。青岛解放后，我又跑到北京考大学，原来考的是华大农学院，后来第一次全国院系调整，就成立了北京农业大学，我们就合到了北京农业大学。

1962年支援边疆，我就响应号召到宁夏来了。我们当时一下火车，原来一块调来的一个同学他先到的，来火车站接我，接到位于新市区的宁夏大学。一下车，满天的黄沙，路也看不见，楼也看不见。我说宁夏这什么鬼地方，怎么这么个地方？（来之前）我想到的是很艰苦的地方，但是没有想到，一见面是这么个地方，太可怕了！（都）看不见我的楼了。别人就像牵盲人似的，牵着我的手走到楼里去了，行李上全是一层黄沙，我说这个地方真可怕。

宁夏大学就孤零零的一栋楼，再就是一栋拐角楼，现在拐角楼还留着呢。我们有的同事调走了，回来以后还专门拜访了拐角楼，这就是我们原来住（过）的地方。满地满天都是黄沙，后来我们就下决心要治理沙。就先种树，在这栋楼（拐角楼）南边种了一排杨树。

记者：您在宁夏大学工作期间，有哪些自豪和欣慰的经历和成绩？

王：有意义的第一件事就是我发现了，全国唯一的一个云杉小蠹。为什么说是唯一的呢？就是在中国，第一次让我在贺兰山采（集）到了标本，当时中国科学院动物所所长——蔡邦华老先生，给我鉴定，他鉴定后说：是！这是我做的第一件有意义的事儿，给中国填补了这个空白。

再一件事儿是我们自治区的一件大事，就是天牛（灾害）发生了，你们可能都不太知道，当时有一种叫黄斑星天牛，从甘肃庄浪传到宁夏隆德，然后一直从宁南山区传到了黄河灌区。还有一种（叫）光肩星天牛，是从（石嘴山）大武口往南传来。这两种天牛把自治区的农田防护林，和有的行道树全部都侵害了，所以对宁夏来说是一个大灾。

当时国家也很重视，自治区林业厅也非常重视，我们学校就让我带队，把我们园林系的师生都带上，参加这个"大战斗"。通过一系列研究，我们发现这天牛的天敌，是泾源的大斑啄木鸟，吃天牛吃得比较厉害。所以我派了两个即将毕业的学生，到泾源去搞调查，同时做毕业论文，对大斑啄木鸟的习性进行了研究。学生写了毕业论文，发表以后，全国召开会议的时候还请她去参加了会议。另外呢，还发现一种花斑小蠹，就是一个小蠹虫，专门吃天牛的幼虫。天牛不是把树钻成了窟窿，把幼虫产在里头嘛，花斑小蠹就钻进去，把天牛幼虫吃光。发现了这两种天敌，在西班牙召开的第二次国际杨树会议，我参加并宣读了论文，国外的同行对我们的评价还是很高的。

对天牛打了20年的攻坚战，最后终于取得了胜利，因为这件事情（影响）比较大，在全区的震动也比较大，国家和自治区给了我很多的奖励，国务院给我发了特殊津贴，另外还评我为"全国三八红旗手""自治区三八红旗手""自治区的先进工作者"。实际上这是大伙

1985年5月，王希蒙在天牛课题组给学生授课

儿一起做的工作，我不过是一个带头人，发现问题比较早而已。

现在区内的防护林和行道树，还都健康成长，这都是我们这个团队的功劳，团队做的贡献。

当时宁夏大学主楼前面是一片沙滩，什么都没有，校园里一棵树都没有。我们来了之后，就带领我们林学系的师生，在教学楼的东边种了一排杨树，那是宁夏大学第一次有了树木，是我们园林系给宁夏大学做的第一份贡献。

记者：您对宁夏大学目前的工作有哪些建议？对学校未来的发展有什么期许？

王：宁夏大学是越办越大、越办越好。建校60周年校庆的时候请我去，我的腿不行就没去，但是有些活动我参加了。

宁夏大学现在跟国际上有联系，好像也有合作项目，在国内跟几所名牌大学也都有联系，所以宁夏大学一定是前途无量，越办越好的。

王希蒙

永远的守护

王希蒙

为了支援祖国边疆建设，1962年正月初三，我从北京林学院（现北京林业大学）调到宁夏大学。当时去宁大之前，我在中国地图上找宁夏银川的地址，找了很久，最后，在一个不起眼的地方找到了银川。当时我想这就是一个边疆小城，和我1953年大学毕业时，与同学们喊"到最艰苦的地方去，到祖国最需要的地方去"口号时的情景很相似。但毕业后，我和几个同学被分配到誉有"东方莫斯科"的哈尔滨学俄语。两年后学成回校，苏联专家走后，我回到森保教研室工作，四年后又到了宁夏大学。来宁时，姜华伟（和我一起从北京林业大学调来的同事）同志到车站接我。来到宁大拐角楼前，一阵狂风卷着黄沙遮天蔽日而来，这就是沙尘暴，眼前的楼房看不清了。虽然在北京时我就有思想准备，到条件艰苦的银川工作，但没想到一下火车就给了我一个下马威，这时的我已经无退路，只有坚持下去勇往直前，带着盖满黄沙的行李搬进了拐角楼。沙尘过后的第二天，我才清楚地看到宁夏大学教学楼，向西是一片一望无际的大沙丘。来到银川一周后，春天来了，我们林学系师生就在教学楼东侧种植了一排杨树，从此宁夏大学有了亮丽的绿色。

1962年国家正值困难时期，我们来宁夏的第一顿饭就是一大碗调和饭，调和饭里面只有大米、面条、土豆及青菜。宁夏大学当时有"八大讲师"，我是其中之一。学校为欢迎和优待"八大讲师"，还请我们吃了一顿手抓羊肉，我们很久未闻到肉味儿，真是可口无比。

来宁夏大学一周后，我给学生上森林昆虫课，很受同学们欢迎，我也就安下心来继续我的教学生涯。这一留就是几十年，这里也变成了我的第二个故乡。曾经因为支援边疆建设而选择来这里，而后来的几十年则是因为守护而选择留下来。

（编校：张加琦）

王希蒙

抗击天牛数十载，半百芳华育英才

——记原宁夏农学院副院长王希蒙

马文梅

　　20世纪50年代末，宁夏回族自治区刚成立不久，百废待兴，高校教育事业师资力量薄弱。就在这个时候，她抛家舍业，毅然决然从工作条件优越的北京来到对她来说陌生又遥远的宁夏，而且一待就是几十年。她将自己的青春和余生都交给了这里，她就是原宁夏农学院副院长王希蒙。

一、与天牛斗争是她这一辈子干的事

　　1969年，林木害虫黄斑星天牛由甘肃庄浪随木材传入宁夏，刚开始，在隆德泛滥成灾，很快，天牛在全区各个地方肆虐，大批树木虫孔斑斑，造成毁灭性的灾害，引起了全社会的广泛关注，各个部门相继投入到抗击天牛害虫的大战中，寻找新对策。此时，王希蒙还是宁夏农学院的一名教师。对于在北京工作和学习了13年，有着丰富经验的她来说，是必然要投身于天牛灾害的"抗战"中去的。

　　这要从她的个人经历说起。

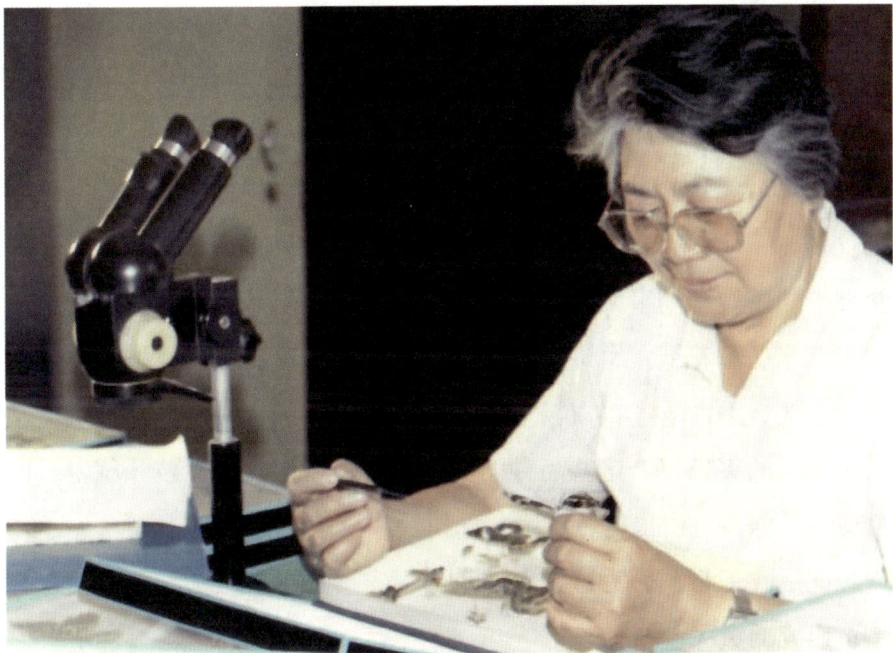

　　王希蒙有扎实的专业知识和丰富的抗击林木病虫灾害的经验。1957年10月，王希蒙随苏联专家普罗佐洛夫在东北林区考察了对林区危害最严重的害虫——天牛和小蠹虫，这也是她第一次接触森林害虫，从此对它产生了浓厚兴趣。此后，王希蒙顺利完成了自己的第一篇学术论文《东北红旗林场小黑天牛的初步研究》。

　　冥冥之中，王希蒙与宁夏这个从未有过关系的地方结下了不解之缘。抗击天牛灾害的任务是长期而艰巨的，宁夏农学院园林系森保组被委以重任，在这样的艰苦环境下，王希蒙带领数名师生日夜奋战，研究树种，深入全区各个市县观察受灾树木。"道路两旁的树木基本都成了枯树干，风一吹就倒，树木面临'全军覆灭'的现状"，王希蒙回忆起当时天牛席卷时的场景依然历历在目。街道两旁的树木满目疮痍，没有了往日的生机，整个街道笼罩着一股暗灰之气。看着大家辛辛苦苦种的树变成这副"惨状"，大家的心里有种说不出的难受，因为一只小小的虫子，上万株树木被砍伐，多年守护的农田毁于一旦，王希蒙的心是揪着的。当接到上级消灭害虫的命令时，森保组的成员们早已整装待发，抗击天牛，重拳出击。

在抗击天牛的过程中，王希蒙首先提出抗虫树种的问题，因天牛喜食杨树，尤其以青杨派的杨树为主，因此建议多种臭椿和杨树的混交林。随后她和同事又研究了杨树和臭椿的抗虫基因，对天牛的天敌大斑啄木鸟和花绒穴甲进行了研究，并取得了重大进展。抗天牛虫害的新疆杨、毛白杨、银白杨等白杨树进入专家的视野，作为重点突破天牛灾害的突破口。这些品种的树干挺拔、树形优美、枝叶茂密，而且适应性强，抗病虫害，成为首选树种。

此后，王希蒙作为这方面的重要专家参加了多次国际上有关森林昆虫研究的重大会议。

王希蒙说："有树一定有虫，但有虫不一定成灾。林虫成灾是一个过程，抗虫灾的过程也是长期要坚持做的事情。"经过二十多年的努力，利用树种的杂配，终于控制住虫灾，宁夏再也没有出现过大规模的天牛灾害。每个人都在努力向外呈现最美的塞上江南——"推窗有绿意，出门有公园"。但王希蒙并没有欢呼雀跃和满脸庆祝胜利的喜悦，因为她知道这场"持久战"还没有结束，生态环境安全及绿化需久久为功。

二、宁夏是她的第二故乡

1962年，王希蒙作为第二批支宁青年来到了宁夏，也从此与宁夏结下了不解之缘，更在宁夏大学创造了值得珍藏的美好回忆。"刚到宁夏大学时，周围没有几棵树，沙尘飞扬，环境恶劣。"回想起刚来到宁夏大学时的场景，王希蒙至今难以忘怀，但更多的是感慨，感慨宁夏大学多年来的巨大变化，以及辉煌背后的不易。

从未对宁夏有所了解的她，坐着绿皮火车，一路驶向西北腹地。随着车窗外的环境不断更迭，王希蒙也由最初的期待变为好奇，一切有关宁夏的各种疑问在她的脑海中萦绕。

那时的银川连像样的柏油马路都没有，面对这样的环境，王希蒙早已做好了准备。早在1961年，丈夫就已随支边队伍来到宁夏，并在宁夏做水利工作，在北京的她能从丈夫的口中听到关于宁夏的故事，这也是她初次对宁夏的了解。"刚下车，眼前所看到的一切超乎我的想象"，王希蒙第一次来宁夏就有了这样的感叹。此时，正值大年初三，尽管城市还笼罩着年的味道，但却掩盖不了它的荒凉，凛冽的西北风吹在脸上，王希蒙第一次感受到来自西北的特别"问候"。

1962年的宁夏大学刚经历第一次合校，王希蒙被分派到宁夏大学农学院园林系从事教学工作。几十年的教学工作，在她的记忆中印象最深刻的就是带着学生进山出山，她经常笑称自己的工作就是在深山老林沐浴养分。从第一次接触到林虫防护，王希蒙就下定决心，要毕生从事和研究有关森林病虫害的相关工作。在宁夏大学教学的这么多年，她带领学生走遍了宁夏的山丘，钻研和调查了宁夏林木的树种情况，以及森林病虫害的防护工作。

频繁出行在林木区及森林防护区，遇见野生动物是常有的事情。回忆起自己在南方种植橡胶树遇到老虎时的情景，虽然惊险而又辛苦，但听如今已年近九旬的她讲起来，却是充满美好的意外。王希蒙一直把这些意外的经历当作人生的意外之喜来回忆和珍藏，至今回忆起来依然是一脸的幸福，像个小孩一样快乐。

三、科研是她不能终止的理想

王希蒙将毕生的时间都用在了森林昆虫学的教学和科研工作上，在科研方面作出了重要贡献，这还要从她在贺兰山的一项重大发现说起。

2019年9月11日，档案馆口述档案采访工作人员与王希蒙（中）合影

　　1962年7月，农学院园林系安排王希蒙等人入驻贺兰山进行考察。在进山之前，王希蒙了解到考察地只有两个人驻守，没水喝，就接雨水饮用，没有蔬菜，就在山脚下开园种菜，甚至通过打猎来偶尔改善伙食。要面对这种现状，王希蒙告诉自己："不怕苦不怕累，努力工作，完成党交给我的任务。"而此时的王希蒙来到宁夏还不到一年，就是在这不到一年的时间里，她已经跟随院系考察了六盘山、泾源等一些高山林区。

　　7月的贺兰山林区多雨而又路险，王希蒙在贺兰山云杉内采集到小蠹虫新种，经中国科学院动物所小蠹虫专家蔡邦华先生鉴定并定名为新种云杉小蠹，正模被中科院动物所保存，这也是王希蒙贺兰山之行中最大的收获，同时也为国家森林昆虫方面增添了一个动物新种。

　　1963年，刚来宁夏大学的王希蒙作为林学系的教师，教学工作还没半年，宁夏农学院就决定取消林学系，这让王希蒙不知所措。"我该去哪里？我将做什么工作？"一大堆的问题和困惑缠绕着她。通过三个月的宁夏党校学习之后，王希蒙回到农学院被分派到农学系任农业昆虫学讲师。作为森林昆虫学的教师去讲农学昆虫学的知识，在专业上还是存在很大区别的，王希蒙只能给学生讲解总论部分。面对如此窘境，王希蒙又被派到北京农业大学进修，系统学习农业昆虫学的相关知识，经过一年半的学习之后，王希蒙回到宁夏大学继续任教。一年半的时间里，王希蒙参观了其他农业高校在专业方面的教学工作以及实验室情况。她深切地感受到宁夏农学院在这方面与其他农业高校的差距。在参观了西北农学院之后，王希蒙的感触更深了。西北农学院作为一所老学校，实验设备先进，实验材料丰富。王希蒙在心里暗暗发誓："一定要奋起直追，建设符合当代农业需要的高校。"

1972年，宁夏农学院招收第一批工农兵学员，而此时的宁夏农学院已经迁址永宁王太堡（原永宁农校旧址），这一年，王希蒙又到其他学校考察学习。1979年秋，王希蒙由森保教研室主任升为园林系主任。她在任期间，园林系在教学、实验等各方面都取得了长足的进步，获得了快速发展。

1979年，王希蒙被评为"宁夏回族自治区先进工作者"，同时被评为"全国三八红旗手"和"宁夏回族自治区三八红旗手"。1983年秋，王希蒙担任宁夏农学院副院长。同年3月，在银川召开的中国共产党宁夏回族自治区第五届代表大会上，王希蒙当选为中国共产党宁夏回族自治区第五届委员会委员。然而，王希蒙却告诉自己："我为自治区做的工作还不够，被授予这样高的荣誉，受之有愧。"

回想起自己在教学和科研上的工作，王希蒙从未有过遗憾，她将自己所经历的点点滴滴，视作来到宁夏后命运赐给自己的最好礼物。

（编校：翟伟）

王正华

王正华，1933年7月生，陕西周至人，中共党员，副教授。1958年毕业于西安外国语学院（今西安外国语大学），曾任宁夏大学学术委员会委员、外国语言文学系副主任，兼任宁夏回族自治区翻译系列评审委员会副主任、中国外语电教学会西北区副会长、宁夏会长等职。发表论文有《毛主席长征诗的四种俄文译文的比较》《英语谚语浅探》等多篇。

记者：请您介绍一下自己的求学经历及如何来到宁夏工作的？

王正华（以下简称王）：我叫王正华，正确的正，中华人民共和国的华，1933年生。1958年毕业于西安外国语学院（现西安外国语大学）。

在宁夏回族自治区成立的前夕，响应党的号召，我自愿要求到党需要的任何地方去。1958年的8月下旬，我辞别了13代帝京的西安来到了宁夏银川，然后就被分到了当时的宁夏农学院。

记者：请您介绍一下当时在宁夏大学工作的情况。

王：当时宁夏有宁夏农学院、宁夏师范学院和宁夏医学院，这三个学院是平行学院，各上各的课，各有各的领导。由于当时的情况好多外地的学校都关停了。咱们宁夏肯定舍不得关停这三所学校，因为宁夏马上要成立自治区了，一所大学都没有肯定不行，于是就把这三个学院合并成了宁夏大学，这样的话人力财力就省多了。

记者：请问（三院）是怎么合并成宁夏大学的呢？

王：国家批准是在1962年，实际上农学院和师范学院在1961年就搬到一起了，名字就叫宁夏大学，但是当时上面还没有正式批准。合到一起后，因为宁夏师范学院以前有俄语系，所以把三个学院的俄语系都合到一起直接归口了。当时俄语系机构分两方面，一叫本系组，就是给本系教课的；一叫公共组，就是给全校教俄语的。当时学校任命我和宁夏医学院的一位老师为公共组的负责人，也就是教研室主任吧。可医学院就从来没搬来过，那边也从来就没有来人，当时就宁夏农学院和宁夏师范学院在一起。后来由于各种问题，俄语系只办了两届。

一直到"文化大革命"以后，学校又要成立外语系。经过很长时间的筹划学校在1971年到1972年之间成立了宁夏大学外语系，一直发展到现在的外国语学院。

记者：请您讲讲建校初期学校的情况。

王：那时候困难得很，你们没有经历过那种困难。我们来了之后整个西夏区（当时叫新市区）全是沙漠，还是那种波浪式的沙漠，一个工厂都没有。只有宁夏军区和宁夏大学。那时以师范学院为基地的宁夏大学只有现在的研究生楼和拐角楼，农学院是在原来下马停办的两所中专的两座楼起家的，把它们整体加起来就算是宁夏大学了。我记得当时宁夏军区政委给宁大师生作报告，还风趣地说："在这片沙滩上，我们军学要和平相处。"后来慢慢地新市区楼盖得越来越多，就在 B 区（怀远校区）的那个大楼（后来拆了翻盖成现在这样），中间最高有五层，南北两边耳侧各三层。来了以后，大楼西边的校门两侧全都是沙堆子高的蒿草，我们扫完地打开窗子和门就直接倒出去。那时候晚上还得搞短途运输。你们可能没有听过什么叫短途运输，就是用人拉马车到郊区去拉没有人要的土坯泥砖头（比砖头大的那种），那时候老师们都年轻，晚上可以拉两回。

当时菜也短缺，给学校拨一片菜地，我们都是晚上去拉，怕白天拉影响不好。晚上用大卡车去拉，因为我们拉的都是大白菜，装车的时候就赶紧吃上几口白菜心充饥，这就是当时的情况。

我们外语系，以前的系主任均是转业军人担任领导层还有工宣队成员，严格地说是从1984年才走上正轨。系领导由宁大提名，自治区党委批了才任命。潘可抚为系主任，李春明为副书记，苏振宇、王正华为副主任。潘可抚是位老同志，在中央情报部门工作过，后来来到宁夏。从那以后我们外语系才不断壮大。

至于学生的分配，从20世纪80年代到90年代那一段时间，我们外语系的学生分配非常好，很多学校需要英语老师。凡是学习比较好的学生，一部分到高等学校，有我们自己留校的，还有被西北第二民族学院（现在北方民族大学）要去任教的，也有去外地高等学校任教的，另一部分就分配到咱们自治区的重点中学任教了，像银川一中、二中、中卫中学、平罗中学等。当时我们分配的去向是相当好的，每年到学生毕业时，各单位都提前和外语系联系预约。这就是外国语学院的前身（外语系）的基本情况。关于师资的情况，俄语教学那一段时间，基本上各个系每年招一个班，个别系两个班。俄语没有正式课本，教师自己编写讲义交学校文印室刻制，或打

1962年，宁夏大学教师在劳动中不忘学习

印作为教材发放给学生，那时候打字机很少，条件很困难，后来有的系有了国家出版的正式课本可以选用。

记者：从教以来，让您最自豪的事情是什么？

王：我自己感到骄傲、自豪的一点是合校以后，我个人从教学到退休几十年当中，除了我母亲逝世请了一周假外，一直到我后来在校外兼职教课，如先后在中央党校函授学院宁夏分院（地址宁夏党校），聘请我给他们面授教英语，在自治区科技干部局教职称英语，以及在自治区老年大学教英语，一直教到我80岁辞去了教学，在这些过程中我也一次假都没请过。作为教师，我是尽职尽责的。

记者：您对宁夏大学发展有什么期望？对当代大学生有什么寄语？

王：我希望我们宁大，第一在招生质量上要进一步加强，多吸引外省优质生源；再一个就是教师的质量要提高。宁大是211大学，又是部省共建型大学，我们应使教学，尤其是科研更上一层楼。我对学生的希望是：把准政治方向，刻苦学习。记住：知识就是力量！

最后，作为宁大人，我希望我们宁大不断进步，作出更辉煌成绩！

难以忘却的记忆

——宁夏大学早期片段纪事

王正华

1964年，王正华独照

宁夏大学经过六十多年的发展变化，现在已成为部省（区）共建的一所"211工程"重点大学。今天的宁夏大学楼房林立、花草满院，教工数千名、学生数万名，已经成为设备齐全、硕博士点较多的西北名校之一。六十多年来宁夏大学为宁夏乃至全国培养出大批优秀人才。看今天，望未来，宁夏大学前途一片光明。

用"万丈高楼平地起"来形容宁大的发展也是准确无误的。

宁夏大学最早是在1958年宁夏回族自治区成立之际，由当时新建的宁夏农学院、宁夏医学院、宁夏师范学院三所学院合并而成。后来又先后将宁夏教育学院（包括银川师专），以及宁夏工学院合并入宁夏大学。

从1958年算起，宁夏大学每十周年均有较大的庆祝活动。每次庆祝均有诗文刊登和书卷出版回顾校史，其中也有我写的篇章。不过我总觉得有几个方面似有单独加以回忆书写的必要。

一、农学院前期的几件事

我1958年8月毕业于西安外国语学院（今西安外国语大学），8月下旬被分配到当时的宁夏农学院任教。农学院的校舍是民族公学停办了的旧址，对门路北是当时的农业机械化学校（今自治区人民政府）。当年学院的教学机构是农学系、畜牧系和公共课大组（政治、外语、数学、物理、化学、体育几个教研组组成。我负责外语组，并兼管公共大组的工作）。当时学生不到百人。

1. 农学院的卫星试验田

1958年各地都大搞卫星（高产）田。作为农业院校，我们自然不能例外和落后，于是小麦卫星田就选址于农业机械化学校的前大院内。因农学院就是在农业机械化学校的基础上成立的，所以个别领导还两边兼任。后来由于形势的转变，我们也改变了以前不科学的做法，卫星田终于成功了，当年亩产量803斤，打破了宁夏有史以来的最高纪录。

2. 农学院优质西红柿

提起这种西红柿（当时叫番茄），人们自然会想到农学系的陈秀夫教授，他是遗传育种专家，是北京农业大学支援宁夏的教师。他来校后正好住在我家隔壁。他为人和蔼可亲，勤恳有余，话语不多。他一来没几天就在我们住房的门前院子自开了一片小田培育优质西红柿，后来学校在小麦试验田旁增加了较大的育种试验田。他培育的西红柿常送给老师品尝，但食用完必须把体内的种子还给他继续试验，不断提高优化。他种的西红柿个子大、顶较平、果肉好、糖分大、营养好，一打开就现出白砂糖一样的果心，享誉校内外。可惜的是陈秀

王正华

夫教授后来调回了北京，再加上迁校变动等多方面原因品种未能延续下来。

3. 农学院的烂尾楼房

农学院成立后就在芦花台车站的西面开建了楼房。学校的师生员工曾轮流顶风沙、冒严寒在那里开发农场，平田、开渠、打埂，多次自带铺盖，住在旁边已建到二层又停建的门窗没有遮蔽的房屋内。白天开荒，几乎每天都会遇到沙尘暴。恶劣的天气在那时是司空见惯的，加上粮食定量低（每人每月20斤），蔬菜肉食的供应更是难以想象。由于"三年困难时期"经济萧条，宁夏农、医、师三学院合并成宁夏大学，农学院从银川西门旧址搬到宁夏师范学院的新建校址——今天的怀远校区（医学院未搬来）。由于合并搬家，加上芦花台西侧机关单位的增加，农学院的烂尾楼房与农场亦被拆除与征用。

二、三个学院合并后的几件事

1962年国家正式批准农、医、师三学院合并成宁夏大学。实际上农学院此前已陆续搬过来。当时，这里的楼房只有四栋：主楼（今研究生院，现在是后翻建扩大的），当时是"凹"字形，凹口朝东，北边以数学系为主，南边以物理系为主，楼的面朝西，高低呈"凸"字形，中间最高五层，两边为四层，还有拐角楼为教职工住地，以上两座楼房就是原师范学院的楼房。另外两栋楼在拐角楼东南方向（今怀远校区篮球场附近），一座叫大红楼（三层），一座小红楼（二层）。这两座是当时幼儿师范停办留下的。农学院迁来后，一切教学活动在大红楼进行，教职工住小红楼。稍远处（今宁大附中处），有一座灰楼，是宁夏交通学校停办留下的，学生就住在那儿。这就是师、农两院合并后的楼房状况。再往后，随着宁大的发展壮大，加上橡胶厂北边当时的银川第七中学迁来建成了宁大附中，那座楼就成了附中的建筑之一。

1. 合并初期宁大的校内外状况

那时铁路以西是一望无边而又高低起伏不平、形如海浪式的沙漠，真如古诗所写那样"大漠横万里，萧条无人烟"，校园既无围墙，亦少有树木，道路不平，不时要受风沙之苦。主楼两侧窗外沙堆蒿草高达二层楼的高度，所以被称"西沙窝"。这一片沙漠中当时只有宁夏军区和宁夏大学两家遥遥相望。我还清楚地记得有一次宁夏军区政委江波将军来校给师生作报告时风趣地说："这片大地只有我们两家，我们要和平共处，相依为伴。"话音刚落便引来师生们的笑声和掌声。今怀远校区前这条南北方向的路以前是无名土路，后按银川道路经、纬之分命名为经三路。因为我们宁夏大学在此，最后改名文萃路（街），以应文人聚集、荟萃精英之意。

2. 艰苦建设美丽校园

全校师生利用节假日和闲暇时间，以愚公移山式的劳动为平直道路、除沙植树、美化校园和周边环境付出了人力和汗水。甚至可以自豪地说，宁大人为新市区（当时的称呼）建设也作出了不小的贡献。对那时的劳动，我还写了一首诗以讴歌大家的干劲。

3. 自建游泳池

随着学校的发展壮大，教职工人数增加，大家利用课余假日时间，自发地组织起来，用拖拉机上山拉石头，并边干边学，调好水泥，建起了当时银川市的第一个露天游泳池。现在信息工程学院西侧的小湖就是原来的游泳池扩建成湖的。

4. 宁大两农场

（1）实验农场。场子规模较大，设备齐全。场部机关地址在今宁大南校区（今民族预科学院处）。当时农场辖区面积北靠现在的黄河路，南到银新小火车铁路，东到农业学校、电视大学，西至今天的湖畔嘉苑。场内有农业队，队内有几台拖拉机，三驾马车，十多位农工，有大片自生自长的芦苇，每年冬天结冰以后收割出售收益不少。

庄稼以水稻为主，兼种各种蔬菜，为农学系教学实验基地。全校教职员工和学生可随时去劳动。若到收获季节，大批师生去参加收割，所产稻谷除少量留作种子和自用以外，其余全部卖给国家粮食系统。有一段时间，还建起白酒厂，当时厂里的设备和器械还比较先进，酿出的少量的白酒还曾在银川老百货大楼免费试销过，有时也发放给参加农场劳动的人员。酒的品质反响不错，上级还派了白酒厂两位同志和当时的银川酒厂一同志一起去四川泸州学习。实验农场还设有畜牧方面的站点，如配种站（以配马为主）并兼顾牛、猪的配种和兽医的诊疗，服务周围的农业村镇。场内有多头奶牛，还有挤奶员和送奶人，困难年头所产牛奶专供给较高职称（当时的讲师以上）和所有患病人员及全校教职工的婴幼子女，后来多产时也向国营牛奶站小量销售。但是随着老城的向西扩展，我们的实验农场被越来越多的机关单位征用了。庆幸的是在农场场部处新建的宁夏教育学院（包括银川师专）后来又合并到宁夏大学，实验农场原场部一片又回到了宁夏大学，成为我们的南校区。

（2）机关农场。与实验农场同时期的还有机关农场，它位于今怀远校区的西北部，南边大约到学知园东西方向，北到宁夏军区。农场以栽种土豆为主，兼种少量小麦，同时还试种过两茬棉花。场内亦有农工和一些教职工的家属住房和劳动岗位，校内教职工和学生都常去劳动耕作。实验农场被占用后，奶牛也全部

1994年，宁夏大学英语系第一次在银川市老城区宁园开展英语角活动时，王正华（图中）留影

搬到机关农场，牛奶仍按以前的办法供应。后来农学院又从宁大分出迁往永宁县，奶牛等与农牧有关的设备设施随之搬到新建起的王太堡实验基地。在农学院第二次与宁大合并后，又再次回到宁大，王太堡实验基地又归于宁夏大学。但是我们的机关农场随着新市区（今称西夏区）的扩大，早就被征用了，现在的农场是以后之事。

总而言之，在宁夏大学以前的两个农场建设中，全体师生员工付出了艰苦的劳动，而两个农场对宁大的教学科研和有关供应，特别是牛奶供应在三年困难时期，对当时一些体弱多病的教职工和教职工的婴幼子女起了非常重要的作用。

60年来宁夏大学不断发展壮大，今天已屹立于西北乃至全国高校之林，这是宁大人的骄傲。最后我以我的一首小诗结束我这篇回忆。

庆祝宁夏大学建校六十周年

六十年间史业传，兴学建校历辛艰。

筑巢引凤抒宏愿，育李栽桃写巨篇。

文理并肩多俊彦，师生互励富英贤。

兰山河水同辉映，毓秀钟灵促梦圆。

（编校：张惠）

王正华

043

王正华：到祖国最需要的地方去

刘雪茹

　　1958年夏，宁夏回族自治区成立前夕，25岁的王正华响应党的号召，辞别了曾为十三代帝都的故土西安，来到了塞上江南——宁夏。"那个时候的年轻人没有太多的想法，哪里需要我们就去哪里！"87岁的王正华用纯正的陕西话说道。

　　"党的需要，祖国的需要"，是以王正华为代表的"支宁人"的信仰，就这样他将青春韶华交付给了一个未知的地方，不求锦衣玉食，更不求功名利禄。不承想这一走，竟然就是一辈子……

结缘宁大

　　"出塞入塞寒，处处黄芦草。"这是王正华想象中的塞上。他乘坐绿皮火车从西安出发至兰州，转乘包兰线刚开通的火车一路北上，来到银川。"刚下火车，整个火车站就只有一排平房，连个站台都没有，售票处，候车的、卖东西的全都用凉席搭的棚。"这是王正华初到塞上看到的景象，后来，他深深地爱上了这片荒凉的土地，亲切地将之称为"第二故乡"。

　　从西安外国语学院（今西安外国语大学）来宁夏的16位学生中，

王正华是唯一一个被分配到高校当俄语教师的。初到宁大，他被分配到刚成立的宁夏农学院任教，负责该院的公共课大组的工作。这个大组与农、林、牧三系平行，内含政治、体育、物理、化学、数学、外语几个教研组，人员超过各系的教职员。

在这期间，王正华还积极参与到试验田的开垦中。"银川那个时候风沙真的很大，吃饭的时候，一阵狂风吹过，碗里就满是沙子。"但再大的风沙也挡不住宁大人建校的热情。1961年迁至新市区新址的时候，宁夏大学四周无围墙，远远望去就是孤立建在荒滩上的一所学校。就在这片荒滩上，和王正华一样的开拓者，顶着风沙，移平了大小不同的沙丘，修筑了交错平直的马路，栽种了各种的花草树木，建设了宁夏第一所高校。

王正华当时写了不少诗句来描写植树造林的劳动场景：

> 红旗迎风招展，英雄大战沙滩。
> 书记亲临挂帅，师生遍布滩前。
> 马列思想指导，奋学愚公移山。
> 能搬太行王屋，何虑沙丘泥丸。
> 今日平地造林，他年树木参天。

就这样，老一辈的宁大人，用自己的双手在荒漠中打造了一所"绿色"大学。

情系外语

1961年宁夏农学院、宁夏师范学院、宁夏医学院三所学院合并，成立宁夏大学，医、农两院的公共俄语组并入原师范学院的俄语系，王正华归入俄语系，负责公共外语大组的工作。当时俄语系仅有两届学生，连40人都不到。后来随着国内外形势的变化，俄语停招了。于是，在第一届学生（1963届）即将毕业之际，第二届俄语系的学生（1964届）就合入了兰州的西北师范学院（今西北师范大学），俄语系只有一届毕业生。

20世纪70年代初，学校在原俄语系的基础上，开办了宁夏大学外语系（今天的宁大外国语学院前身），并于1973年开始招收工农兵学员。外语系有了，但是师资力量却是当时阻碍其发展的一座大山，如何才能解决师资问题呢？学校让外语系几位年长的俄语教师自行联系进修英语的地方。于是，由王正华起草的信件发往了国内几所外语院校，以及几所有英语系的综合性大学，希望能给予培训。"当时，山东师范学院（今山东师范大学）有意接收我们，于是我们就和北京石油大学、山东医学院、青岛医学院等校俄语教师共同组成了英语培训班。"王正华说。一年培训结束后，几位老师回到学校，分别承担了宁大外语专业以外各专业工农兵学员选修英语课的教学工作。

1977年，对于王正华来说是极不平凡的一年。年初，教育部在北京开展了中华人民共和国成立以来首次由母语是英语的外国专家为全

王正华（右）担任系副主任期间，代表外语系与外籍教师签订聘用协议

国高校外语教师授课的半年短训班，全国共30个名额，每个省只有1个名额，王正华作为宁夏回族自治区代表前去培训班学习。"真的是喜忧参半啊，喜的是这是一次难得的机会，忧的是虽然在西安外语学院曾选修学过第二外语是英语，但担心自己的英语口语水平不好，怕跟不上。"到达培训班之后，心情又放松了一些，因为每10人分为一个班，三个班中均有英语教师和转行的俄语教师。培训期间，每天上午三节课，由澳大利亚的三个教师分别承担。下午无课，学员多是听录音、看课文（讲课时不发课文，下课后才发课文）。经过半年的学习，王正华深深感受到了"走出去"的重要性，回校后，他积极向领导汇报了各地尤其是京沪两地的高校外语教学的现状，积极建议将老师送出去交流学习，他的建议引起了学校和系领导的重视，为推动外语系老师"走出去"起到了良好的促进作用。

改革开放以后，外语系于1984年调整领导班子（以前外语系主任由转业军人担任），学校领导广泛征求广大教职工意见后，任命李春明同志为系党总支书记，潘可抚同志（现已去世）为系主任，苏振宇、王正华、张书祥同志为副主任，王正华主管公共外语大组和系行政、财务等工作，直至1989年56岁时卸下副系主任的担子，只担任教学工作。1993年，花甲之年的王正华离开了他热爱的岗位……

再回首已非少年郎

2021年7月，王正华迎来了87岁生日。回首往昔岁月，有两件事是他这辈子值得骄傲的：一是自从任教到退休从未因私事或病假耽误过一节课；二是创造了宁夏大学有史以来单学期上课课时最长的纪录。1964年，因系里一位老师胃切除做了大手术，无法任课，王正华便承担起该老师两个班的教学任务，加之自己本应授课的四个班，当时的他每周上课24小时，每班每周4节课，每周6天（改革开放前全国都是

6个工作日）。他笑说："在宁大，这绝对是极其少见的。"

一个时代有一个时代的主题，一代人有一代人的使命。以王正华为代表的老一辈"宁大人"，背负着建设宁夏高校的重任。一个甲子已逝，我不禁想到：一代人芳华已逝，那就让我这些朴拙的文字留住这芬芳的年华吧！

（编校：张惠）

吴家麟　汤翠芳

　　吴家麟（1926年6月—2017年5月3日），福建省福州市人。中共党员，教授。1951年毕业于北京大学，随后进入中国人民大学法律系研究生班学习《宪法》专业，1961年到宁夏大学任教，讲授形式逻辑和哲学史等课程，1979年任宁夏大学副校长，1983年任宁夏大学校长。他参与编写了《中国大百科全书》。曾担任《宪法》《行政法》副主编；在修订版中担任《宪法》主编。他撰写的《宪法基本知识讲话》是新中国第一本宣传《宪法》的著作，主编的《宪法学》是"文革"结束后国内第一部高校宪法学教材。1984年被评为国家有突出贡献中青年专家，1992年享受国务院政府特殊津贴。2008年9月，吴家麟被评为"宁夏50年影响力人物"。同月，获宁夏法学优秀成果特别贡献奖。2008年获宁夏大学五十周年校庆突出贡献奖，2012年，被中国法学会授予"全国杰出资深法学家"称号，2015年10月，被中国宪法学研究会授予"中国宪法学发展终身成就奖"。

　　汤翠芳，女，1933年11月出生，福建省龙岩人。中共党员，教授。1982年8月调入宁夏大学工作。先后主讲大学语文、形式逻辑、法律逻辑、普通写作、说理文写作、法律基础、婚姻法等课程。担任宁夏大学政史系法学教研室主任。多次荣获校系教学质量一等奖。主要著作有《法律基础》《说理文概论》（合著）、《与中学生趣谈逻辑》（合著）等，发表论文多篇。获自治区和宁夏大学优秀科研奖8项，获自治区普通高等学校和宁夏大学优秀教学成果奖各一次。

记者：请您介绍一下您与吴家麟老师的求学经历及来到宁夏大学工作的情况。

汤翠芳（以下简称汤）：我是中国人民大学法律系毕业的，1958年毕业。毕业以后党中央号召建设边疆支援边疆，我们当年的热情很高，全校那一年毕业的好多学生都报名到边疆，我当年也报名了。那么去边疆哪个地方呢？当时是学校来分配，把我分到宁夏了。

吴家麟是1961年来到宁夏。开始分配他到中卫中学教语文，还没有去正式上班，当时宁大副校长刘继曾，指名要到了宁大。刘继曾很爱惜人才，他当时负责宁大寻找老师的工作。为什么要吴家麟呢？当时分到宁夏的人，大部分是应届大学生，讲师和教授很少。当年吴家麟是讲师，刘继曾一看是年轻讲师，而且有著作有文章，他就说："吴家麟我要了。"要来以后刘继曾还挺得意的。

来宁大以后学校挺重视他的，当年就让他开课。

当时逻辑学没人教，吴家麟就教了。他开逻辑课是下了很大的功夫的，除了（逻辑学知识）全部消化，另外他搜集了很多的材料。因为逻辑学课很枯燥，尽是一些图啊、定理啊，知识点抽象不好懂，那他讲这个课如果按教材讲肯定没人爱听。

怎么办呢？就要提高学生听课的兴趣，有兴趣了爱学习了，学的就能用。所以他就想办法从好多书里头去找材料，讲课的时候先讲概念，讲明确了什么是概念，它有什么特征，它跟语言有什么关系。然后就举书上的一些有名的例子、有名的故事，从日常生活中的例子来讲，之后讲课的效果就非常好了，学生特爱听。

他开逻辑学课大概两年后，又开了一门课叫说理文写作。（因为）当时是叫政史系，需要的是要会写文章，特别要会写论文，所以他就开了这门课。这门课在全国高校中没有人开过，他是第一个讲这门课的。

他1979年1月份左右当了副校长，1983年几月份我记不清楚了，

1982年，吴家麟给学生授课中

又当的是校长。他在担任副校长到校长的时间大概有10年左右。其间，因为国家太需要人才了，全国需要编写高校的各门课教材，教育部就把他调去了，要他主编两本全国通用的法学教材，一本是宪法学，一本是法律逻辑学。他一人兼两部教材的主编，这个任务很重，当时教育部借调了他半年。

我1958年到宁夏报到以后，被分配在自治区工业机械局去工作。当时机械局刚成立不久需要人，就把我分配到人事室，人事室里头两个领导就我一个兵，他们指挥我干啥我就干啥，就当跑腿的。过了两三个月吧，自治区综合电机厂需要大学生，他们要办厂报，厂报半个月出一次，我就调去当记者编辑。那当小报记者你就得到处采访。那时候赶上宁夏冬天啊，我到电机厂穿的皮衣服戴的皮手套，戴着皮帽子还冻得耳朵和手都裂了。当年还怀着孕，我来宁夏之前那时候已经怀孕了。就在电机厂当了记者兼编辑大概一个冬天，后来宁夏回族自治区工业技术学校要人，又把我调到那个技术学校去了。技术学校的人事部门不能代课，就让我在教务处打杂，排课表啊、通知老师开会啊、买书啊、给各班发书啊，就干这事。

干了一年，因为工业学校要开语文课，人事部通知我代语文课，从此我就当了语文老师。

后来工业学校不办了，就给我放到新城中学教书。后来新城中学升格了，宁大需要一个附中，就把新城中学连锅端了，合并到宁大去了。

吴家麟当了副校长以后，分管教学和科研，因为当时他还代课，实在太忙了。忙不过来怎么办，他提出给他配一个助手。那么这个助手的条件是什么呢？要懂法律，准备接他的法律课，接他的逻辑课。他当时讲法律课，讲逻辑课，还要回一些来信。

他当时要做副校长工作，又要编写全国教材，还要给学生讲课，实在是忙不过来。宁大当时内部没有这样的人才，那就到附中调，附中调人容易啊，和宁大是一个单位的。后来经过宁大组织部去了解，认为我比较合适。因为我学法律的，教语文的，当年评了好几个先进并且是入过党的，认为这个人还不错，就把我调到宁大。1982年夏天，我就调到宁大了。到那里以后，我一边准备讲课，一边还要当他的助手，不是助理是助手，就是帮他处理一些事务性的事情，我就这么来了。

记者：您与吴家麟老师在宁夏大学工作期间，有哪些自豪和欣慰的经历和成绩？

汤：我认为他最值得传承的事情有这么几个，第一个是尊师重教。为什么特别提尊师重教呢？跟当时的背景有关系。

要办一所大学，吴家麟从来都认为大学最需要的不是高楼大厦，也不是各种设备。最主要的是需要老师，特别是好老师，只有一批好老师才能够带出一批好学生，因此他特别重视教师问题。吴家麟就任校领导以后强调必须要尊师，当时全国的大气候他没法改变，但宁大这个圈子里的小气候，他作为校长一定要把它改变。怎么改变呢？就要尊师。怎么尊师呢？他们领导班子经过研究先解决着急的问题，把教师队伍稳住，让老师愿意留在宁大，那么第一步要解决住房问题。他们校领导就做了个决定，这个决定就是以后盖房子向老师倾斜，后来盖几栋房子全部分给老师了。这是宁大有史以来第一次啊！而且是石破天惊的，震动非常大。所以很多老师安心了，有新房住啊！

另外老师要讲课，讲课的话你光给我一本教材不行，要有各种参考书、工具书啊。宁大刚建立的时候图书馆还有一些书，"文革"时就把这些书全部烧了。那怎么备课呀？老师怎么上课呀？当然老师不满意了。怎么办？买呀！领导班子决定买，在全国各地买书。钱怎么办？他们当时这样决定的，要改变原有图书经费的规定。当时经费很紧张，全校每年只有两三千万元的经费，那么按照规定，图书经费占总经费的2.5%，这两三千万买书只允许用其中的2.5%。为了解决教师备课问题，学校决定了要把这个图书经费的占比由原来的2.5%提高到7.5%，这样的话经费就多了一点。他们就到全国各地买书，那时吴家麟到各地作报告，同时带回来各种书籍。这样就解决老师的备课问题，有住的了，有工作辅助工具了，老师就安心了。

那么光把老师稳住不行，当时老师不多，那得培养新力量。当年宁大老师都是从外地进来的，到外地引进新老师太难太难了。吴家麟做了很多努力，通过他的私人关系引进老师，愿意来的老师很少，就是愿意来对方单位也不放，当时各个大学都缺人。那怎么办？就从本地调。当年从本地的中学，就是1981年到1983年那段时间，经过吴家麟的努力，调来一批老师。

为什么难呢？因为当时人才不允许随便流动，调一个人要经过好几个关卡，你调中学老师到大学当老师，老师自己当然愿意了，那原单位肯不肯放你啊。一个是因为调的都是本校骨干老师、好老师，那学校不肯放。再一个因为县里头的教育部门不肯放，你得到银川市调，银川市教育部门也不肯放，那还要经过自治区教育部门一关一关的申请。

1986年，吴家麟作工作报告

为了调人把吴家麟要愁死了。那么外地调不来就从宁夏本地调，在政府的支持下调了一部分。但教师还是很紧缺，那怎么办？那就得自己培养，把留校的青年教师送到国内有名的大学里头去培养，当时叫作委托培养或者定向培养。主要培养研究生，刚留校的老师都是本科生，送出去培养成研究生。那在关注中青年教师提高能力的同时还培养了研究生。培养了多少呢，当年吴家麟去自治区申请了100万元，把这钱申请来以后培养了50名研究生充实到教育队伍来。这样还使宁大的教师队伍不仅后继有人，而且教师质量得到提高。后来这个制度就一直延续下去了，这才把教师问题给解决了。

第二个，是当时邵逸夫捐款给全国各个地方的大学，给宁大分的是100万港币，这100万港币不够啊！当年叫吴家麟去香港领这一笔钱，一起去的都是全国各地的校长，带队的对他们约法三章，让各位校长去了，在会上发言一定要表示感谢，除了感谢之外，其他任何都不允许提。吴家麟这个人就是心直口快，胆子也大，他说丢乌纱帽就丢了，咱要为宁大做一件好事。

在会上就他一个人提了要求，其他人都表示感谢。他在会上谈了宁大目前的困难情况，希望邵逸夫先生再支持一些资金，他这一说，邵逸夫马上又批了100万港币。吴家麟回校后不久，邵逸夫加赠的100万港币也就到位，200万港币就盖起了后来的邵逸夫外语教学楼。现在这个外语教学楼看着很一般，可当年在宁大可是首屈一指的，那是最好的一栋教学楼啊！按当时设计的话是相当先进，200万港币现在看来太少了，当年可管事儿呀！

记者：请与我们分享一下您与吴家麟老师在工作中的体会。

汤：我自己到宁大以后为什么干劲那么足？好像自己有无穷的力量似的。咱们讲实话啊，有这么两个原因。

第一个原因我把它归纳为共产党员的责任感。当时入党的时候那个激动的心情，不是用语言能表达的，宣誓入党的时候，眼泪哗啦哗啦掉。30多年过去了，自己的奋斗、自己的努力终于实现了，那时候感到全身有用不完的力气。到大学以后我就立志，一定要服从党的分配，哪里需要到哪里去，要勇挑重担，要先人后己。党号召要攀高峰，要出成绩，那我就努力。就是这样的思想指导下，所以给我什么课我都敢接，我都努力接，我都努力做好。当时这一股力量很强，因为共产党员就要像个共产党员那样努力做好各项工作，就是这么一股力量在支持着我。

第二个原因是，认为自己到大学来很不容易，一定要努力工作，作出成绩你才能站得住脚呀。那站不住脚就当不成一个合格的老师，要被淘汰的。我把它归结为教师的危机感，这个危机感也就推动着我努力工作。这里提到勇攀高峰有点高了，勇攀高峰我谈不上，但是爬个小小的土坡还是可以的。

记者：您对宁夏大学未来的发展有什么期许？对当代大学生有什么寄语？

汤：我希望宁大越办越好，为国家培养出更多更好的人才；我希望当代大学生珍惜当下美好的时光，自觉抵制社会上的污泥浊水，肯于学习、善于学习、刻苦学习、不断学习，做一个对社会对国家有贡献的人。

吴家麟与新中国宪法学

吴向红　汤翠芳

　　2012年9月26日，为表彰为我国社会主义理论体系建设和法治建设作出杰出贡献的老法学家，中国法学会决定授予25位同志"全国杰出资深法学家"称号，吴家麟名列其中。2015年10月，中国宪法学研究会在宪法学年会上给吴家麟颁发了"中国宪法学发展终身成就奖"荣誉证书。这两个奖项在我国法学界应该属于很高或最高荣誉奖。吴家麟能获得如此殊荣，说明他在宪法学理论、实践和研究方面的贡献非同一般。那么，吴家麟是怎样与新中国宪法学结缘的呢？他的宪法人生轨迹又是怎样的呢？

一、初涉宪法

　　1946年春到1947年夏，吴家麟在福州东街三牧坊省立高级中学念书。距离学校不远处就是福建省高等法院。法院经常开庭，有一次，他怀着好奇的心理去旁听，竟然引起了浓厚的兴趣。此后，在高等法院公开审理刑、民案件时，只要与上课时间不冲突，他就会跑去旁听。他说："当时最吸引我的是法庭上的公开辩论……法庭上，双方唇枪舌剑，针锋相对，进攻退守，挥洒自如。这些精彩的舌战场面给我留

下深刻的印象。……以至于当律师竟成为我当时的择业志向。"（《吴家麟自选集》自序）

1947年，吴家麟高中毕业。在其父辈的帮助下，他专程到上海报考各地名牌学校。当年他报考了北大、复旦、中山、厦大四所综合性大学，填报的志愿全是法律。发榜时，这四所大学都录取了他。因北大位于历史名城、文化古都，又是名牌大学，国内最高学府，还有奖学金，于是他就选读了北大法律系。

这是吴家麟迈入法律人生的第一步。

吴家麟在北大法律系第一次接触到宪法学。讲授宪法学的教师是满腹经纶、学贯中西、能言善辩、声名远播的张志让先生。张志让先生早年留学美国，在哥伦比亚大学攻读法律专业，回国后先在北洋政府的大理院任推事（相当于最高人民法院大法官），后到上海复旦大学任法学院院长。新中国成立后，他就任最高人民法院副院长。他是

1982年，吴家麟授课中

应北大邀请到北大法律系兼课的。他渊博的学识、雄辩的口才，吸引了学生们的注意力，增加了学生们的兴趣。吴家麟从此喜欢上了这门课，并担任这门课的课代表。因是课代表，与张志让先生的接触较多。吴家麟不满足于课堂上获得的知识，想涉猎更多的宪法知识。在张志让先生的支持下，由他出面组织了一个宪法学研究小组。这是新中国成立后北大第一个学生宪法研究小组。这个小组利用课余时间阅读多国宪法，讨论这些国家宪法的异同，研究国外先进的宪法制度，思考我国宪法的制定等。通过宪法学研究小组的学习活动，吴家麟更加深了对宪法学这门学科的兴趣，以至于从北大毕业进入人大做研究生时仍毫不犹豫地选择宪法学专业。

这是吴家麟宪法人生的开端。

二、崭露头角

吴家麟在人大法律系研究生班只读了两个月，因学校缺教师，1951年12月就被调入人大法律系当教师，负责教授中国国家法（中国宪法），并担任中国国家法教研组组长。

新中国成立初期，我国法学基本承袭、移植苏联的法学。苏联派了一批专家到人民大学工作，有十几位专家分到法律系工作。当年法律系的年轻教师是怎样给学生讲课的呢？吴家麟回忆说："我们是先由苏联专家给我们这些年轻教师讲一遍课，随后我们就到课堂上去现炒现卖，原原本本地照搬，任务紧迫时往往是头天刚听完课，第二天就到学生那里去'贩卖'。那时我们对苏联专家崇拜得不得了，简直是奉若神明，以为专家讲的全是绝对真理，不能有半点怀疑。尽管我们在听课中有时候也觉得教条味道浓了点，对当'留声机'也感到不是很满足，但总的来说，我们有机会亲自聆听号称最高法学专家的教诲，当时还是感到很幸福和自豪的。"（《吴家麟》《中国法学家访谈录》）

后来他感到这样讲课脱离中国实际，就渐渐地加入了自己的一些观点。

1954年，第一届全国人民代表大会第一次会议通过了新中国第一部《宪法》，这部《宪法》标志着中国社会主义民主建设进入了一个新的发展时期。为此，吴家麟兴奋无比、激动万分。他把这一盛事看成"我国步入民主法治的新起点"，认为"民主和法治的阳光已经照射出来了，理性的王国已经开始出现了。"为了庆祝第一部《宪法》的诞生，为了配合第一部《宪法》的宣传教育，他赶写出一本《宪法基本知识讲话》。这本书于当年7月由中国青年出版社出版，出版后受到广大读者的欢迎，共印刷了90万册。

《宪法基本知识讲话》一书简明扼要地介绍了马克思列宁主义关于宪法概念和本质学说，从阶级本质、内容、形式和作用等方面说明什么是宪法；揭露资产阶级宪法的虚伪性和反动本质；介绍苏维埃宪法的发展过程，阐明苏联宪法是世界上很民主的宪法；分析欧洲各人民民主国家宪法的社会主义性质和它所反映的过渡时期的特点；论述我国目前制定宪法的意义和作用，并说明《中华人民共和国宪法草案》

的基本精神。这本书是新中国第一本系统宣传宪法的书，是关于宪法的基础读物，在当年民众尚不知宪法为何物的情况下，起到了普及宪法知识的作用，也为后来研究宪法的学者提供了一些可供参考的资料。特别值得一提的是，吴家麟在书中写道："我们的责任不只是参加制定宪法，我们更要用每一个人的实际行动和工作来保障宪法在正式制定后的实施。"这一具有前瞻意义的学术思想，至今仍具有重要学术价值。韩大元等四位学者对这本书的评价是："在本书中，先生提出的宪法概念和分析宪法问题的基本方法，对新中国宪法学的建立与发展产生了重要的学术影响，奠定了'中国化宪法概念'的基本性质与特点。特别值得提出的是，先生在该书中已注意到宪法实施问题的重要实践意义。"（《学界名家师之楷模——吴家麟先生之生平》《吴家麟教授八十华诞暨宪法学思想研讨会文集》，作者韩大元、朱福惠、徐振东、陈珺珺）

吴家麟为什么能在较短的时间里赶写出这本书呢？古人云："功名机会，要须闲暇先备。"意思是：要想得到获取功名的机会，闲暇时就应先准备停当。吴家麟在北大法律系上学时就努力学习、刻苦钻研法学，在课下还组织了一个宪法学研究小组。北大毕业时，在宪法知识方面他已打下较扎实的基础。在人大当教师时，他教的又是中国国家法，即中国宪法，在教学中对宪法知识又有了更加深厚的积累。在中央决定起草新中国第一部宪法时，分给人大法律系的任务是帮助收集各国宪法资料。吴家麟当年是中国国家法教研组组长，因有讲课任务没有被抽调去专门搞资料工作，但他也协助做了很多这方面的工作，因而他手头资料多，对宪法制定过程比较了解，对新宪法的基本精神领会较深。再加上他思维敏捷，文字功底好，所以能很快落笔成书。

此后，吴家麟接连在报刊上发表了一些有关宪法的文章，在校内外作一些宣传新宪法的报告。1954年全国高校第一次评职称时，吴家麟被评为讲师，成了青年俊才。

许崇德教授在《吴家麟学兄八十大寿献辞》中写道："兄才华出众，成绩超群，半截而擢为教师。登台授课，口若悬河；伏案撰文，走笔有神。1954年首著新书，宣传宪法，数十万册行销全国。报纸刊物，约稿者接踵于途，校样送取，电话铃响彻回廊。文传遐迩，名噪京城。斯时也，高校新法学之兴建，兄之大力，功不可没。"

这一时期是吴家麟牛刀小试的宪法人生。

三、重大贡献

后来吴家麟被分配到宁夏工作，在宁夏大学执教。

1979年1月，吴家麟的宪法教学和研究工作得以恢复。随后，他被评为副教授、教授，先后任宁大副校长、校长。

1978年12月，党的十一届三中全会召开了，科学的春天到来了，法学界的春天到来了。高校恢复招生，法学院系也先后复课或重建，但急需法学教材。1979年9月，吴家麟的好友王珉灿正主持司法部法学教材的编辑工作，邀请吴家麟加盟法学教材的编写工作，委托他主编宪法学和法律逻辑学。通过编写宪法学教材的途径，使吴家麟重新回到法学界，名正言顺地"归队"。吴家麟说："我从离队到归队，熬了二十多年，其间，还有一个史无前例的，历时十载的'文化大革命'，大好的时光被荒废了，实在可惜。"（《吴家麟自选集》自序）此后，吴家麟争分夺秒，夜以继日，精神振奋地编写宪法学教材，参加修宪会议，发表宪法学论文，应邀到全国和本区各地去讲学或普法。

（一）编写教材，缓解燃眉之急

归队以后，吴家麟全力以赴地投身到法学教材的编写工作中。在宪法学方面，编写了以下教材。

1.《宪法学》（高校法学教材，主编并撰写1~3章，群众出版社1983年11月出版）

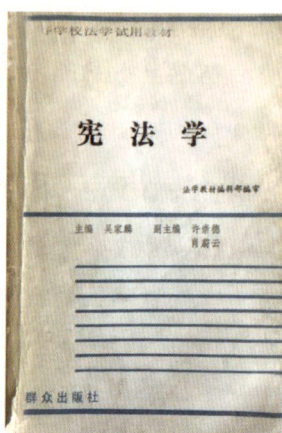

《破案审案与逻辑》吴家　　《宪法基本知识讲话》吴　　《宪法学》吴家麟著
麟著　　　　　　　　　　　家麟著

　　首先是书名问题，经多方协商，始定下《宪法学》这个名称。接下来是内容问题，经过多次讨论，定下来写三大部分：一是旧中国的宪法，二是新中国的宪法，三是资本主义国家的宪法。对资本主义国家的政治制度，基本上还是采取全盘否定、一批到底的办法。编写组成员齐心努力，克服困难，1983年这本教材终于问世。

　　这本教材以马克思主义关于国家和法律的学说为指导，系统地论述了宪法的本质和发展过程，介绍了各种类型的宪法和各国政治制度的内容和主要特点，并对我国1982年宪法的条文和基本精神作了全面介绍和学理解释。

　　这本教材以当今的法律观点来看的确存在不少问题，但在当时教材奇缺的情况下，也算暂时解决了各个法律院系的需要。这本教材出版以后，全国各高校的法律专业，几乎都采用这部教材。韩大元四位学者在一文中写道："这本教材是新宪法颁布后国内发行的第一部宪法学教材，产生了重大的学术影响，而且作为全国大专院校通用教材之时间也很长，它的体系内容和编排模式成为后来各类宪法学教材之重要范本。"（《学界名家师之楷模——吴家麟先生之生平》《厦门大学法律评论》2005年第9辑）秦前红教授在"吴家麟宪法学思想暨宪法学发展研讨会"上说："《宪法学》这部教材，它的几个学术历史贡献是不可低估的：首先，它建立了一个相对完整的教材体系，这样一个体系直到20世纪90年代初期，都成了同类宪法教材的模板；其次，它为整个中国20世纪80年代的宪法学教育和研究搭建了一个共同的初级平台，构建了一个基本规格的学术背景；再次，它使用的某些研究方法，如，本质分析方法，使人们能深刻地认识宪法现象，注意宪政活动与具体民族国家历史文化的交集。"许崇德教授把这本教材誉为："破国内数十年法学之冰封，开日后宪法学繁茂之先河。"（《吴家麟学兄八十大寿献辞》《执子之手》）

为适应我国法治建设的发展和新的国际形势，1992年3月对《宪法学》进行了修订。这次修订的原则：一是更新和充实了内容；二是精简层次，撤编并章；三是删减部分内容，减少全书篇幅。而后由群众出版社出第二版。这本教材1984年获宁夏回族自治区第二届社会科学优秀成果一等奖。

2.《宪法学》（电大教材，主编并撰写1～2章和结束语，中央广播电视大学出版社1990年7月出版）

1988年，中央电大88级法律专业及法律（检察）专业开设《宪法学》课程，聘请吴家麟担任主讲教师。当年电大选用的教材是法律出版社出版的大专统编教材《宪法学》。为了帮助学员学好宪法学，吴家麟为电大学员编写了两本辅助教材：一是《〈宪法学〉学习指导书》（中央广播电视大学出版社1988年9月出版）；二是《〈宪法学〉参考资料》（中央广播电视大学出版社1991年10月出版）。

1989年，中央电大决定自己编写《宪法学》教材，聘请吴家麟担任主编。这本教材力求体现大专层次、成人教育和远距离教学的特点，以适应电大学员的需求。1990年7月，这本教材出版并投入使用后深受师生欢迎，多次印刷，多年使用。

（二）参与修宪，尽其绵薄之力

1980年，中央决定修改宪法。全国人大常委会召开了一个小型的高层次的修宪座谈会，邀请了几位宪法专家参加，吴家麟在被邀之列。会上，他做了长篇发言。他首先对传说中人大将设两院制问题，表达了自己的看法，认为没有这个必要。接着，对宪法各章的问题，提出具体修改意见。当时会议主持人感到吴家麟的意见全面而且有分量，就让全国人大常委会用内部文件的形式全文发表。会后，他发言的部分内容被采纳。吴家麟还积极宣传新宪法，并提出修宪建言，如，呼吁尽快解决宪法监督问题。

（三）文章立言，锐气不减当年

1980年以后，吴家麟在报刊上发表了近百篇文章。这些文章敢讲真话，不讲假话，敢为人先，敢为民言，不人云亦云，有独立见解，赤胆忠心，为党为国建言献策。他的好友冯其庸读了他写的文章，赠他一个条幅，上写："二十年来不见君，依然蜀汉上将军。秋风匹马长坂坡，气压曹营百万兵。"他的学生读了他写的文章，称"锐气不减当年"。

（四）育才普法，足迹遍及全国

1. 倾心育才

吴家麟深谙中国国情，知道社会主义初级阶段的中国既需要"阳春白雪"的高级法律人才，更迫切需要"下里巴人"的初级法律人才充实到司法实践第一线。因此，他归队以后，应各部门的邀请到全国各地去讲学，足迹遍及全国25个省、区、市，培育了多方面、多层次的人才。

多年来，吴家麟在培养全国宪法学和法律逻辑学的师资方面，付出了不少心血。多次应司法部、教育部、国家教委的邀请，到西安、大连、上海、重庆给该部门主办的法律院系教师进修班讲课；还应中央电大、杭州大学（今浙江大学）、安徽大学等高校的邀请，去给法律系教师和研究生讲课。曾被中央电大、杭州大学、武汉大学、厦门大学、华侨大学等多所院校聘为兼职教授。

1986年，庆祝吴家麟（左四）从教45周年

现在，当年的学员大部分已经成为各政法院系宪法教学骨干。

多年来，吴家麟在培养检察院干部、人大干部和法律顾问方面，也付出了辛勤的劳动。他应最高检察院的邀请，去杭州、武汉、昆明、蚌埠给检察院电大班学员作辅导报告；应全国人大的邀请，去北戴河、深圳全国人大干部培训中心讲课。积极支持企事业法律顾问的培训工作，担任全国企事业单位法律顾问培训班的顾问，先后给培训班第二、第三、第四期学员讲授宪法和法律逻辑学专题。而今，已有很多学员成了政法部门或企事业单位的栋梁。

2. 全力普法

1985年11月19日，宁夏回族自治区成立普法讲师团，吴家麟担任团长。他乐此不疲。他认为，理论研究当然是每一个法学家的必要工作，但是普法工作也很重要。一个国家，如果老百姓对法律没有信仰，那就不是一个法治社会。法律的施行，一个靠执法者，另一个靠老百姓。如果老百姓都懂得法律，则他们不仅能遵守法纪，还能对执法者起监督作用。为此，他决心走出象牙塔，到群众中去，到全国各地去进行普法宣传，去为人民共和国的民主和法治事业鼓与呼。

吴家麟先后给北京、上海、甘肃、内蒙古等20多个省、市、自治区的高校师生、机关干部讲过法理、宪法和逻辑，还给兰州、杭州、青岛、哈尔滨等地的党政领导干部作过"民主与法治"、"依法治国"、"邓小平的民主思想与法治主张"等专题报告。在宁夏，多次给全区党政领导干部、高等院校师生、机关干部作普法辅导报告，还在银川、石嘴山、吴忠等地作普法专题报告，足迹遍及宁夏山川。在宁大他多年给政治系讲授宪法学，还给中文系新闻班讲授新闻与法律。

为了普法，吴家麟经常是亮着嗓子出门，哑着嗓子进门。汤翠芳曾劝他多著书立说，少外出普法。他却说："著书立说重要，普法更重要。著书立说印在纸上，普法可以直接印在民众心里。"

吴家麟理论功底扎实，学术造诣深，知识面广，在语言、逻辑方面也都有较高的修养，因此，他的讲学和普法报告极受欢迎。普遍的反映是：思想解放，观点鲜明，能联系实际，敢讲真话，深入浅出，生动活泼，风趣幽默，雄辩滔滔。领导称他为"铁嘴"，同行赞他："吴家麟讲课是宁讲错话，不讲假话。"他的一位老学生把他的讲课概括为："渊博的知识，丰富的内容，严谨的逻辑，透彻的说理，洪亮的嗓音，生动的话语。"

多年普法，近百场演讲，吴家麟把心血倾注在祖国的大地上，把法律的种子播入民众的心中。

由上可见，吴家麟对社会做了很多贡献。为什么他能有所贡献呢？他在答记者问时这样回答："党的十一届三中全会以后，我在负责行政工作的同时，写了不少东西，而且坚持有我的独立见解。主要是大气候、外部环境好，调动了许多知识分子的积极性。搞社会科学的要了解社会，要打好理论根底。十年'文革'我没有白过，不让参加运动，我就看了很多书，扎实理论基础。"（《咬定青山不放松》《青年生活导报》1996年7月24日）总之，外部环境好加上自身理论基础扎实，这才容易出成果。

五、不改初衷

半个世纪以来，吴家麟几度沉浮，凭他对宪法学的一往情深，矢志不渝，为国家法治方面作出了很多的贡献。他说："就我个人而言，尽管走这条道路遇到过不少挫折，碰到过许多钉子，但我仍不改初衷，不计得失，只要一息尚存，就要为神圣的民主与法治事业努力奋斗。""搞宪法就是搞民主和法治，而发展民主制度和实现法治目标正是使人民的国家达到长治久安的必经之路。"（《吴家麟自选集》自序）

1992年吴家麟退休之后，虽已进入夕阳之列，但仍霞光满天；虽已多病缠身，但仍乐观前行。他参加多种会议，笔耕不辍，讲学不停，圆律师梦，担任《中国大百科全书·法学》（修订版）宪法主编。

吴家麟为什么会对宪法学如此钟情呢？他在《吴家麟自选集》中做了明确回答："为人民共和国的民主与法治事业鼓与呼，甘当发展民主和厉行法治的铺路石，这是我毕生的志愿，也是我终生的事业。我之所以选择了宪法学专业，正是因为宪法与民主、法治有着不可分割的内在联系……一个真正的宪法学家，必须以促进民主和法治事业的发展为己任。"

六、法学界对吴家麟的评价

2005年春，中国宪法学研究会、厦门大学法学院和福建师范大学法学院在福州举办了一次别开生面的宪法学年会。这次年会是为庆贺吴家麟八十华诞而开的，同时对他的宪法学思想进行研讨。会上，同行对吴家麟的宪法学术思想作了充分的肯定。

许崇德教授在《吴家麟学兄八十大寿献辞》中写道："虽居处边远，而常出游全国。研讨会多发宏论高见，作讲座则满堂生春。1982年，

2006年，吴家麟（右二）八十华诞暨宪法学思想研讨会

在大会堂为修宪提出建议，思路开阔，语出惊人。1983年，受司法部委托，主编宪法学试用教材，破国内数十年法学研究之冰封，开日后宪法学繁茂之先河。"

　　韩大元教授评说："吴家麟在新中国宪法发展中的贡献是多方面、多方位的。吴家麟宪法学其独特的学术风格和影响力，已经成为中国宪法学术宝库中值得继承和发扬的重要学术财富。"

　　莫纪宏研究员评论："宪法界在一个相当长的时期，曾经把吴老的宪法学术思想称为'吴家麟宪法学'，这是对吴家麟先生学术思想的肯定，也是对吴老对我国宪法学发展贡献所作出的褒扬。"

　　童之伟教授在会议开头的发言中说："改革开放以后，吴老师的学术活动是卓有成效的。他提出和解决了许多宪法学课题，有的已逐步成了人们的共识，如，议行不能合一，政策与法律，法律民主化，人道与人权，法制与法治的区别等；有一些观点仍然具有鲜活的针对性，有待于人们的认识或接受，如，民主的继承性，法制的继承与发展，竞选等。我把吴老师的学术思想概括为四点：一是平民立场，人道立场，人性立场；二是追求在我国实现民主宪政的精神；三是对待学问实事求是的态度；四是关注现实，讲求经世致用。

在会议结束致闭幕词时，

2008年，吴家麟（右三）出席宁夏50年影响力人物庆典

童之伟教授说："这次祝寿会和研究会取得的共识是：吴老是新中国宪法学最重要的奠基人和创始人之一，历史地位不可动摇；吴老品德崇高，学养深厚，追宪敬业，是法学者的楷模，是后学者的榜样。他的宪法思想是我们民族的宝贵精神财富，必将给我国宪法学的发展提供持久的滋养。"

2017年5月3日，吴家麟逝世。5月5日晚8点，在福州市龙峰宾馆二楼会议厅，中国宪法学研究会为吴家麟举办追思会。会上，法学界同行给他极高的评价。在学术方面，称他为"新中国宪法学泰斗""全国杰出资深法学家""一代大师""新中国宪法学重要开拓者和主要奠基人之一，共和国宪法发展的见证者和重要参与者"。

（编校：马健）

吴家麟　汤翠芳

071

作者简介

吴向红，女，1970年出生，博士，副教授，福建师范大学协和学院经法系教师。

伉俪情深守宁大

——记吴家麟、汤翠芳夫妇

辛婉怡

　　1958年，毕业于中国人民大学法律系的汤翠芳在国家"建设边疆、支援边疆"的号召下，与大批积极响应号召的热血青年一道被分配到即将成立的宁夏回族自治区。

　　"得知被分配到宁夏时，我就做好了艰苦生活的准备，但是这里的条件比我们想象的还要艰苦许多。"汤翠芳说。从北京出发的火车经过两天两夜的路程停靠在一片荒滩上，光秃秃的铁轨旁驻扎的三个临时帐篷就是当时的银川火车站。向帐篷里的人说明来意后不久，一辆敞篷的大卡车连人带行李将这批支宁青年送到了人事部门。干旱少雨的夏季，卡车经过泥土路扬起滚滚黄沙，落在了他们的脸上和衣服上。

　　初到宁夏的汤翠芳被人事部门安排到自治区工业机械局人事室工作，不久又被调到自治区综合电机厂办报纸。身为记者和编辑的她需要频繁地外出采访、找素材。时值冬日，身怀六甲的汤翠芳初遇大西北凛冽的寒风，手和耳朵都冻裂了。1959年，汤翠芳又被调往刚建校不久的自治区工业中等技术学校任语文教师。这所学校位于银川市偏

1987年12月，吴家麟作学术报告

东北面的东教场，新中国成立前东教场是军阀马鸿逵的兵营，也是关押囚犯的地方。当年的银川市除了一个两层楼高的邮电局，周围全是土坯盖的低矮的小平房。笔直的解放街一眼可以望到头，时人戏称"一个公园两只猴，一个警察看两头。"白天汤翠芳忙着给学生讲课，夜里就在只能容纳一张床和写字桌的宿舍里备课。春天滚滚黄沙随风而起，冬季呼啸的北风晃动着简陋的住房。"当年年轻啊，满腔热血，也就这样坚持下来了。"汤翠芳说。1962年，工业学校下马后，汤翠芳被分配到新城中学教书，新城中学后来升格为宁夏大学附属中学。

1982年，时任宁夏大学副校长的吴家麟在处理繁杂的学校日常事务之余，还要负责全国宪法教材的编写，主编《宪法学》和《法律逻辑学》的吴家麟还承担着学校两门课的教学，分身无术的他提出想要一名助手接替他讲解法学和逻辑学，同时负责日常来信处理。拥有法律专业背景和多年教学经验的汤翠芳成为不二人选。至此汤翠芳不仅成为了宁夏大学的一名老师，也成为丈夫吴家麟的助手。"这个助手是没有工资的，也没有待遇。"汤翠芳笑着说。

毕业于北京大学的吴家麟在来到宁夏大学工作之前是中国人民大学的讲师。1961年被分配到宁夏大学后负责开设一门新课——逻辑学。为了讲好逻辑课，吴家麟基于对该学科性质的理解和分析，打破传统教学方法，在各种书中寻找、收集、整理材料。授课时在明确概念的前提下，通过大量具体生动的例子加深同学们的理解和记忆，原本抽象、枯燥、沉闷的逻辑课成为文科学生最爱的课程。"有了兴趣，爱学了就能学好。"1963年，吴家麟在全国高校中第一个开设了说理文写作这门课程，专门教本科生撰写论文。自1982年担任吴家麟的助手以来，丈夫的辛苦付出她都看在眼里。汤翠芳说："我认为吴家麟身为一校之长，这么多年来做得最值得传承的事情就是尊师重教。"吴家麟认为，"一所好的大学，从来都不是高楼大厦，不是各种设备所能支撑起来的，最重要的是要有好老师。只有有一批好老师才能带出一批好学生。"原来的宁夏大学教师政治地位不高、经济收入少、住房条件差，留不住好教师。经过学校领导班子研究，决定改变分配住房一贯向老干部、向各级领导倾斜的办法。新盖的几栋家属楼全部分配给原来住在阴冷潮湿的窑洞里的教师。为了改变学校图书馆图书资源匮乏、任课教师缺乏参考书的状况，吴家麟决定提高图书经费占全校总经费的比重，由2.5%提高到7.5%，同时专门组织人员在全国各地购买教师备课所需书籍。他利用自己在全国各地作报告时的便利，看到合适的书也都带回图书馆。吴家麟的这些举措，很好地解决了教师的住房问题和备课问题，一大批有经验有能力的好教师选择继续留在宁夏大学任教。

汤翠芳说："吴家麟是一个面薄的人，只有在建设宁大这一件事情上，一次又一次'厚着脸皮'到处'伸手要钱'。"她至今仍记得吴家麟为了宁大建设"化缘"最多的三笔款项。第一笔款项是为了培养定向教师充实宁夏大学青年教师队伍。20世纪80年代，全国各地大学都缺优秀教师，从外地引进教师已经不能满足宁夏大学长远发展需要。

吴家麟决定培养新生力量，一是从本地中学选调优秀教师，二是培养定向研究生。他向自治区教育厅申请了100元万经费，选派50名宁夏大学优秀青年教师和毕业生，送到全国各地有名的大学攻读研究生学位，学成归来后充实到学校的教师队伍中去。

第二笔款项是为了盖外语教学楼，"伸手"向香港电影大王邵逸夫先生要资助。热心各项社会公益事业的邵逸夫先生，对于中国教育事业更是情有独钟，1985年宁夏大学也收到邵逸夫先生100万元港币的资助。有关领导带领受资助的各校校长专程赴香港领取这笔钱款，同时与大家"约法三章"，到会发言只能表示感谢，其余事情绝口不提。汤翠芳说："吴家麟这个人心直口快，胆子大，他说丢乌纱帽丢就丢了，咱就为宁大做一件好事。"会上吴家麟当场陈述了宁夏大学目前的困难情况，并希望得到邵逸夫先生进一步的支持，邵逸夫先生听闻后，马上又给宁夏大学增加了100万元港币的资助。有了这笔钱，终于盖起了当年宁大首屈一指的邵逸夫外语教学楼。

第三笔款项是为了完善宁夏大学实验室设备，争取世界银行的贷款。1984年，国家教委为地方院校雪中送炭，确定了1.2亿美元的世界银行贷款，经过吴家麟的大力争取，自治区政府同意把这笔钱给宁大。国家教委确定意向后，专程派黄司长来宁夏考察包括宁大在内的几所学校。正在呼和浩特讲学的吴家麟，得知黄司长将来宁夏，立刻买了和黄司长同一趟的火车票，在车上见到黄司长后详细汇报了宁夏大学目前的情况，力陈这笔款项对宁夏大学发展的意义。最终世界银行贷款成功立项，吴家麟把这笔来之不易的款项全部用在了教研室设备的购买上。

汤翠芳自1982年8月调入宁夏大学工作后，在充当校长助手，配合丈夫工作的同时，也对自己的教学工作认真负责，严格要求。先后主讲大学语文、形式逻辑、法律逻辑、普通写作、说理文写作、法律基础、婚姻法几门课程，多次荣获校系教学质量一等奖，担任宁夏大学政史系法学教研室主任直至退休。获自治区和宁夏大学优秀科研奖8项，获

全家福

自治区普通高等学校和宁夏大学优秀教学成果奖各1次。在校外，曾任中国写作学会理事、宁夏写作学会副秘书长。主要著作有《法律基础》（主编，自治区高校德育教材）、《说理文概论》（与他人合著）、《与中学生趣谈逻辑》（与他人合著），在国内期刊发表论文多篇。

为何在这样艰苦的环境中依然选择坚守宁夏这片土地，奋斗在教育第一战线，汤翠芳把它归结为两个词。第一个词是共产党员的"责任感"，从一名女兵到中国人民大学的学生再到教育战线上的一员，无论在什么工作岗位，汤翠芳始终努力做好各项工作，以党员的标准严格要求自己。第二个词就是出于教师的"危机感"，作为一名教师只有通过不断地学习，才可以掌握最前沿的学术理论，不被时代淘汰。这种危机感和责任感始终推动着汤翠芳砥砺前行。

（编校：马健）

吴家麟与法律逻辑学

吴向红　汤翠芳

　　吴家麟是研究宪法的学者。他说："为人民共和国的民主与法治事业鼓与呼，甘当发展民主和厉行法治的铺路石，这是我的毕生志愿，也是我的终身事业。"（《吴家麟自选集》自序）那么，这位潜心研究宪法的学者与法律逻辑学有什么关系？他为什么要改换门庭、另起炉灶呢？

　　1961年冬，吴家麟被分配到宁夏大学执教。当年宁夏大学没有人讲授形式逻辑课，领导就把这一任务交给吴家麟去完成。形式逻辑只管形式，不管内容，吴家麟对这门课的教学和研究乐此不疲。

　　吴家麟在北大上学时学过逻辑，有一定基础，但毕竟毕业十几年了，而且是跨界改行，必须从头再来。当时教逻辑遇到的困难是没有好的逻辑教材，现行的教材术语多，符号多，内容枯燥，晦涩难懂。当年的学生张通明曾在一篇文章里写道："学校发的教材是复旦大学出的几万字的小册子，它将逻辑学压缩成干巴巴的几条筋，术语佶屈聱牙，内容残缺不全，加上枯燥的公式和莫名其妙的欧拉图示，让长于形象思维而短于抽象思维的中文系学生读来味同嚼蜡，一头雾水，昏昏欲睡。"（《宁大有个"老逻辑"》）面对这样的情况，怎么办？吴家麟认为，要让学生愿意学这门课进而学懂会用，必须要从培养学生的兴趣入手。吴家麟还认为"以己之昏昏，焉能使人昭昭"，必须己之了了，才能使人昭昭。他深知自己是改行的，必须争分夺秒，勤学、苦读、深思、钻研这门学科，务必使自己先弄懂并吃透这门课，了然于心，胸有成竹。

怎样才能培养学生对这门课的兴趣，激发学生学习的积极性呢？针对这门课的特点，吴家麟采用的授课方法是：寓抽象于形象，寓深奥于浅显。也就是说，用形象的故事阐述抽象的道理，用具体的事例使深奥的理论变得浅显易懂。他在讲概念、判断、推理、证明和逻辑规律时，都配以相应的例证加以分析。这些例证生动形象，风趣幽默，入木三分，其中有一部分是法律方面的案件。他还常结合生活中的实例来说明逻辑应用范围的广泛性，让学生感到生活中处处有逻辑，言谈举止时时离不开逻辑。因而学生在课堂上能聚精会神地听讲，下课后仍余兴未减，继续谈论有趣的逻辑。

在那个特殊的年代，吴家麟几度沉浮，几经努力。1978年春，他把讲逻辑课时收集的上千个有关逻辑的幽默故事、历史典故、寓言、诗歌、警句、格言以及革命领袖的语录进一步筛选、整理，从中选出400多个古今中外的逻辑故事，用了几个月的时间，写出《故事里的逻辑》。吴家麟写这本书的目的，在于普及逻辑知识。他认为让更多的人掌握逻辑知识很有必要。

当年，书稿送到宁夏人民出版社之后，出版社的领导和编辑看了都很喜欢，想出这本书又不敢出，因为作者的身份问题，出版社从未出版过此类的书。听说身份问题不久会得到改正，但没有见到正式文件。于是他们决定先把这本书刻印出来，制成油印本，送给研究所和大专院校的专家审查，请他们填写意见表。在回收的意见表上，一致表示"建议出版""有出版价值"，并对该书给予了充分的肯定。

1979年1月，吴家麟的身份得到改正。年底，《故事里的逻辑》终于出版。出版之后，好评如潮，该书很快被抢购一空。为满足读者需求，出版社于1980年7月对该书进行了第二次印刷。16年之后，应读者强烈要求，1996年8月出版社对该书进行了第三次印刷。该书一共印刷20万册，这在今天看来，似乎是个不可能的数字，但在当年确实如此。

1981年12月，这本书获宁夏回族自治区第一届社会科学优秀成果二等奖。

1980年6月16日，《宁夏日报》发表了杨怀中同志对这本书的书评，题目是《一扫陈腐气，别开新生面——评价〈故事里的逻辑〉》。文中有这样一段评述："《故事里的逻辑》的作者，坚持抽象和具体相结合，理论与实践相统一的原则，以逻辑学的科学体系为经，分专章，循序渐进，简明易懂地论述了概念、判断、推理等形式逻辑的基本知识，又以与逻辑学有关的故事为纬，运用了大量的故事较详尽地分析、阐明了逻辑学的原理，这种用形象的故事来论述抽象的道理，用具体的事例来说明形式逻辑应用范围的广泛性，可以说是在实现逻辑学解放方面的一个可喜的突破，对于提高读者学习形式逻辑的兴趣和逐步掌握形式逻辑的基本知识是有一定的帮助的，如一位读者来信说：'此书既有理论色彩，写法又新颖，雅俗共赏，一扫多年来逻辑著作之陈腐气而别开生面。'"

戴兴红教授在《关于我国法律逻辑研究的新思考》一文中对《故事里的逻辑》一书的评价是："吴家麟编著的《故事里的逻辑》，其中部分涉及运用逻辑学原理分析司法案件的故事，可以说是我国最早涉及法律逻辑的著作。"

《故事里的逻辑》出版之后，引起了各方人士的关注。《百科知识》月刊编辑部向吴家麟约稿，让他写一篇有关"法学中的逻辑"的稿子。法学界的朋友建议他写一本"法律与逻辑"结合的书。这是一个新课题。吴家麟既懂逻辑又懂法律，这是有利条件。他喜欢创新，敢做第一个吃螃蟹的人，于是他写了《破案审案与逻辑》一书。1982年6月，这本书投入市场不久就销售一空。应读者要求，出版社于1983年10月

吴家麟 汤翠芳

第二次印刷这本书。

1984年9月，这本书获宁夏回族自治区第二届社会科学优秀成果二等奖。

吴家麟在该书的前言中写道："这本《破案审案与逻辑》是为了给法律工作者提供一些法律方面的实际思维材料，为了在法律知识和逻辑知识的结合上进行初步尝试而写的。这本书里介绍的20个案例，来自古今中外，小部分是历史和现实中的真人真事，大部分是小说、戏剧中的艺术虚构，由于这些文艺作品大部分为读者所喜爱熟知，这样读起来可能亲切一些，自己对它进行逻辑分析也方便一些……作者根据个人认识对每个案例都进行了逻辑分析，仅供读者参考，并想借此机会向读者求教。"

这本书的封面上写有（第一辑）的字样，这是因为他想继续写下去，出第二辑、第三辑。第二辑他本打算剖析福尔摩斯侦查和破案的逻辑方法，进行撰写，后因教学和法学科研任务重，加上校长工作的繁杂，心有余而力不足，没能成书，留下遗憾。

党的十一届三中全会的召开，迎来了法学界的春天。司法部组建法学教材编辑部，编辑部聘请吴家麟担任《宪法学》主编。吴家麟向编辑部负责人建议，把《法律逻辑学》列入首批教材编写计划，编辑部负责人同意，并聘请他担任主编。

为了主编这本书，吴家麟从学科定位、体例安排以及案例选择与分析都倾注了不少心血。

法律逻辑学是一门什么样的学科？当年吴家麟把它定位为："法律逻辑学并不是法学的一个部门，而是形式逻辑学的一个部门。它是在形式逻辑下面一个层次的逻辑分支学科。作为一门应用性质的逻辑学科，法律逻辑学的任务，在于把逻辑学和法学紧密地结合起来，把形式逻辑知识具体地应用于法学研究和法律工作。"（《建立法律逻辑的必要性及其研究内容和方法》《吴家麟自选集》）

吴家麟对法律逻辑学为何情有独钟？这种感情对他来说源远流长。

亲身体会。1947年，吴家麟在北大法律系上一年级时，学校给他们开设了形式逻辑课。给他们讲这门课的教师非同小可，是我国逻辑学界的大权威金岳霖教授的高足。这位教师上第一堂课时，就对他们强调法律系学生学习形式逻辑的重要性，学生们也渴望学好这门课。但当教师讲授具体内容时，完全没有与法律专业结合起来。这可能因为这门课本来就是文科各系的公共课，也可能因为教师对法律专业不熟悉，结合法律专业有困难。总之，法律系学生听了这门课后普遍感到不解渴。吴家麟曾想如果有朝一日自己当教师给法律系学生讲形式逻辑，一定要紧密结合法律专业的实际来讲，让学生学了不仅解渴，而且能品尝到这门课的甘露。

读史感悟。吴家麟很喜欢读历史书，尤其爱读哲学史。他读西方哲学史时，对古希腊以普罗塔哥拉为代表的"智者学派"特别感兴趣。他认为："这个学派的成员多数以教书为业，他们既传授逻辑学和修辞学的知识，也传授法律知识；他们既替人打官司，也教人打官司。逻辑史上留下的'半费之讼'的趣谈，讲的就是普罗塔哥拉和他的学生用二难推理互相辩难的故事。这说明古希腊的'智者'们就很重视逻辑知识与语言知识、法律知识的结合，这是一个好传统。"他在翻阅中国哲学史时，对春秋末期法学先驱人物邓析的事迹也很感兴趣。他认为："邓析以替人打官司为乐，精于逻辑学和法律，又善于'操两可之说，设无穷之辞'，是一位蛮厉害的讼师，他无论在使用概念和进行推理方面，都达到了很高的水平。这说明在中国古代也很重视逻辑知识与法律知识的结合。"此后，他一直在思考一个问题："既然外国和中国古代都有重视逻辑知识与法律知识相结合的优良传统，那为什么后人不去发扬光大呢？为什么历来法律系开设的逻辑课的内容，和中文、历史、政治、经济等系是一样的呢？"（此段中的三处引文皆出自《法律逻辑学》前言）

雨中送伞。1961年冬，吴家麟刚来宁夏大学改行教形式逻辑时，宁夏大学文科只有中文和政史两系，因此吴家麟只给这两个系的学生教形式逻辑课。他在授课时，很重视理论联系实际，很注重形式逻辑与本专业实际的结合。他在给中文系学生讲形式逻辑时紧密结合语法、修辞讲解。当年中文系学生张通明在一篇文章中写道："先生的讲授，最吸引人的是他将抽象的逻辑理论与具体事例有机结合的艺术。对每个推理形式、推理规则、逻辑谬误的讲解，都配之于相应的案例分析。这些案例多集生动、形象、幽默、风趣于一身……特别值得一提的是，先生能结合中文系学生的特点讲逻辑，将逻辑与语法、修辞融会贯通。先生虽不是搞中文的，但对语法学、修辞学的通晓，一点不亚于已给我们上过这些课的专业老师，使我们不得不佩服。"（《宁大有个"老逻辑"》）他在给政史系学生讲形式逻辑时，也是紧密结合政史专业来讲的。吴家麟结合专业实际讲逻辑，效果好，很受学生欢迎。如果当年宁大有法律专业，吴家麟必定也会结合法律专业来讲逻辑的。

得知当年高校给法律专业学生讲逻辑的教师，能结合法律实际讲逻辑的很少，这类教材更少。为此，吴家麟急切地想让法律逻辑学早点问世，让这门课早日在高校法律系普遍开设。吴家麟认为，他这样做是"致力于探索逻辑与法律结合的途径，力求做到学以致用。"（《吴家麟自选集》自序）他还认为，他这样做对法律专业的学生来说是"雨中送伞""雪中送炭"。

万事开头难。《法律逻辑学》这本书于1983年5月由群众出版社出版。这本书"系统阐述了形式逻辑的基本原理，紧密联系法律工作实践，对侦查、审判中的逻辑问题，进行了比较系统的分析与概括，为法学研究和法律工作实践提供了重要的逻辑方法。逻辑与法律相结合，是本书的特点之一。"（《法律逻辑学》说明）

《法律逻辑学》出版之后，褒贬不一，赞誉者有之，批评者有之。批评者认为，这个学科对象不够清楚，体系不够规范，体例和文风不完全一致等。吴家麟认为："万事开头难，有胜于无，从粗到精总比从无到有要容易一些。并可通过这项工作来抛砖引玉，促进这一学科的更好发展。"（《中国法学家访谈录——吴家麟》）

1983年《法律逻辑学》出版之后，应辽宁广播电视大学的邀请，吴家麟前去讲授《法律逻辑学》，并进行全程录像。与此同时，吴家麟还编写了一本《〈法律逻辑学〉授课纲要》，1983年11月由辽宁电视大学出版。该书在"编者的话"中写道："《〈法律逻辑学〉授课纲要》是吴家麟教授在进行录像授课的同时，为电大学生编写的材料，不但可供辅导教师参考，尤其对大学生大有助益。"吴家麟的这次录像授课是成功的，很受电大法律专业学生的欢迎。

《法律逻辑学》出版之后，重印了多次，1986年修订一次出第二版。1988年又修订一次出第三版，这次修订对不少章节的内容作了较大的增删，对章节的顺序作了调整，对习题作修改和补充。这本教材发行范围很广，影响很大。这期间，在全国综合性大学的法律系以及各个政法院校，也普遍开设了这门课，这方面的教材和专著也多了起来。

1992年，台湾五南图书出版有限公司希望能在台湾发行此书，经协商授权后，1993年1月，《法律逻辑学》在台北出版发行。在书的封底处，他们是这样向读者介绍这本书的："法律的生命是经验，也是逻辑。要学好法律学，除了丰富人生的经验外，更重要的是学好法律的逻辑。《法律逻辑学》就是一本介绍形式逻辑学的基本原理，并将它应用到法律实务工作上的书，正是我们正规法学教育所最需要，也最缺乏的参考书。它不但简明地教导我们基本的形式逻辑学之概念、定义、判断、推理、假设、论证与反驳，并提供丰富的实际案例供读者学习参考，实是一般法律人均值得一读的好书。"这本书发行之后，很受读者欢迎。至2003年8月，该书在台湾已印刷七次。

长江后浪推前浪，青出于蓝而胜于蓝。30多年来，法律逻辑学人才辈出，硕果累累。法律逻辑学的研究对象和性质越来越清晰，体系越来越健全。法律逻辑学的分支学科也建立起来了，侦查逻辑学、辩护逻辑学、审判逻辑学已有了分门立户的气候。法律逻辑学的论文和著作如雨后春笋。法律逻辑学的教学形势喜人，无论全日制大学还是电大、自考类院校，无论本科还是专科，凡是开设法律专业的，几乎都开设法律逻辑学，对法律逻辑学教学方法的论文在网上俯拾皆是。各种法律逻辑课的电子课件、网上指导、网上试题库不胜枚举。更值得大书一笔的是法律逻辑学已由传统发展阶段进入现代发展阶段，逐步跟上现代逻辑的发展方向。吴家麟当年抛的砖已引来众多的玉。

中国法律逻辑学研究会初创时期，1989年4月，承蒙同行的信任和举荐，在第二次会员代表大会上吴家麟当选为会长。在那几年里他做了一些工作。后来，因精力有限，他把主要精力放在宪法学的教学和科研上，与逻辑界渐行渐远，但他的逻辑情结长存，与逻辑界特别是与法律逻辑学界的朋友的友谊永存。他希望逻辑界的朋友，不忘初心，砥砺前行，"长风破浪会有时，直挂云帆济沧海"。

（编校：马健）

既被委任，就要努力做好

汤翠芳

1979年1月之后，吴家麟一心想认认真真、踏踏实实地做学问，想当专家、学者，想圆当著名专家的梦，从未想过当官之事。1979年12月，出乎吴家麟的意料，他被任命为宁夏大学副校长，分管教学和科研工作。1983年，吴家麟主编完高校法学教材《宪法学》之后，本打算写一本完全表达自己观点且理论联系实际的《宪法学》，没想到的是1983年9月竟被任命为宁夏大学校长。吴家麟当时对我说："校长，校长，一校之长，担子不轻呀！既已被委任，就应该努力做好。写宪法专著之事，只好暂时搁下。"

要办好宁夏大学，光靠吴家麟一个人是不可能办到的，必须得有一个好的校级领导班子（包括党委和行政）才行。夏宗建副校长回忆说："1983年区党委在充分民意调查的基础上，任命吴老师为宁夏大学校长，张奎和我为副校长，郝绍光为教务长。我们都是教师出身，既然领导信任，大家都怀着一颗赤诚的心走上岗位。在吴校长的主持下，我们进行分工。吴校长主管全局，着重对外和对上的工作，张奎分管人事和科研，教学当然由郝绍光教务长分管，我分管后勤（财务、基建、总务）。分工后，我的思想顾虑大，一来我不是党员，二来当时后勤是个烂摊子。在吴校长的鼓励和支持下，我满怀信心地走上岗位。"这个校级行政领导班子，在吴家麟的倡导、主持和带动下，为宁夏大学做了几件值得传承的事。

一、尊师重教

宁夏大学自1958年建校以来，在尊师重教方面有所欠缺，在相当长的时间里，知识分子都戴着"臭老九"的帽子。新的领导班子上任之后，广大教师期望改变现状，尊师重教。

（一）尊师方面

吴家麟认为，要办好一所大学，正如大教育家梅贻琦所说："所谓大学者，非谓有大楼之谓也，有大师之谓也。"要办好大学，不是靠高楼大厦，而是靠大师、名师，因为名师出高徒嘛，因而尊师刻不容缓。

尊师应该是多方面的，但对一所百废待兴的大学来说，只能一步步地来做，只能从急需方面先做。

"文革"后，宁夏大学的教师队伍青黄不接而且不稳定。必须首先稳定教师队伍。怎么才能把教师队伍稳定下来呢？吴家麟认为，目前要急需改善教师的生活条件和工作条件。

在改善生活条件方面，当务之急是解决教师住房问题，因为只有安居才能乐业。当时公职人员的住房是靠各单位统一分配，以往宁夏大学的住房分配是优先考虑革命老干部和各级领导干部。但凡建新房，首先入住的是他们。教师只能住旧房，当时还有不少教师住在破旧潮湿的窑洞房里。为此，他们研究决定，以后，分配住房向教师倾斜，新盖的楼房优先分给教师居住。这一做法宁夏大学以前从未有过，是石破天惊的，阻力极大。夏副校长回忆说："我们在住房改革的措施上向教师倾斜，得到广大教师的支持。有些人大为不满，有一位刚退休的副处长的夫人到我的办公室大吵大闹，对分房方案不满，并说：'你们现在只要笔杆子，不要枪杆子了。'在吴校长的支持下，将方案拿到党委会上，经过讨论通过，才得以执行，使许多老师安心教学。"

在改善工作条件方面，教师要上好课必须得有充足的图书资料供参考、供研究。当年学校图书馆存书少，经过"文革"后更是寥寥无几，急需购进大批新书。为此，他们研究决定，改变原图书经费的规定。当时经费很紧，全校每年只有两三千万元。按规定，图书经费占总经费的2.5%，为解决教师备课用书，此后学校的图书经费占了学校总经费的7.5%，逐步解决了图书资料匮缺的状况。

光稳定教师队伍还远远不够，还急需扩大教师队伍，补充新鲜血液。以前，宁夏大学的师资主要靠外地支援，而今仍然需要外地支援。当年人才不允许随便流动，要调入一位教师困难重重。吴家麟通过私人关系多方联系，进展不顺利。他着急了，只好去找当时的自治区主席黑伯理要政策。李伟副校长在《忆吴家麟先生》一文中写道："先生爱才，上世纪80年代我在宁夏大学工作的日子里，经常在大会小会上听先生一再强调一个好的大学关键是要有好老师。他当校长期间，不仅为宁夏大学的教师调入亲力亲为，而且常常到自治区领导那里去要政策为宁夏大学引进人才。上世纪90年代末我到湖南长沙去开会，正巧与自治区主席黑伯理同住一个宾馆。一天，我去看望他。黑主席兴致很高，讲起宁夏许多事，不知怎么话题就到了宁夏大学。黑主席告诉我一件有关吴先生爱才的故事。他说，你们吴校长爱才，有一次先生找他因他正在开会，先生等候多时，他原以为先生当宁夏大学校长，找他是为宁夏大学要钱的事，没想到先生见面开口就说：'主席，你得给我政策让我引进人才，否则宁大就很难办好。'先生直言快语，遇上黑主席山东人性格豪爽，两人说话很投机。黑主席说：'区内的人调动我可以支持，区外的人调来我可以私人找关系帮忙。'"后来，在各方面的努力帮助下，宁夏大学引进了一批人才。从外地引进人才太困难了，而且远水解不了近渴，于是他们决定自力更生，在关注中青年教师提高的同时，创造条件培养青年教师。学校制定委托培养和定向培养研究生的计划，把一批优秀青年教师送到名校去培养。几年间先后投资100万元，培养了50多名研究生充实到教师队伍中来。这就使宁夏大学教师队伍不仅后继有人，而且在质量上不断得到提高。

要改善教师的生活条件和工作条件，必须要有经济基础，也就是要有钱才行。上面每年给宁夏大学下拨的经费太少，仅够维持现状。为此，吴家麟只好厚着脸皮到处去筹款、要钱。那几年，吴家麟亲手争取来的较大款项有三笔：一是自治区拨款给宁夏大学培养研究生的100万元人民币。二是邵逸夫先生给宁夏大学捐赠的200万元港币。当年邵逸夫先生只给宁夏大学捐赠100万元港币。吴家麟在去香港领取这笔捐赠款时，带队的领导向各校校长"约法三章"说："在答谢会上，各位校长只需表达感谢之意，不许再提其他要求，这是纪律。"吴家麟甘愿冒着违纪受批评或丢乌纱帽的危险，在致答谢词时，除了表达感谢之意外，还陈述了宁夏大学办学中的一些困难，希望得到更多的帮助。吴家麟返校后不久，邵逸夫先生给宁夏大学增拨100万元港币。学校用这200万元港币盖了一栋当年称得上现代化的外语教学楼，使学校教学条件得到很大改善。三是120万美元的世界银行贷款。夏副校长回忆说："1984年国家教委为给地方大学雪里送炭，确定了1.2亿美元的世界银行贷款地方项目。经吴校长的大力争取，自治区同意给宁夏大学，但大量的工作要我们自己做。国家教委在确定意向后，立即派黄司长（前教育司长，教委委员）来校做前期考察。当时吴校长正在呼和浩特讲学，得知黄司长来宁夏，立即在半路上上了黄司长的同一趟车，在车上就向黄司长概述了宁夏大学的情况并力陈这批款项对宁夏大学发展的意义。黄司长在宁夏考察期间，吴校长随王副主席、雒厅长一同陪黄司长考察宁夏各高校，黄司长在宁夏考察的结果对宁夏大学争取到此项目起到决定性作用。吴校长分配我分管这项工作，我深感责任重大，每当遇到困难（主要是区各部门扯皮推诿等事）向吴校长汇报，都得到他切实的帮助。常常是吴校长亲自去找副主席和一些厅委主管同志。在吴校长的关注下，世行贷款项目终于正式立项。"

（二）重教方面

吴家麟这届领导班子上任之后，大力恢复教学秩序，严格教学要求，制定了各项规章制度，完善了教学大纲，要求各系尽可能开足应有的课程，不允许随便占用教学时数。

吴家麟要求学生一进校门就要勤奋学习。白彦诚在一篇回忆文章中写道："1987年9月，宁夏大学新生开学典礼在宁大露天大操场举行。骄阳下，时任宁夏大学校长的吴家麟教授坐在主席台上给新生讲话。他声如洪钟，谆谆告诫操场数千名学生：你们要珍惜上大学的大好年华，好好学习，掌握本领，报效国家，建设家乡。不要考上大学，千军万马挤过'独木桥'，好像买了保险就懈怠了，把四年大学演变成辛辛苦苦挤进来，舒舒服服躺着出去。这样，误国误民，最终贻误的是自己。这种混日子的思想千万要不得。"（白彦诚《青山依旧风范长存——追忆宁夏大学原校长吴家麟教授》）

关于以上尊师重教的工作，左理副校长这样评述："吴家麟教授在主持宁大工作期间，体现了谙熟高等教育规律的教育家素养。在他看来，大学是教书育人的场所，要按照教学规律而不是行政规律办学，大学校长的主要任务，一是找人，即组建高素质的教师队伍；二是找钱，即为教学、科研和教师队伍安心工作提供物质保证。因此他倡导学术民主、重视科研，注重教师队伍结构和素质的提升，尽管有不同的声音，还是初步形成了以教师为主导、以学生为主体的去行政化格局。"

二、关爱学生

　　吴家麟深知，十年树木，百年树人。大学生是国家的未来，是人民的希望，是家长的期盼，应该关爱、珍惜和培养。

　　吴家麟对学生的关爱是多方面的。

　　——鼓励并帮助学生发表论文。"吴家麟先生是我攻读硕士学位时期的三位跨校导师之一。……在读研期间，吴老师给我们授课、指导梳理文献、指导论文选题和修改定稿，无不细致入微，倾注心血。1990年4月，我完成了学位论文《论宪法的涉外作用》初稿，吴老师当时就肯定了这篇文章的选题意义，他认为在改革开放的中国，这是对宪法学研究领域的拓宽，具有学术和实践意义。当时没有互联网也没有电子邮件，吴老师专门安排时间来杭州对我们两个弟子的学位论文作了修改，并当面提出许多修改意见。拙文受到导师组以及评审专家的好评，后来发表在1992年第3期《法学研究》上。……毕业以后，我们还与吴老师保持书信来往，他亲笔书写的文字总是端正有力而亲切。每次来信，都会问我专业研究情况，他一直关注和关心弟子的学术道路和成长过程。"（孙笑侠《豁达直面坎坷路　淡泊成就学问山——缅怀恩师吴家麟先生》）"20世纪80年代，那是一个令人难忘的年代。……那时，虽然吴先生在学术界影响越来越大，工作也越来越忙，但仍然对我们十分关心。好在那时的老师们都居住在校园里，不像现在的大学城，从空间上就把老师和学生隔离开了。那时没有电话，我们这些学生经常是抬腿就去吴先生家里请教问题。现在想起来十分不礼貌，而先生和师母每次都是热情接待。记得当时《中国青年》杂志展开一场围绕着'潘晓来信'的关于人生道路的讨论。我写了一篇题为《蜡烛和电灯》的小文参与讨论，并送给吴老师指正。正好《中国青年》杂志的记者采访他，他就将这篇文章推荐给了那位记者。不久，《中国青年》杂志（1980年第11期）发表了我的那篇文章。这是我读本科时正式发表的第一篇文章，吴先生的帮助，使我第一次品尝了不一样的人生乐趣。"（杜力夫《带着泱泱闽江之水　滋养莘莘贺兰学子——怀念恩师吴家麟教授》）"我作为老三届学生，在社会上'闯荡'十年终于上了大学，深感不易。励志钻研学问，便去向吴老师请教方法。吴老师说，搞社会科学不仅要学好基础知识，而且要善于用脑用手。用脑就是思考问题，用手就是写作论文。受到他的启发，我在上教育学时，思考了这样的问题：四个现代化关键是科技现代化，科技现代化关键是智力开发。据此思考，我撰写了五千字论文《智力开发刍议》，请他指教。吴老师认真看过论文，对我说，论文立意不错，有个人见解，结构也严谨，我给你推荐发表。之后，他把论文推荐给创刊不久的《宁夏教育》。该编辑部鉴于论文主题与期刊宗旨相符，而且是著名专家推荐就全文刊登了。"（张秉民《往事忆师情——深切怀念吴家麟教授》）

　　——对优秀毕业生，除了让他们留校并送往外地名校培养外，还热心把他们推荐给其他高校。"二十多年前，我在老家宁夏同心县第三中学（预旺镇）任教。由于我在大学时学习比较勤奋，成绩优秀，在先生和师母的指导下，还发表过几篇小论文，在校期间还自学除宪法外的当时大学法律专业开设的所有法学课程。或许在先生和师母看来，我有一定的法学理论基础，也有点做学问的潜质，在中学教书有点可惜的缘故。那年夏天，经吴家麟先生和师母的鼎力推荐，自治区党校拟调我进宁大社科部做教学工作。调入之前的必经程序是'试讲'。为了取得'试讲'的良好效果和圆满成功，吴家麟先生和师母决定先听我的讲课，指导一下，然后我再正式登台'试讲'……听了老师温暖亲切、真诚中肯的话语，我很感动，也很惭愧，当即很坚定地表示：'自己一定改掉缺点，保证不给老师丢脸。'之后，在党校神圣庄严的课堂上，我的确改掉了缺点，兑现了我的承诺。"（张奋翮《永远难忘的一堂课》）"本人出生在宁夏南部山区的一个农村，1994年大学毕业，正值国家刚刚实行大学生就业双向选择制度。双向选择的就业制度对于我这样一个出生在农村，毕业于宁大这所普通地方院校的女大学生而言，既没有良好的家庭和社会资源利用，又没有名校教育背景提升就业竞争实力。但是我有幸遇到了恩师吴家麟和汤翠芳老师，两位恩师不仅帮助我得到了高校教师这份自己喜爱的工作，也尽心培养我从事宪法学教学与研究，并教给我经营幸福生活的技能。"（张晓琴《缅怀恩师吴家麟教授》）

——为鼓励学生参加社会实践活动，亲自当总教头。"1989年10月，我和张奋翮等同学参加宁夏回族自治区民族知识大赛。吴家麟校长是宁夏大学参赛队的总教头，我有幸去校长家聆听了几次精彩的辅导，吴校长围绕宪法这个根本大法，结合政治、法律、历史等纵横捭阖，谈古论今；从依法治国到公民遵守法律，鞭辟入里，讲解深刻。当年12月，在宁夏电视台演播厅举办的全区民族知识大赛，我们宁夏大学参赛队打进决赛，为宁夏大学赢得了荣誉。"（白彦诚《青山依旧风范长存——追忆宁夏大学原校长吴家麟教授》）

——对前来辞行的学生勉励、帮助。"1991年7月，大学毕业我准备去新疆闯荡。临走前去吴校长家告别。校长听完我的想法，非常支持，并欣然为我题词勉励，让我非常感动。大意是，年轻人到大西北的广阔大地去很有必要。实现远大理想，要脚踏实地，吃苦耐劳，持之以恒，一定会大有作为。多年来，我默记吴校长的教诲，在新疆新闻战线砥砺前行，实现了一次又一次突破。"（白彦诚《青山依旧风范长存——追忆宁夏大学原校长吴家麟教授》）"1984年初，我提出要随父亲去广东华南理工大学，宁大一直不批准，我曾经多少有些埋怨当时担任校长的吴家麟教授。在我最后获得批准调离宁大时，吴家麟教授当着我父亲的面对我说：'蓝海林，你无论走到哪里，最好不要放弃教师这个职业，我认为你是一个天生的老师。'我至今从教已经三十五周年了，其间也有很多改行的机会，但是每到要做最后决策的时候，吴家麟教授的嘱托总是在我耳边响起，结果当教师成了我一生的承诺。"（蓝海林《吴家麟教授与我的学者人生》）

——对大学生谈恋爱的问题，开明关怀。以前，大学生是不允许谈恋爱的，一旦被发现，轻则处分，重则开除。关于大学生谈恋爱的问题，吴家麟有自己的看法。"犹记得有一次他在宁夏大学作报告时，针对年轻大学生谈恋爱的事，通情达理地讲：少男少女，男情女爱，是人之常情，学校没有必要禁止，但也不能一进校门，相互都不了解，就草率地坠入'爱河'。听说今年有个系刚进校门不到一个月的学生，有8对已牵手恋爱了。对这种情况，学校、辅导员不引导怎么行呢？先生的演讲虽在上世纪80年代中后期，但其思想之开明，举措之有度，不能不令人敬佩聆之！"（《谢晖：恩师吴家麟先生六忆》）

三、倡导科研

从前，由于受"师范学院只搞教学，不搞科研"的旧观念影响，在师生中普遍忽视科研。校系的学术报告会和研讨会不多，有些教师多年来没有写学术论文，有的毕业班学生连习作性的毕业论文也写不出来。吴家麟以为，任何高等学校都需要开展科研活动，否则，教学质量是提不高的。为激励全校师生开展科研活动，学校制定并下发了《关于科研工作的几点意见》，文中明确科研在学校中的地位、作用和指导思想。1985年秋天，学校召开了首届科研工作会议。这次会议的宗旨是科技兴校，推动我校科研事业的发展，培养更多的科研人才。大会的主要议程有四：1.传达全国高校科技工作会议精神；2.审议和通过我校科研工作报告；3.讨论修订我校科研管理的有关规章制度；4.给科研成果获奖者颁奖。此后，系与系之间、校与校之间的学术交流活动活跃起来了，学术空气也逐渐浓厚起来了。

吴家麟身体力行、以身作则，带头搞科研。在担任副校长和校长的十年间，先后出版了《故事里的逻辑》《宪法学》（主编）《法律逻辑学》（主编）《审案破案与逻辑》《说理文概论》（合著），发表了几十篇论文。

李军林教授在《名师风范学术大家》一文中写道："在任校长期间……先生重视并鼓励广大师生积极从事学术研究，在校园倡导积极向上的学术风气，并以自己的行动，为全校师生作出了表率。在先生的亲自带动下，全校师生科研活动蔚然成风，并在一些地方特色研究方面取得很大进展，这些都为宁大的发展奠定坚实的基础。"

四、创制校训

校训是一所学校的办学方针，是全校师生的努力方向，关系到培养什么人的问题。为此，各校都有自己的校训。宁大自1958年建校以来没有校训。1986年，校领导拟出校训的初步方案，而后发动并组织全校教职员工充分讨论，最后确定以"尚德、勤奋、求实、创新"为宁大校训。

五、扩大专业

吴家麟认为，要办好大学，必须具有发展的眼光，从长计议。当年宁夏大学只有几个师范性质的专业，不能满足自治区发展的需要，必须逐步扩大专业，办一些非师范性质的专业。麻雀虽小，五脏俱全。要在一所师范性质的学校里办非师范的专业不亚于新办一所学校，困难相当大。但困难再大，也要勇往直前。经研究，学校决定先创办两个非师范专业：一是财经专业，二是新闻专业。

当年负责创办财经专业的领军人左理回忆说："创建一个非师范

类系科，如同创建一所大学一样，需要两个基本条件，一是师资队伍，二是资金。这两个条件，在当时师范性质的宁夏大学基本是不具备的。高等教育的发展，在一个有远见的教育事业心强的学校领导班子看来，问题和解决问题的办法是相伴相生的。以吴家麟教授为校长的学校党政领导班子，坚持解放思想，开放式办学，以急需提升财税干部业务素质的宁夏财政厅领导一拍即合，共同创建了经济系的前身——宁大财经干部专修班。办学经费由财政厅提供，公共课和专业基础课教师宁大解决，专业课师资由财政厅出面，从综合经济部门和国企财务高管中聘请。宁夏历史上第一个综合经济类专业经过统一考试，1983年秋，新生入学。1984年，财经干部专修科从'两课部'独立出来，成立财经系，1986年更名为经济系，开创了宁夏现代高校教师队伍建设中，以专职教师为主、专兼职教师相结合的教师队伍格局。2002年，经过两轮合校，以经济系为基础，发展成为今天宁大规模最大的经济管理学院。"

当年负责创建新闻专业的领军人王庆同回忆道："吴家麟先生任校长期间，宁大新闻专业正处于初创时期，校图书馆、系资料室里新闻方面的书报较少，专业设备更无从谈起。但第一届新闻专业的学生1983年10月就进校了。我记得清楚，一个月后吴家麟先生由副校长变为正校长，我毫不犹豫地找过他，请他支持这个新专业，特别是拨资料费、设备费时多划一点。他当时就打电话把分管财务的副校长请来，温和地对副校长说：'新专业多给一点吧。'后来，多给了多少记不得了。反正是在校、系共同支持下，这个专业有了第一批专业设备——几十部海鸥牌135照相机，暗房建设也开始起步。人民大学新闻系资料室有些报刊史方面的资料，也有钱可以请在北京进修的老师去复印了。1986年、1987年、1988年，连着三年新闻专业都有三年级的学生外出实习。尽管经费紧张，但实习的学生和检查实习的老师往返车费、住宿费、付给新闻单位实习指导老师的报酬，还是有保障的。这个专业初创时期的这些事，都是在校党政组织关怀下发生的，吴家麟先生发挥着校行政领导的作用。我想，没有他的支持，事情肯定难办呢。"
（王庆同《吴家麟风采——追忆我与吴家麟先生的交往》）

六、民主作风和亲力亲为

吴家麟的一生都在为"民主与法治"鼓与呼，他在当校长期间大力倡导民主作风。他们这届领导班子，校级领导之间、校领导与系领导之间民主风气很浓。校长几乎每周都要召开校长办公会，讨论一些重大问题。开会前，分管副校长都要对一些重大问题事先与有关的系或处研究商定，提出方案，而后拿到会上讨论。有时还请有关部门负责人列席会议，充分听取他们的意见。校长办公会议意见一致了，才拿到党委会上讨论通过。夏副校长回忆说："吴校长和我们共事时，许多大事都充分听取大家的意见，在充分讨论中取得一致意见。有很多改革方案，牵动着校内各方面的利益，在拿到党委会讨论前，行政班子都充分调研并取得共识，这就避免一些人在我们中间制造矛盾。"

每所大学的校长一般都有秘书，宁夏大学亦如此。吴家麟关爱秘书，但不依赖秘书。但凡重大事情他必亲力亲为，如与上级部门打交道、要钱，与外校沟通交流、要人、要钱等，他都亲自出马；各种会议上的讲话他也是自己动手写提纲或即兴发言。当年他的秘书祖贵洲回忆说："记得1985年秋季开学典礼之前，我主动为吴老准备了一份讲话稿，长达17页。我暗暗得意，自以为花了不少工夫，吴老会满意的。呈给吴老阅后，吴老告诉我，以后遇到有开会的场合，再不要徒劳地准备什么大篇幅的讲稿。吴老还直言不讳地说，你准备的稿子代表的是你的意见和水平，我的讲话就得代表我自己的意见。吴老嘱咐我以后只要把必须的素材准备好了就行了，他讲的时候按自己的观点和想法发挥。……从此以后，每逢吴老开会讲话，我只是按照要求整理好所需材料交给吴老便可以了。吴老讲话看似即兴发挥，其实提前都进行了细致的准备，条理分明，逻辑清晰，分析透彻，可谓滴水不漏；再加上吴老语言风趣，以及丰富的表情，让与会人听得兴趣盎然，群情振奋，心领神会，效果倍增。听吴老讲话，就是一种难得的精神享受。"（祖贵洲《最是难忘那段好时光》）

最后，我想用夏副校长的一段评述作为结束语，"'文革'以后吴校长已是全国知名的法学家，这在宁夏教育界是仅有的。自治区政府领导和教育厅的主管同志对吴校长十分尊重。王燕鑫副主席和雒秀兰副厅长对吴校长和宁大的发展工作给予了大力支持，在吴校长任期内学校逐步走向正规，硬件和软件都得到很大的充实，为后来学校的发展奠定了基础。"

注：

1. 文中夏副校长回忆的内容均摘自夏宗建《在宁夏大学和吴家麟校长共事的日子》。

2. 文中左理副校长回忆的内容均摘自左理《与吴家麟校长工作交往的感悟》。

（编校：马健）

夏 森

　　夏森（1931年2月17日—2017年5月29日），宁夏贺兰县人，中共党员。1975年调入宁夏大学工作，历任宁夏大学党委副书记、副校长。1983年10月至1993年9月任宁夏大学党委书记。1955年被评为甘肃省社会主义建设积极分子；1960年被评为全国先进工作者。1991年，被评为全国高校优秀思想政治工作者，受到中组部、中宣部、国家教委、全国教育工会表彰，其事迹在《人民日报》《中国高等教育》《宁夏日报》《共产党人》及宁夏电视台等新闻媒体报道。1998年获宁夏40年突出贡献奖。2008年荣获"宁夏大学建校功勋奖"。2009年获得"宁夏建设突出贡献英雄模范奖"。

春风化雨　润物无声

——忆宁夏大学原党委书记夏森

张晓荣

在今天银川市西夏区工人文化宫的劳动模范光荣墙上，镌刻着一个宁夏大学师生熟悉的名字——夏森。

新中国成立初期，从银川师范毕业的他，就光荣地当上了一名人民教师，并于1952年加入了中国共产党。从此，夏森就与教育结下了不解之缘，他先后在银川女中、平罗中学、银川师范学校工作，并担任领导职务。20世纪八九十年代，他出任宁夏大学党委书记。从教40余载，为了塞上大漠桃李芬芳，他执着追求、无私奉献了自己的青春和年华。

1955年，他被评为甘肃省社会主义建设积极分子，受到甘肃省人民政府表彰；1960年，他被评为全国先进工作者，出席全国文教群英会，受到党和国家领导人的接见；1991年，他被评为全国高校优秀思想政治工作者，受到中组部、中宣部、国家教委、全国教育工会表彰，其事迹在《人民日报》《中国高等教育》《宁夏日报》《共产党人》及宁夏电视台等新闻媒体报道。

发挥党的政治优势，做深入细致的思想工作

夏森同志于1975年调宁夏大学工作，历任宁夏大学副校长、党委副书记，1983年11月至1993年8月任宁夏大学党委书记，他是迄今为止宁夏大学历史上任职时间最长的党委书记。在夏森书记的脑海中，"为社会主义事业培养合格的接班人"，始终是他考虑问题的出发点。他从教40多年的亲身体会是：教书育人，贵在用马克思主义的世界观、方法论和现代科学知识培养人才。他经常说："建设需要人才，人才需要培养，而培养人才的人首先应当受教育。'工欲善其事，必先利其器'。一个园林，如若没有一批合格的园丁，是难以花繁林秀的。所以，建设一支高素质的教师队伍是高等学校育才的关键。"基于这一认识，夏森同志和宁大党委一班人十分注意引导教师学习马克思主义基本原理，树立正确的世界观和方法论。学校组织教师定期参加政治理论学习，参与各种集体活动，利用创办党校、讲党课、举办专题讲座、学习班等形式，培养教师骨干。组织青年教师参加社会实践，并通过教工党支部向广大教师宣传党的路线、方针、政策。校党委颁发了《宁夏大学教师工作规范》《宁夏大学教师道德规范》和《宁夏大学教师管理、培养的意见》，要求教师忠诚于党的教育事业，树立良好师德，为人师表。确立了"教书育人、科研育人、管理育人、服务育人"的指导思想，组织和发动教师开展"四育人"活动，对教职工中涌现出来的教书育人、科研育人、管理育人、服务育人的先进人物，学校及时给予表彰与奖励。他主持制定了思想政治工作责任制和思想政治工作干部选拔、培养、任用的规定，稳定并加强了思想政治工作队伍。为了使思想政治工作更具有针对性，他要求各级党组织和党政机关干部深入实际调查研究，掌握学生思想动态，了解他们思想上的热点、疑点、难点，以便对症下药。他还亲自带领调查组，到

全区山川各县对毕业生进行跟踪调查，总结经验教训。在他和同志们的努力下，学校思想政治工作取得明显成效。

综合治理抓好了。从1987年开始，学校连续五年被上级评为"社会治安综合治理和治安防范先进单位"；学校保卫处被自治区党委、政府授予"全区政法战线先进集体"。1989年荣获公安部"全国经济文化保卫系统先进单位"称号。

学校伙食改善了。学校先后被评为"全区高教系统先进单位""全国高校后勤工作先进集体"。

社会实践丰富了。从1990年开始，连续四年被中宣部、国家教委、共青团中央授予"社会实践活动先进集体"称号。

思想政治水平提高了。学校加强系、处级干部队伍建设的经验，学生学习马列主义、毛泽东著作的经验，开展"理论月活动"的经验等先后在全国、全区高校党建工作会议上交流，学校也被评为"全区思想政治工作先进单位"。

在这些成绩中，倾注了校党委、校领导的不少心血，也倾注了夏森同志的心血。

夏森书记是个原则性很强的人，对错误的东西，他敢于抵制。1985年，夏森书记随同宁夏高校考察团到南方参观考察，听到一些人鼓吹"合并"甚至取消高校党的组织机构，削弱思想政治工作，他坚决反对。回校后，他在大会

1978年，夏森（中）与银川师范学校教师合影

小会反复地讲：不论外边刮什么风，起什么浪，党的领导地位不能变，党的工作机构不能砍，党务工作队伍不能散。

惜才爱才，做知识分子的贴心人

在校园里，知识分子称赞夏森同志惜才，爱才，知人善任。夏森同志常说："党把我们派到高校做知识分子工作，我们要尊重他们，爱护他们，充分发挥他们的长处、作用。因为，他们是党和人民的宝贵财富。""应当让党对知识分子的关怀、期望和温暖通过我们的具体工作体现出来。"他是这样说的，更是这样做的。早在平罗中学任校长时，他就爱惜人才，善用人才，颇受教师拥戴。平罗中学每年以90%以上的升学率使众多农家子弟考取了大学；平罗中学当时跻身于全区乃至西北中等教育先进单位行列；平罗中学的德智体全面发展和勤工俭学丰硕成果，受到中央和自治区有关部门的表彰和奖励。这些与夏森校长的正确领导和辛勤工作是分不开的。

从教四十余载，他始终把关心人，尊重人、爱护人作为思想政治工作的一个重要方针，处处注意身体力行。他经常到学生宿舍、教室、食堂，询问学生在学习、生活中有什么困难，还要亲手摸一摸暖气热不热，亲眼看一看照明条件好不好，亲口尝一尝饭菜是否可口。从食堂菜单到绿化种树，他都过问，并亲自解决各种实际问题。他常说："什么是大事，群众需要就是大事，为师生服务就是大事。"每年春节、元旦、教师节前后，他总要到一些教职工家中，嘘寒问暖，征询意见；三八妇女节，他向女教工们祝贺节日；六一儿童节，他去幼儿园给孩子们赠送礼品；离退休老同志希望有一个活动场所，他建议有关部门很快办起了"老干部活动室"；学生们缺少文体活动场地，他亲自出马筹措经费改建了一个学生餐厅，供学生们办舞会，放电影、看电视；为使群众住房分配使用得更合理，他亲自带领有关人员到宿舍楼一家家探查，查出20多间使用不当的住房，分配给了青年教职工……全校年纪稍大一些的教师、职工，包括炊事员、勤杂工，他差不多都能叫得上名字，说得出家里的基本情况，他始终把自己看作是群众中的普通一员。

从20世纪80年代末到90年代的一段时间里，由于受"下海潮"的冲击和海内外、东南沿海与内地之间经济发展差距的影响，宁夏大学教职工申请出国，要求调往发达地区和下海经商的人数剧增，加之教育投入不足，教师待遇普遍偏低，师资队伍建设和管理工作遇到了很大困难。"孔雀东南飞"挑战西部，更挑战宁大，地处西部的宁夏大学更需要感情留人、环境留人、事业留人。为此，夏森书记主持党委会作出决定：进一步强化教师在办学中的主体地位，强调全校都要想教学科研人员之所想，急教学科研人员之所急，热忱搞好服务。要求各级党组织、各级领导要充分发挥思想政治工作的优势，注重感情投入，创造宽松、和谐、温暖人心的环境氛围。对于提出调动的教师，夏森书记和其他校领导都出面做思想工作，帮助解决工作、生活中的问题，尽量挽留。同时，校党委制定了吸引稳定教师队伍的多项措施，进一步落实党的知识分子政策，为教师办好事、办实事，解除教职工后顾之忧。中文系语言学教授高葆泰，1958年建校时就来到宁夏大学工作，他曾多次向党组织提出入党

1988年，夏森（左）为优秀教师王正华颁奖

申请。但是由于一些问题的影响，他的愿望一直未得到实现。夏森同志从多年的交往中了解、熟悉高葆泰：他是一位政治上、业务上都很强的人才，不可多得，应当为高葆泰创造条件，让他有用武之地。党的十一届三中全会以后，当时担任校党委副书记、副校长的夏森同志多次登门拜访高葆泰，促膝酣谈，多方关心，终于促使党组织解决了高葆泰同志的入党问题，并在以后一直从各方面关心和支持高葆泰同志。党委书记的关心使高葆泰感到温暖、鼓舞、振奋，这位新中国培养的高级知识分子，更加严格地要求自己，在政治上、业务上不断进取和攀登高峰。他放弃了调回原籍的打算，决心把自己的后半生交给宁夏的教育事业和语言研究事业。他先后担任中文系副主任、总支委员，出版了被专家称为"体大思精"的专著《兰州方言音系》，负责新编自治区社科"九五"规划重大项目《宁夏方言概要》一书，著作《语法修辞六讲》获宁夏社会科学优秀成果专著一等奖，并发表了多篇有影响的论文。1984年被授予自治区"有突出贡献的科技专家"称号，1988年被评为自治区民族团结进步先进个人，1990年被评为宁夏大学优秀共产党员。

化学系赴美留学教师苏树军的父母无人照料，夏森同志出面安排了一套三居室的住宅，把他们接来学校家属区居住，并多次上门看望，在生活上多方关心体贴，还协助他们办好手续赴美探亲。苏树军的小妹患了急病，夏森同志又派人为她联系住院、转院。夏森同志通过自己做的一切，使远在大洋彼岸的这一家人深切地感受到了党的温暖。苏树军在美国密苏里州立大学化学系工作期间，心里时刻记挂着宁夏大学，他与宁夏大学同行合作，在国外期刊上共同发表了学术论文多篇，也曾来宁夏大学讲学多次。1998年苏树军被聘为宁夏大学客座教授。

校党委把广大教师看作办好学校的中坚力量，政治上充分信任，较好地解决了知识分子入党难的问题；工作中放手使用，全力支持；

生活上无私关怀，对他们的工资待遇、职务、住房、子女就业、家属农转非等问题，在政策允许、条件许可的范围内，尽量帮助解决。夏森书记还带着人事处的同志，多次去自治区劳动人事厅、银川二毛厂联系、协商，想方设法解决教职工子女的就业问题。1984年至1990年，校党委共为109名同志解决了夫妻两地分居问题，解决家属子女就业40余人。从而调动了广大教师、干部忠诚于人民教育事业的积极性。

只争朝夕，毫不懈怠

在知识分子云集的大学，他虽然只有副教授职称，然而他深厚的理论功底，敏锐的思维和睿智的头脑，深入细致的工作作风，以及驾驭全局的领导能力，令许多人钦佩，大家称他是一位做思想政治工作的专家。这归结于他潜心学习，勤于思考，毫不懈怠。

在夏森同志的案头、书架上，堆满了书报杂志、马列文选、各类资料、最新科技动态剪贴……有点儿空，他就挤出来读书学习；中午不回家，住办公室，吃食堂；下午下班后，还得提一兜子文件资料回家阅批。老伴常抱怨他，医生也告诫他要注意休息，工作量已经超负荷，可是，重担在身，任重道远，只争朝夕，按他自己的说法：形势逼人！

学习了《中共中央关于教育体制改革的决定》后，夏森同志在思索、在考虑：当前，怎样带领一班人在坚持社会主义办学方向的前提下，把学校办成自治区人才培养与培训基地、科学研究与开发基地、社会发展研究基地和精神文明建设基地，成为在西北地区有一定影响的名副其实的区属重点大学。他和党委一班人首先从转变教育思想入手，召开了教学工作会议，学习中央和自治区关于教育改革的一系列文件精神，端正各级领导干部、教师的思想认识，引导大家树立科学的教育思想和观念，进而对学校管理体制、教学、科研、学生工作等进行了一系列改革。

1. 在机构改革、定编定岗的基础上，制定了《宁夏大学校系两级党政工作职责》《教职工岗位责任制度》《宁夏大学教师工作规范》《系主任目标责任制》《系党总支目标责任制》等制度，明确了各类人员的岗位职责，实现了考核与奖惩挂钩。

2. 改革后勤管理体制，对食堂实行承包经营责任制，将劳动服务公司与总务处分离，独立核算，自主经营，自负盈亏，车队也实行了企业化管理。这些改革，都收到了良好的效果。

3. 调整专业结构，改变专业结构、办学层次和办学形式死板单一的问题，实行多种规格办学。到1993年，学校已由1978年的8个专业拓展到近30个专业。学校已成为师范、文、理、工、经管、政法多学科，研究生、本专科等多层次，普通教育与成人教育相互依托、协调发展的多科性大学。

4. 修订完善教学计划，改革教学内容和教学方法。学校出台了一系列措施加强学生实践教学和能力培养，为培养高层次复合型人才作了有益的探索。

5. 引进竞争机制，建立了奖学奖教制度。在教师中，设立教学优

1990年，夏森（前排左五）与宁夏大学部分教师合影

秀奖、青年教师教学优秀奖、教学成果奖、科研成果奖。在学生中，将助学金改为人民奖学金，并改革奖学金奖励办法，实行滚动竞争制，调动了教与学两个积极性，促进了教学、科研整体水平的提高。

6. 提出了"科技兴校"战略。颁布实施了科研管理十项制度。在搞好教学工作的同时，大力开展科学研究，并注重经济效益和社会效益。"七五"末期，全校共取得科研成果1098项，是建校以来前27年总和的1.4倍。其中有些项目获得重大进展，取得了国家级教学成果奖"零"的突破……

如火如荼的年代，他追求拼搏；暴风骤雨的年代，他坚如岩石；风云变幻的年代，他追求在改革中探索、奉献。他似浑厚巍峨贺兰山中一块质朴无华的岩石，用自己的满腔热血默默地为党的教育事业奠基、铺路。

（选自《宁大校友》，作者张晓荣）

夏森

作者简介

张晓荣，女，1951年出生，河北行唐人，高级政工师。曾任宁夏大学党委办公室副主任、党委统战部部长。

夏宗建

　　夏宗建，1933年11月生，安徽安庆人，教授。曾任宁夏大学化学系主任、宁夏大学副校长。在校工作期间，主持开展《r-666的残留量分析》《橡胶子油脂肪酸的分离》《亚麻油中—亚麻酸的分离富集》及《新型双长链季铵消毒剂的研制》等多项科研项目，发表科研论文、教育改革及管理论文、译文20余篇，为宁夏培养了大批化学和农业科技人才。

记者：请你们介绍一下自己的求学经历，你们是如何来到宁夏大学的？

夏宗建（以下简称夏）：我叫夏宗建，1933年出生。

1951年上北京农业大学，本科四年以后又做了三年研究生。

1958年毕业后，就分到宁夏了。开始是在宁夏农学院化学教研室工作，后来在1961年，原宁夏农学院、师范学院、医学院就合并成宁夏大学，我就到了银川的新市区宁夏大学工作。当时我在宁夏大学化学系进行教学工作，在吴家麟老师出任校长以后，我开始担任三年的化学系主任，后来又到了学校担任副校长，协助吴校长工作。然后一直工作到1988年回北京，所以我1958年去宁夏，到1988年离开整整待了30年。

全培秋（夏宗建的爱人，以下简称全）：我叫全培秋，1935年8月出生。

我1958年从武汉大学毕业，当时分到北京农机学院。1959年5月份，宁夏成立了农学院，没有老师，就把我从北京农机学院调到宁夏农学院。

记者：你们在宁夏大学工作期间，对学校的哪些印象较为深刻？

夏：第一次我们到北京买仪器，我们买了一个电冰箱，当时资金紧张，还买不起新的，在一个旧货店里看一个电冰箱挺好的，我们调试以后效果很好就买了下来，然后电冰箱就通过飞机航运（因为不好运，就通过飞机航运）。老飞机场就在宁大旁边，飞机托运下来以后，几个老师集合找了个平板车，把冰箱拉到了学校，电冰箱后来一直在用，先是宁夏农学院用，后来合并以后也在用，当时条件很艰苦的。

除了教学工作、科研工作以外，当时突出的一个工作就是教育部有一批世界银行贷款，给了宁夏一个项目，吴家麟校长跟张奎副校长就让我管这世界银行贷款的工作，从头到尾管这项工作。

具体工作时间我记不得了，世界银行贷款在我1988年离开宁夏的时候，那个工作还没有搞完，还在继续，最后好像是120万美元吧，对宁夏大学的基础建设、科研建设设施是有很大帮助的。

当年在农学院跟师范学院合并成立宁夏大学以后，我先是在有机化学教研室负责教学工作，后来是哪一年，我记不清楚了，就把我提拔到化学系当系主任，系主任当了三年。但是化学系呀，原来就是原宁夏师范学院跟宁夏农学院的化学老师在一起成立的化学系。当化学系主任那些年，我抓的主要是实验室建设。原来宁夏大学化学实验室条件很差，然后设计建立化学实验室，盖个化学实验楼，也是我当时与几个老师设计盖的。那年回去，现在作为研究生楼，那个楼就是最早的化学楼，化学系的老楼。那个化学实验楼从基础设施到整个的设备设计，当时我们花了很大的功夫，当时派了那个化学系的副主任专门赴全国调研，然后设计好化学实验楼。

当时我跟张奎老师当副校长以后，吴家麟校长就让我分管后勤工作。当时我把后勤工作分解了一下，成立了服务公司，就管后勤服务的。然后等于把行政干部分成两部分，一部分做服务工作，另一部分（负责）甲方乙方订合同，这样可以提高效率。当时食堂还有后勤服务工作，在我分管后勤工作后比原来稍微有些起色，随后我又分管教学工作。

1976年，夏宗建（中）与宁夏大学青年教师在校门口合影

当时宁大还没有科研处，后来叫我管教学科研，因为科研处的处级干部还得自治区批，我就跟吴家麟校长讲，先建立一个科研办公室，就把科研工作抓起来，后来在那个科研办公室基础上再申报编

制成立科研处，后来才有了科研处。当时宁大主要情况是，科研中文科比较多，理科因为条件比较差一直没怎么开展科研工作。后来，物理化学实验室充实以后，理科才开始开展科研工作。

全：1960年以后，先是农学院在沙滩上开荒，沙子里面没有水也没有渠。最有意思的就是从新疆搞来核桃种。当时有些支边青年，他们白天种的，晚上就挖出来吃掉。当时开荒搞了两年，我也是下放在食堂去了，食堂后边是牛圈，旁边有一个喂牛的牛槽，我就是睡在那个牛槽上面。白天把铺盖卷起来，因为白天那个里面还有人办公。

1961年，就到三个院校合并的时候了，搬到现在宁夏大学怀远校区所在的这个地方。当时是一个小红楼，一个大红楼，然后就一个主楼，就是 U 字形的那个，后来都拆掉了。其他就是很多砖拱的窑洞。

记者：您对学校未来的发展有什么期许？

夏：希望宁夏大学越办越好，为自治区、为全国培养更多更好的人才！

夏宗建

111

忆父亲在宁夏的三十年

夏　薇

　　我的父亲，夏宗建，1951年考入北京农业大学（现中国农业大学），1955年本科毕业，继续攻读硕士研究生，师从黄瑞伦先生的农药化学专业，主攻"残留分析"方向，1958年被分配至宁夏农学院。1961年，三院（银川师院、农学院、医学院）合并前被派往农学院工作，三院

1977年，夏宗建授课中

合并后，进入化学系。

建校初期，当时为了建立宁大化学实验室，父亲和北大化学系毕业的傅森根老师常常在实验室自己接电路、接水路，一干就是一整夜。

随着学校开始招收工农兵学员，父母开始备课上课。工农兵学员文化程度相差甚远，有优秀的老三届，也有小学文化程度的学生。

国家恢复了高考后，印象中最初的几年，周末和晚上，我们家父母各挤占家里一个房间，给参加高考的学子们无偿地补习功课，我和弟弟都没有地方写作业。那时，父母也投入了前所未有的热情，似乎要补回荒废了的教学时间。他们对于同一门课程的多遍教学中，从不走轻车熟路，而是每次使用不同编著者出版的教材，以吸纳各家之长，丰富自己的讲稿。所以每一遍教学都要写新讲稿，重新备课，自己编习题，追求精益求精，在他们心中始终有着不变的理想，那就是"踏实教书，育人成才"。一直坚持"一个也不能少"的原则，重视每一个学生知识素养的培育，不忽视课堂上每一个学生，所以他们的课总是特别受学生们的喜爱。宁大化学系1963级的校友曾这样描述过父亲："夏老师的学识、人品令人敬佩，至今我们还记得老师讲课时个性鲜活的语句，侃侃而论的优雅神态和辅导实验时严格有耐心的态度。我们崇敬老师的学术修养、学者风范和诲人不倦的高尚师德。不管相隔多久，相距多远，只要听到老师的名字依然心里会激动，眼光会发亮。"

1979年初，学校任命父亲担任化学系主任。这一时期原先实验室的硬件已不能满足教学和实验的发展需求，父亲开始着手化学楼和化学实验室的建设。在校领导和化学系教师们的支持下，1983年底化学楼建好，接下来就是大搬家，这是一项非常细致的工作。化学系分成无机化学、有机化学、分析化学、物理化学、中教、化工和库房多个搬迁小组，每个小组由各教研室老师带队，大家手拉肩扛，齐心协力，任劳任怨，克服一切困难（特别要避免玻璃仪器的破碎），终于按照学校规定的时间和实验室的要求完成了这次搬迁。在任化学系系主任期间，对于化学系自己培养的新三届毕业生，力排阻挠，将一批业务能力优秀的毕业生留校任教。在此期间，父亲在中国化学理事会指导下组建宁夏化学理事会，并担任理事长。

1983年初，自治区政府任命父亲为宁夏大学副校长，班子中校长是吴家麟先生，还有同为副校长的张奎先生。任副校长的五年间，父亲先后分管过财务、总务、基建、教学和科研工作。在分管总务期间，对后勤各部门进行了一系列改革，其中最有成效的当属公车使用制度和成立服务公司，建立宁大商场。公车使用制度在现在看来也是有可借鉴之处的，根据级别不同分配使用公车公里数，做成用车票发到个人手中，有效地避免了浪费，节约了成本。

后来父亲被安排分管科研。这时正是20世纪80年代，我国正值改革开放初期，高等院校百废待兴。1984年国家教委为全国地方大学争取到一批世界银行贷款，以改善提高地方大学的教学科研设施，国家财政部批准资金为一亿两千万美元，当时宁夏教育厅极力争取宁夏大学获得此项目，这也是宁夏最早获得世界银行贷款的项目。那时，宁夏大学由大部分教师出身组成的新的领导班子刚刚任命不久，父亲被提议来分管此项目的立项和实施。

世界银行贷款是专门支援发展中国家建设项目的，当时中央各部院校已接受过多次，这次专门为地方院校建设申请世行贷款，实属雪中送炭。自治区单位向国家教委争取到此项目的意向后，教委立刻派原高教司长来宁大进行前期考察，后来又派专家组来宁大考察评估，父亲在此期间都全程陪同，详尽介绍宁夏大学建校以来的概况，力争教委同意宁夏大学立项。教委同意后，紧接着父亲开始组织各项具体工作，特别是自治区各部门（教育厅、财政厅、计委等）对申报材料的审批。对父亲这样教师出身的人，对政府各部门的运作十分陌生，为了立项工作早日完成，天天游走在各厅委之间催办，立项的最后一关是请分管财政的马英亮副主席代表自治区签字，才能在教委限期内上报国家教委贷款办公室。当好不容易见到马主席时，他得知是世行贷款之事，开口就说："宁夏经济落后，每年靠中央财政拨款补助。贷款还要还本付息，还要拨配套资金等"，父亲向马主席力陈："这笔贷款对宁夏大学建设发展十分重要，贷款引进的先进仪器设备，不仅为宁夏大学教学科研服务，还可资源共享，为全自治区各高校服务。而且还款是15年以后的事情，那时候自治区肯定发展起来了。"后来马副主席签署了与财政部的还款付息协议书。

　　立项以后，开始了贷款金额的分配，父亲代表宁夏教育厅和宁夏大学参加了一系列的会议。贷款金额分配由国家教委主持。贷款总金额一亿两千万美元，分配给60所地方院校，经过投标，评估，力争，最后拿到120万美元的贷款金额。虽然不多，但对宁大当时的科研发展还是起到不小的作用。紧接着是进行贷款资金的使用分配和规划。

　　按世界银行的规定，总金额一部分用于派出访问学者，部分用于聘请外国专家来校讲学，并根据贷款金额和学校今后的发展，建立宁夏大学中心实验室，并为中心实验室争取所购设施，以中、高档为主。所有这些仪器均由国家教委统一招标，并于1987年夏天运到宁大，在设备到校后2到3个月，安排专家组来检查安装调试情况。用配套资金建设了一座2500平方米的测试中心楼。由于各项工作及时到位，顺利地通过了第一次仪器安装调试验收。为了充分发挥世行贷款的作用，父亲安排外国专家来校

2019年9月5日，档案馆口述档案采访工作人员与夏宗建（右二）合影

讲学，这在宁夏大学是史无前例的一项重大事件。当父亲对外国专家介绍宁夏大学情况时，曾经说过这样一段话：我们学校25年前在铁路以西的这片荒漠的土地上建校时，一棵树都没有，如今绿树成荫，都是我们学校师生一边建设一边植树，十年树木百年树人。外国教授十分惊叹于宁大师生的艰辛与努力。

世行贷款这项工作，直到1988年父母离开宁夏时，还没有彻底完成。父母于1988年5月初，离开为之洒下了热血、贡献了青春的宁夏大学。三十年间，他们没争过待遇，不计较名利，荣誉于他们，亦如浮云。

离开宁大后，父亲以55岁的年龄，在北京继续拿起教书育人的粉笔……

杨绛先生曾说："我们曾如此渴望命运的波澜，到最后才发现：人生最曼妙的风景，竟是内心的淡定与从容。"

杨先生的话，套用在父亲身上，无疑也是恰切的。

（编校：褚文娜）

作者简介

夏薇，女，1963年出生，籍贯安徽安庆，1984年毕业于宁夏大学化学系，先后供职于宁夏卫校（现已合并至宁夏医科大学）、青岛化工职业学院、北京海淀区卫生学校、北京东方旭域科技发展有限公司。

夏宗建：辛勤耕耘在宁大

张　娜

"一条街，两幢楼"，说的是一个邮电大楼，一个百货大楼，"一个警察看两头"指的是解放西街很短，一个警察巡逻就够了，这是当时银川的大学生对于银川的描写。面对我们的采访，宁夏大学原副校长夏宗建老师笑着回忆起初来银川的场景，"那时候条件艰苦，但大家都干劲十足，一心想把这所大学建好。"

1958年，宁夏回族自治区成立。也正是在这一年，夏宗建在北京农业大学取得了硕士学位，被分配到宁夏农学院工作。三年后，宁夏农学院、宁夏师范学院、宁夏医学院三所学校合并成宁夏大学，当时，学科体系还不健全，夏宗建主要负责筹建化学系的工作。

刚开始筹建的条件不太理想，夏宗建老师就和师范学院以及农学院的化学老师，一起商量，积极筹措。化学是一门以实验为基础的学科，对于学化学的人来说，化学实验课的分量非常重，而且非常重要。因此，设立化学实验室，盖化学实验楼是迫在眉睫的事。当时盖的化学实验楼还是夏宗建等几位老师自己设计的图纸，就连如何通自来水，如何布电路，都是几位老师实地勘察设计的。为了使化学系的筹备工作开展顺利，夏老师特意委派当时化学系的王副主任到全国几个兄弟高校调研，学习经验。在筹建的过程中，大家齐心协力，有困难一起研究商量，经过长期不懈努力，化学系终于有了实验室，有了自己的实验楼，为教学工作的开展和培养人才奠定了良好的基础。

化学系建成之后，夏老师主要承担有机化学的教学任务，他扎实稳健的教学风格受到学生们的好评，"一丝不苟"是夏老师工作的写照。1979年，他升任化学系主任。这一时期，原先实验室的硬件已不能满足发展的需要，在吴家麟、张奎、夏宗建和化学系的老教师等的支持下，1983年建成了独立的化学楼。原来化学实验室里的实验仪器需要搬到新的化学楼，这是一项非常细致的工作，化学系分成无机、有机、分析、物化、中教、化工和库房多个搬迁小组，每个小组由各教研室老师带队，大家手拉肩扛，齐心协力，任劳任怨，克服一切困难（特别要避免玻璃仪器的破碎），终于按照学校规定的时间和实验室的要求完成了这次搬迁。提起新化学楼的落成，化学系1981级的学生感慨道："因为有了好的实验室和更多先进的仪器设备，我们班的同学全部都参与到实验中，每个同学都顺利地完成了毕业实验，各自的毕业论文答辩也非常圆满。"

1983年夏宗建从化学系主任升任宁夏大学副校长，任职副校长期间，先后分管过财务、总务、基建、教学和科研工作。管理总务期间，为了使后勤工作井然有序地开展，他主张把行政干部分成两部分，一部分扮演甲方，负责监督工作，另一部分扮作乙方，签订合同，承担相应责任，并接受监督。还将后勤的一部分人员集中起来成立了服务公司，也就是宁大商场的前身，方便了学校的教职员工和学生的生活，他的这一系列创新工作方式，极大地提高了教职工工作效率和工作热情。

分管了一段时间的总务基建工作之后，夏副校长又被分配管理教学工作。由于当时宁夏大学没有科研处，所以他负责教学工作时，就主抓科研这方面。因为成立科研部门设定科研干部编制指数，都需要自治区批准，于是他给时任宁夏大学校长吴家麟先生提议，先建立一个科研办公室，先把科研工作抓起来，再在科研办公室基础之上申报编制成立科研处。据夏宗建老师回忆，当时宁夏大学文科生居多，科研主要集中在文科方向，理科因为条件差一点，所以科研工作开展得不如文科顺利。后来，为了理科科研工作的开展，学校投入大量资金，建立物理化学实验室之后，理科科研渐渐有了起色，有了成果，发展到现在依托于宁夏大学化学化工学院、省部共建煤炭高效利用与绿色化工成立的国家重点实验室，宁夏大学测试分析中心，化学化工学科在化学、物理现代测试技术分析方面有了长足的进步。当然，这离不开像夏宗建老师这样的前辈的辛勤付出。从1958年到1988年，夏宗建老师扎根宁夏30年，为宁夏大学化学学科的创建作出了重要贡献，也为宁夏大学的发展作出了许多努力。事实证明，不论是负责教学工作还是在行政岗位上，夏宗建老师都勤勤恳恳，兢兢业业，严于律己，宽以待人，三尺讲台始终是夏宗建老师的人生舞台，他几十年如一日用知识和人格魅力诠释着教师的责任感和敬业精神，为宁大的教育教学工作奉献自己的满腔热忱。

在担任宁夏大学副校长期间，当时教育部有一批世界银行贷款给了宁夏大学一个项目，夏宗建除了主持教学科研工作之外，还负责这个项目。在他和团队的共同努力下，这个项目最终得以成功实施，对宁夏大学的基础建设和科研建设具有重要意义。

1988年，夏宗建老师调回北京农学院时，这项工作还没有完成，但夏老师心里还是牵挂着这项工作，牵挂着宁夏大学的发展。夏老师说："非常高兴看到宁夏大学现在的发展，宁夏大学成立已经60多年了，祝福宁夏大学发展的越来越好。"同时他也寄语青年学子："发扬宁大人的'沙枣树'精神，认真学习，志存高远。"

（编校：褚文娜）

谢贤熙

　　谢贤熙，1934年9月出生，贵州赤水人，1956年从西北师范大学毕业留校，1959年调入甘肃工业大学任教，1963年到宁夏大学工作，副教授，中共党员。在校期间，曾担任数学系系务委员，主要进行数学系的教学与科研工作，曾发表论文多篇。

记者：请您介绍一下自己的求学经历及如何来到宁夏工作的？

谢贤熙（以下简称谢）：我是在贵州赤水葫市镇出生的。

1956年毕业以后就留在西北师范学院数学系当助教。1958年原来的甘肃工业学校改名为甘肃工业大学，就向原来的这些老学校兰大、西北师范学院求援。西北师范学院的数理化专业就各派下来了三个男生去支援甘肃工大，数学系派我去的。1962年元月份我就到甘肃工大去教书了。

1962年，宁夏大学有个叫何乃光的教务处处长到兰州去求援，就到甘肃工大把我要到宁夏了。

记者：请您回忆一下当时在宁夏大学工作的情况。

谢：我大概是1962年5月份到宁夏大学，来了以后，就分配到数学系。我记得有一年，宁夏大学的全部人马，所有教职工还有炊事员，都下到农村去劳动，我也去当地的农民家里头。

到了第二天，教育厅编教材，叫我去编教材，所以我到青铜峡劳

谢贤熙（右）与妻子合影

动刚好一天，第二天他们就开车来接我编教材去了。我在那儿编教材，有差不多两年，就在银川市西门那个宾馆吧，吃住工作都在那个宾馆。我又教书又当班主任，2018年学校还给我发了一个奖章，这是建校成就荣誉奖，还发了两千块钱。

当初有一年让我带一个班，和好几个老师一起到固原去实习，当时我们是六个星期实习时间，和固原一中的学生一起到乡下去劳动一周。那时吃什么？吃土豆，反正把那个土豆，煮熟了搅，搅烂了就把土豆盛在碗里，蘸点蒜就着吃，那是"低标准"。在固原劳动一个星期，固原中学生都到农村劳动，大家就吃土豆。

那时我晚上去辅导学生学习，为了方便买了一辆自行车，我八点钟以前骑着车去辅导，把自行车停在楼底下。结果我辅导完到十点钟下来，车就没了。刚好那是九月份的教师节，当时自治区的主席叫白立忱，他到我们学校参加教师节慰问会。我就在会上提了，我说我们学校应该加强安全方面的措施，就举了这个实例，我说我最近晚上去辅导学生时丢了自行车。没想到后来派出所通知我，说我的车在同心县找到了，被小偷偷去卖到同心县了，叫我去领回来了，我就去派出所把我的车领回来，但领回来没两年，还是被小偷偷走了。但是我们学校呢也从此加强了治安方面的工作，成立了派出所。

我的回忆

谢贤熙

我1962年5月来到宁夏大学数学系工作。刚到数学系，学校分配给我的工作是数学系系务委员会委员及几何代数教研室主任，主要任务是教高等代数课。高等代数是二年级的课程，用的是教育部统一编写的教材。所以我在1980年以前主要是教高等代数。每周一、三、五上午上课两小时，晚上辅导学生自习。1980年以后我教数学系三年级的近世代数，一直到1994年底退休回乡。数学系经常是招收两个班的新生，100多人，给学生上课是在阶梯教室上大课。每周五对交上来的作业进行批改，改完了要发还给学生。

我还担任系里分配的班主任工作，教书育人，培养学生，遵守纪律，立德树人，要给学生作出个榜样，还有助学金的评选工作，一般经我批准的山区学生会比较多。按照学校的规定，班

1996年，谢贤熙授课中

主任老师要参加学生每天早晨7点钟的早操活动。这使我养成了一个好习惯，即每天早起。退休以后回到老家，我早上起来以后还坚持锻炼身体、爬大坡，许多家乡人受我这个好习惯影响，也开始爬坡锻炼身体。

白立忱先生曾任宁夏回族自治区主席。1988年教师节的时候，他到宁夏大学召开座谈会，征求教职工关于教学和生活方面的意见。之前有一天晚上我骑自行车去辅导学生的自习，到晚上十点钟下自习走到楼外时，发现自行车丢失。当时我提议："宁夏大学要加强治安保卫工作"，不久学校就成立了治安保卫处。在白立忱主席的亲自过问下，保卫部门竟奇迹般的帮我把丢失的自行车从同心县找了回来。

每年到12月底，跨年的晚上，我担任班主任的那个班级，都在教室召开全班同学参加的文娱晚会。这是他们自发组织的，他们每次都请我去参加。听到他们祝我新年快乐，看到他们表演的文娱节目，喝到他们为我准备的茶，我从心底有一种幸福的感觉！

分配到银川三中教书的杨和平同学，每年除夕都要给我送贺年卡片，祝福我新的一年工作顺利、健康快乐。郝学礼同学直到现在，每年春节都要发来微信，向我送来春节祝福，祝愿我阖家幸福。按照中国人习惯的说法，当老师的人桃李满天下，我的学生遍布天下，考取了诸如中国科学院、北京师范大学、西北大学、浙江大学等国内知名院校的硕士生、博士生。他们经常给我打电话，嘘寒问暖，让我很感动。于我而言，传承师道立德树人，正是教师的价值所在。此生选择做老师，我无怨无悔，大半辈子献给了宁夏大学，我感到自豪、值得。

（编校：张惠）

谢贤熙：坚守初心　扎根宁大

黄思伶

　　来自贵州赤水的谢贤熙，为了实现心中的理想，鼓起勇气走进异乡奉献自己的光和热。尽管三次更改工作地点，但他始终坚守扎根于西北的笃定初心。

　　1956年，谢贤熙从西北师范学院毕业，成绩优异的他留在本校数学系当了助教，工作两年后，为支援新成立的甘肃工业大学，进入甘肃工大工作。不久后宁夏回族自治区成立，要建起新的大学以结束当地没有高等教育的历史，为了补充师资力量，谢贤熙来到了宁夏，进入了宁夏大学。令他没有想到的是，这一待就是三十余年，到退休时，才回到那令他魂牵梦萦的家乡。

　　1962年，怀着满腔热血的谢贤熙来到了刚成立不久的宁夏大学。作为数学系的一员，谢贤熙不仅担任了几届代数教研室主任、数学系系务委员会委员等职务，每年还担任班主任。在教学中，负责高等代数、近世代数等教学任务与相关的教学辅导工作。他一周的时间安排得紧凑而有序，每周一、三、五上午在阶梯教室为100多名学生上两个小时大课，晚上8时至10时到教室辅导学生自习。星期二下午组织生活会，星期三下午全系政治学习，星期五下午教研室活动，星期六全天到农场劳动，其余时间则认真备课。当年数学系的培养方案主要

2019年8月23日，档案馆口述档案采访工作人员与谢贤熙（中）合影

是培养数学师范生，为宁夏地区提供高质量的师资力量。因此谢贤熙带领着数学系学生到固原中学实习。每年到12月底，谢贤熙就任班主任的班级，都会组织一台全班同学参加的文娱晚会来庆贺新年的到来。而作为班主任的谢贤熙，在谈起被学生请去参加活动时，动容地说道，"听到他们祝我新年快乐，看到他们表演的文娱节目，喝到他们为我准备的茶，我从心底有一种幸福的感觉！"他在教师岗位上辛勤耕耘，被评为学校"教书育人先进工作者"。

除了在学校里的教学，谢贤熙还在1978年至1979年，受学校委派担任新城工会教职工高等数学教学工作；1983年至1984年，担任银川电视台高等数学教学工作；1985年起任宁夏高级职称评审委员会委员职务，1985年至1994年，每年参加评审会议。

在这些年里，谢贤熙跟家人一直分隔两地，只有到寒暑假时才能跟家人短暂相聚。谢贤熙坚持扎根在宁夏大学，他不是没有机会回到家乡的大学里任教，只是他执意选择留在宁夏大学，他说他是西北高校培养出来的，他熟悉、热爱西北的人与环境，得益于这块土地，便要反哺这块土地。

谢贤熙舍千里小家，燃炽热初心。就这样一路坚守了三十余年。秉诺如山，初心不变，他用奋斗的岁月践行了最美的誓言！

（编校：张惠）

徐兆桢

　　徐兆桢，1938年2月生，江苏南京市人，教授，曾担任宁夏农学院教务处处长，全国高等农业院校基础教材编写委员会副主任、宁夏高等教育管理协会理事长。工作期间参编北京农业大学主编的全国统编教材《植物生理学》，及西北大学主编的《植物生理学》等教材。1986年获宁夏回族自治区总工会"教书育人先进工作奖"。

记者：请简单介绍一下您自己及您是如何来到宁夏工作的。

徐兆桢（以下简称徐）：我叫徐兆桢，江苏南京市人，出生于1938年2月12日，中共党员，教授、硕士研究生导师，现在是宁夏大学的退休教师。

1960年大学毕业后，我被分配到北京农业大学植物生理、生物化学教研室工作。工作没几个月，根据国家农业部的指示，1960年毕业的所有分配到北农大的小助教，全部抽出（调遣）担任支援边远地区和民族地区的进修教师。通过一年的专业学习，1961年8月份，我离开了北京农业大学，来到了宁夏农学院。

记者：请介绍一下您当时在宁夏大学（原宁夏农学院）工作的情况。

徐：我担任宁夏大学农学系植物生理、生物化学教研室的助教，这一干就干到了2002年的10月24日，整整43年。在这漫长的经历中，我由一名小助教晋升为讲师，晋升为副教授，晋升为教授。我担任了植物生理教研室主任、农学系副主任、宁夏农学院教务处处长、宁夏农学院科研处处长、宁夏农学院农学系作物栽培与耕作学硕士研究生导师，直到2002年，光荣退休。

退休以后，我继续发挥余热，协助新任导师，现在的宁夏大学原副校长许兴同志继续指导和培养研究生。自2002年到现在，我又协助他培养了将近四十名的硕士研究生和七名的博士生，为宁夏农业高层次人才的培养作出了不懈努力和积极贡献。

同时（在退休后）我担任了自治区老年科技协会教授分会的副会长，为宁夏的发展、宁夏的建设、宁夏大学的建设发挥了自己的余热；也参加了多项由宁夏大学主持的科研项目。我也获得了不少荣誉，最重要的是我被评为自治区优秀教师，我和我老伴是宁夏唯一一家两口都获得自治区优秀教师的夫妻；我得到了多项自治区的奖励，获得科技进步奖二等奖两项，三等奖三项，发表了论文二十多篇。

记者：请您回忆一下当时在宁夏大学（原宁夏农学院）印象最深刻的那些事情。

徐：1961年，我们全国各地23位青年教师，由国家农业部派遣，来到了当时的宁夏农学院。

陌生的环境让我很感新鲜，当时的银川给我留下了什么印象呢？街道很简陋，没有高楼大厦，那时候真是像这样说的"一条马路两座楼，一个警察管两头"。因为我来的时候（我们八月份来的）都是夏天，我们吃了个冰棍，就两分钱一根的那种，没有用纸包，是那种红颜色的，用糖水加上红色染料做的，拿一个吃，呦！还不错。

那时候我根本不习惯宁夏的生活，刚一来的时候，我过去大学的一个同学跟我讲："你买一个大碗。"我说："什么大碗？""老碗。""你再说一遍什么叫老碗？""就是很大的碗。"我最后买了一个老碗，吃的调和饭，我说什么叫调和饭，他说一会儿你排队买就知道了，一打上饭，才发现调和饭就是米和面菜混合在一起带汤的饭。哎呀！还挺新鲜，挺好吃。

当时宁夏农学院的一个副书记刘进义同志说，我们宁夏农学院来了一批的青年教师，这些教师的志愿是祖国的需要。我们高声朗读着自己的座右铭，"祖国的需要就是我的志愿，祖国啊！母亲，你何必深深思索，还要对我照顾什么"。教学工作开始了，学校分配我到植物生理教研组工作，由我承担实验课教学工作。实验课需要用到大量的蒸馏水，我们到了宁大以后，因为缺电，不能自己烧制蒸馏水。学校的设备科又不给我们的实验供给蒸馏水。我和罗万权老师、高步清老师三个人，就拉了架子车去银川新城毛纺厂拉蒸馏水。十多里路啊！当时处在困难时期，我们这样子快干了两年的时间，总之解决了我们实验课消耗大量蒸馏水的难题，这是一件值得我纪念的事情。

第二件事情，始终留在我的脑海里面。我们来了以后，我所在的教研室，只有空空的三间房。我们这门课是实验性的课程需要实验室，我们就和工人在一起，用水泥砌成实验台，上面铺上床板就当作实验桌。以前开不出实验课，只能在黑板上做实验，因为我来自北京农业大学，我把农大的那一整套国家要求开出的实验，千方百计，通过借、通过调、通过购仪器设备，完全开出了应开的实验课，受到了系里的好评。

第三件事情是，1965年全国农业院校实行"半农半读"，半天读书半天劳动，简单来说是一半劳动一半学习。这个制度是中央提出来的，全国各个高等农业院校积极响应。我们学校也做了大的调整，砍掉了一些课程，增加了劳动的环节，我们在银川市罗家庄宁夏大学实验农场进行半农半读。当时农学系两个班和系里的很多老师，都住在罗家庄农场。实行半农半读以后，我认为它的优点是促进了理论与实践的结合；增加了师生劳动的观点；增加了师生的工农感情、师生情，师生像一家人一样。

但是它也有不足的地方，在教学计划制定过程里面，没有有机地把劳动和读书结合起来，有时候劳动任务来了，整天劳动不读书。当时宁夏大学实验农场要从唐徕渠向西门挖一条两千二百米的大水渠进行灌溉。两个班的学生加上几十位老师一起劳动，我就是其中一员。大家在没有机械设备的情况下，靠一锨一锨的挖土、一背篼一背篼的背土，挖出了一条大渠。

关键的问题是我们没有把劳动、生产以及教学有机地结合起来，既满足教学任务也满足劳动任务。这条路可能还要走，特别对农科院校，"半工半读""半农半读"在世界各国都有很好的经验，我们应该吸取成熟的经验，在今后农学类的教学中应该贯彻执行。

记者：请您简单讲述一下宁夏大学（原宁夏农学院）的发展历程。

徐：宁夏农学院发展的经历，也是让我难忘的经历。宁夏农学院成立于1958年，成立以后，我们宁夏农学院前进的过程很曲折，经过四次搬迁，两次合并，一次分散办学，最后一次在2002年，合并到了宁夏大学。我是四校合并的工作班子成员，我们在教育厅论证了快一年的时间，最后决定宁夏师范学院、宁夏工学院、宁夏农学院合并成立宁夏大学。

宁夏农学院经过如此的曲折经历，当时它从农学系的农学专业和畜牧系的畜牧兽医专业，一直发展成七个系，十个本科专业，四个专科专业。这种发展是改革开放的成果，是全体师生员工努力的结果，我们应该永远记住。

有一年我已经当了教务处长，但具体年份我记不清楚了，国家教育部的一位负责同志，来调研考察。我是教务处长，暑假又正好在学校，就陪同他们参观。我们将小麦研究室和滩羊陈列室请领导参观了。参观结束后，这位领导在座谈会上说："宁夏农学院充其量是一个中专学校水平"。请大家注意我用的是充其量，原话就是充其量。

因为当时学校条件很差，我当教务处长期间，那个微机实验室只有六台苹果电脑，是最原始的最老的苹果电脑。最后自治区一看要担任全校几十个班的教学，只有六台机子，又给我们配了几十台机子，改善了教学环境。

记者：最后，请谈一谈对我们当代大学生的建议与期望。

徐：对学生来说，我们所有的同学，现在第一条要不忘初心、牢记使命、坚定信念。第二条要勤学善学、求得真知。真知就是过硬的本领，学习就学真本领，要具备真本领。第三点要不断地创新，只有创新，中国才有出路，不创新，我们就没有出路，因此我提出不断创新，追求卓越。最后一点要坚持自信，苦学成才。我给大家一个座右铭，这个座右铭是著名的生理学家叫艾默生的一句名言，他也是一个伟大的哲学家，他讲过："自信是成功的秘诀，只要自信了，通过自己的努力，就能够成功。""自信是成功的秘诀"，愿我们所有的学生不忘初心、牢记使命，为新时代拼搏。蓝图绘就指航程，再擂战鼓启新征！

我的往事

徐兆桢

　　1961年8月，一群青年教师响应"祖国的需要就是我的志愿"的号召，来到了宁夏这个完全陌生的地方。他们中被分配到宁夏农学院的有：苏焕兰、梁爱卿、鲁风障、王世敬、张德山、徐兆桢、罗汉才、尹敬其、谢益书、吉蔚如、周益星、王殿元、元民怀、祈俊彪、苏学轼、何春海、胡昌富、尹长安、乔巨才、窦志远、王振家、毛祥金、吴玲、谢曼铃、刘泽全共25人。这些青年教师于1960年毕业于各高等农业院校并分配至各院校农学院工作，工作不久又接到国家农业部通知，1960年分配至各高校的青年教师全部改为进修教师，在各高校进修一年后再重新分配至边疆和民族地区高等农业院校任教。来宁夏农学院的这些青年教师就是这样从各地来到了他们的第二故乡——宁夏。当时，在宁夏农学院组织的欢迎会上，农学院副书记刘进义说："我们迎来了一批青年教师，他们将为宁夏教育事业贡献自己的青春和才智……"

　　而今，在宁夏大学成立60周年之际，我们更应该记住他们。

1996年，徐兆桢做实验中

一、白手起家艰苦创业

来农学院后，我们这些教师克服了生活上的种种困难，安下心决心为宁夏的发展和繁荣贡献自己的青春。来后不久就迎来了宁夏师范学院、宁夏农学院、宁夏医学院三所学校合并成立宁夏大学，后宁夏农学院撤销，以系的建制并入宁夏大学，即农学系、林学系、畜牧兽医系。合并后我被分到农学系植物生理教研组，做了一名助教。合并后第一件事就是将实验室仪器设备搬迁至新市区宁夏大学校区大红楼。我和教研组老师们日夜兼程忙着整理打包，装载上拖拉机和大卡车押运、卸车，抬至实验室。我和高步清老师是主力，搬家累得苦不堪言。实验室有了，但只是空房，既无实验台，又无实验桌，我们和师傅一起用砖头搭成实验台座，再找来床板搭成了实验台，高校最简单的实验台终于搭建成功了。植物生理生化课按当时教学计划为140学时，实验课为40学时，1961年开始承担农学系1959级、林学系1959级及农学系1958级三个班级实验课任务，任课教师仅我一人。在设备极度困难的情况下，我们以借设备、借仪器，去文教厅回收库房找仪器等方式总算配齐了仪器设备，满足了实验最低的需求，开了应开的实验课，受到系里的好评。我们系土化、植生需要大量的蒸馏水，自己用电热器烧制电力又不足，我便与几位老师商量去离宁大十里路外的新城毛纺厂拉蒸馏水。我和高步清、罗万权老师说干就干，找来了架子车，带上6个大蒸馏水瓶，开始了拉蒸馏水的"征程"。装完水返程的路上，大家饥饿难耐，人都快"休克"了。但我们几人异口同声地说："拉来了蒸馏水，实验用水终于解决了。"拉蒸馏水延续了快两年的时间，后来设备科出面解决了这一问题。

二、半农半读的感受

宁夏大学农学系的教学工作，从建系时的初创到逐步步入正轨，教学质量也在不断提高。1965年中央和农业部下达在全国推广农业院校半农半读制，当时全国177所全日制高校开展了不同形式的半工（农）半读试点，宁夏大学农学系遵照指示精神开始从农学专业1965级两个班试行半农半读试点，学校组织师生大讨论，并制订了农学专业半农半读教学计划，在培养目标、学制、耕读安排、课程安排、开设课程及学时数、政治思想和基地建设等方面作出了安排。

培养目标：培养脑力劳动与体力劳动相结合，能文能武、会说会做，身体健康，以作物栽培为专长，一专多能的新型劳动者，又能从事科学研究和半农半读学校教学工作的教学科研工作者。

学制仍为4年，课程由26门减为22门（取消了数学、物理学、生物物理学、蔬菜栽培学），总学时为1998个，四年内耕读比为4：6，具体安排是农闲全上课，农忙多劳动和全劳动，不忙不闲的季节，安排一天劳动，一天上课。

所开设的22门课大量减少学时，我担任的植物生理生化课由原来的140学时减为100学时。农学专业两个班级试行的"半农半读"制仅进行一年半左右，后因学校停课而终止。这一年多的试行给大家很多的思考：其一是通过半农半读培养了师生的劳动观点和生产观点，促进了理论和实践的结合；其二，增强了工农感情，培养了艰苦奋斗精神；其三，增强了师生感情，师生间就像一家人一样互相帮助，互相照顾；其四，在试行中，出现了片面强调生产劳动，完成生产劳动就完成了学习，把简单的生产劳动看成是半农半读第一任务。1965年春季，农1968届甲、乙两个班学生搬迁至银川罗家庄试验农场。学校为解决试验农场农田灌水难的问题，决定开挖一条2000米长的大渠从唐徕渠引水灌溉，开挖渠道主要劳动力是两个半农半读班的80多名学生和任课老师。2000米的工程量没有任何机械设备，就靠学生和老师一锹一锹地挖，一背篼一背篼背，工程进行了一个月之久，汗水、泥水浸湿了每个人的肌体，学生、老师劳累不堪，更有体弱者，坚持不了病倒了，我也病倒了，住院一个多月才痊愈出院。

半工（农）半读教育在世界很多国家已试行多年，有很多成熟的经验。我们的收获是，树立了科学的工（农）学结合观，通过教学制度改革和制订相应的激励政策等手段，为工学结合、半工（农）半读构建可持续发展的内部结构与外部环境，使它能够健康持续地发展。

（编校：马海龙）

徐兆桢

135

赤诚浇新花　春晖遍四方

——记原宁夏农学院教务处处长徐兆桢教授

徐自立

1961年，一列火车缓缓驶入银川，刚从北京农业大学进修结束的23岁青年徐兆桢不禁为眼前的景象所惊诧。没有丰盈的绿洲，没有水墨的江南，只有一首打油诗在耳边回响："一条大街两座楼，一个警察看两头，一个公园两只猴。"那时的银川很荒凉，宁夏，对知识青年们来说是遥远的、偏僻的、艰苦的大西北，但徐兆桢说，"当时祖国一声令下，我们就毅然决然来到了宁夏。"

借来的实验室

到了学校徐兆桢才发现，由于学校刚刚合并，学校只有几座旧楼，只能进行基本的教学活动，连最基本的实验室都没有。他认为当务之急是筹备建立实验室，可是学校资金紧张，老师们只能自己想办法，借仪器、借设备，后来终于达到了开设实验的基本要求，开设了应有的实验。

实验室有了，可是学生搞实验、搞研究需要大量蒸馏水，而学校为农学院买的蒸馏器由于耗电量大，一烧就断电，没有办法用，蒸馏水要从哪里"借"呢？老师们打听到距离宁大十里路外的新城毛纺厂有锅炉，"去毛纺厂借蒸馏水"的想法随之而生。于是老师们便拉着架子车到新城毛纺厂拉水，一车装上6桶蒸馏水，3个老师拉着一个车，走上十多里路拉回学校。那时粮食紧缺，整日填不饱肚子，而拉着6个满载蒸馏水的架子车更是个体力活，装完水返程的路上大家饥饿难耐，饿得连腿都迈不动，但硬是凭借顽强的毅力给学校拉来了蒸馏水，解决了实验难题。

老师们就这样徒步用架子车拉蒸馏水，持续了两年，后来学校出面解决了这一问题。

1961年，三校合并成立宁夏大学。当时有个大红楼分配给农学院做实验室。而三间实验室空空荡荡，徐兆桢和工人师傅一起和水泥、砌台子，对当时宁夏大学的教师来说，"拓荒者"的称呼名副其实。

将大学办成培养人才的中心

"将大学办成民族复兴、人才培养的中心。"徐兆桢为这个目标将青春和汗水洒在了宁夏大学。他努力教学，精心授课，43年来，他亲临一线教学，"立德树人"，受到褒奖。多年来，他指导和参与指导、培养博士研究生7名，硕士研究生40多名，为宁夏农业高层次人才的培养作出了不懈努力。目前这些研究生正在各自的岗位上为宁夏经济建设发挥着积极作用。

同时，在工作的几十年里，徐兆桢主持了多项课题，获得两项自治区科技进步奖二等奖，一项自治区科技进步奖三等奖，在国内核心期刊发表20多篇论文。徐兆桢担任宁夏农学院教务处处长期间，他所在的宁夏农学院，获得了全国表彰，他任科研处长期间，农学院申报的课题，也是自治区最多的高校。

1996年，徐兆桢在图书馆查资料

2002年，徐兆桢从宁夏大学正式退休，他却以另一种方式继续助力宁夏大学的发展。

多年来，徐兆桢一直多方奔走，成为了宁夏大学经济困难学生与助学爱心人士的桥梁。年幼时，徐兆桢曾因为家庭困难而辍学。也正是那段时光，让徐兆桢感觉到教育的重要。他为宁夏大学经济困难学子争取到了数十万元的生活资助，解决了学子们的后顾之忧和实际困难。2002年，田舍先生由他牵线搭桥，资助宁夏大学农学院学生16人。

徐兆桢从未真正离开过宁夏大学，在他和学生的聚会上，他对学生说："在新时代下，要用爱去拥抱新时代，用爱去奋进新时代，用爱去共享新时代。对宁夏大学来说，蓝图绘就指航向，凝心聚力奔前程。"

"丹心映日月，赤诚浇新花。桃李满天下，春晖遍四方。"这是学生对徐兆桢的评价。他是从那条路上走过来的，他的青春、他的追求、他的事业，都从1961年的宁夏大学开始，历时近半个世纪，他的事业，已经用辛勤的汗水，浇开了一簇簇鲜花，留下一路芬芳。

（编校：马海龙）

徐正敏

徐正敏，1931年10月生，浙江台州人，中共党员，教授。在校工作期间，主要进行生物、物理学方面的教学与科研活动，发表20余篇专业论文，取得近40项专利技术成果，其中电机断相保护装置获"全国科学大会奖"，"臭氧酒类醇化装置"获全国第三届发明展银质奖，是"全国少数民族地区先进科技工作者"和"全国有突出贡献专家"，1992年成为享受国务院政府特殊津贴专家，于2008年获"宁夏回族自治区有突出贡献专家"称号。

记者：请您介绍一下自己的求学经历及来到宁夏大学工作的情况。

徐正敏（以下简称徐）：我叫徐正敏，浙江台州人，1931年生。1955年浙江大学毕业，1958年调到宁夏大学，这个时候就加入原宁夏农学院。

那个时候呢，学校根本没有什么校舍的，借了银川西门农机（学）校对面那个破破烂烂的房子建校。1958年9月28日，我到宁夏的时候，银川火车刚通。我一下车到哪里去报到啊？一个区上派来接我的老师，非常客气，就坐他的车到了宁夏劳动人事厅，报到后马上把我派到宁夏农学院去了。

刚去的时候呢，宁夏是烧煤啊。烧煤我以前从来没见过，煤用泥和一和，（制）成煤饼就能烧，觉得很奇怪。后来我们同房间的，徐林志，他就说不要担心，把煤饼就朝炉子里放，它自己会着起来的。所以当年呢，说实话，艰苦得不得了。

一直到1961年，原宁夏农学院就跟宁夏师范学院合并，还有宁夏医学院，医学院好像是后来合并的，主要就是师范学院和农学院合并成宁夏大学，自治区就派我去宁夏大学。当时有个叫陈如熙的老师，还有个校长叫刘继曾，老校长挺认真，我们安排了成立大会的场地，成立宁夏大学，所以真正是1961年，写上了宁夏大学的名字。

起步以后呢，发现那个时候，1959年到1961年宁夏比较落后，就把我派到中国农科院的农业智能所，搞农业智能合并利用。学了半年多一点吧，从那以后，我就搞核辐射了，原子核辐射，所以我后来搞的小麦啊、棉花啊，都是辐射的新品系，就从那时候开始的。

到1970年的时候，学校要办工厂。我和物理系的一位老师到科委申请了一个办半导体厂的事情，结果科委批了，宁夏大学成立半导体厂。半导体厂什么意思呢？就是做二极管、三极管，相当于现在的芯片。但当时我们搞半导体，摸不到门路，这个二极管、三极管在哪里都没见过。但我们还是起步了，开始办起厂子，把物理系的老师统统喊到我的工厂。半导体厂建了以后，属于"国防公办"，一下给我们招了20个工人，我们开始摸索出来、做出来了。二极管叫稳压二极管，电压要稳定。所以我们做成以后，很多厂家跑到我们工厂来订货。干什么？在青海搞核潜艇实验，"1515"工程。稳压管做出来以后接着做三极管，分小功率和大功率，所以做出一系列的东西，在宁夏做得很好了，当时来说是比较先进的。

那么建立半导体厂的过程当中有什么艰难在里面？一个是我们不懂，从来没做过。第二个是材料特殊，需要跟头发一样粗细的金丝。我们自己做出的金丝粗，所以赶紧叫我到北京去加工，拉成头发丝的二分之一粗细。我腰上别着一公斤的黄金，一个人到北京前门国家黄金局请他们审批，批了以后一个人到北京延庆的黄金加工厂加工，拉成细丝。那时候可是不得了的，一公斤黄金别在腰里头，可不能随便丢了。

记者：您对宁夏大学目前的工作有哪些建议？对学校未来的发展有什么期许？

徐：希望宁夏大学人才培养的越来越多，培养的质量更高就好了，祝大家幸福快乐！

我童年眼里的父亲

——一位"能工巧匠"

徐 琪

我的父亲徐正敏教授今年89岁高龄，现为宁夏大学退休教师。他是浙江台州市人，1951年考入浙江大学园艺系园艺专业，1955年毕业留校工作，是新中国成立以来浙江大学园艺系第一位留校任教的大学生。1958年宁夏大学成立之际，他响应党的号召，积极支援大西北高等教育建设，毅然离开人间天堂——杭州，来到西北边陲戈壁滩上刚刚建立起来的宁夏大学。自此，在宁夏大学这片黄土高坡的"沃土"上，他和同时期到来的一群大学毕业生们，挥洒青

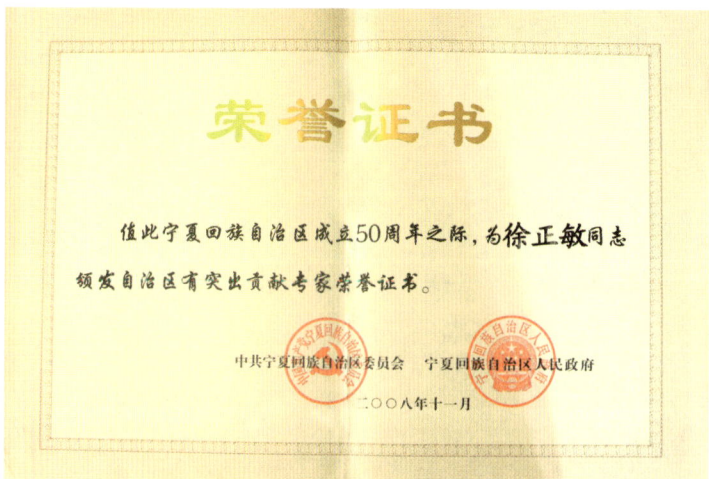

宁夏回族自治区成立50周年，授予徐正敏突出贡献专家荣誉证书

春和汗水，贡献智慧和才干，为宁夏大学的发展，谱写了他们这代支宁大学生的人生壮丽篇章。

在我小时候的记忆中，父亲是一位不苟言笑，甚至略有点刻板的人，但他心灵手巧，聪明勤劳，很少言苦，这种勤劳和乐观的精神至今都一直影响着我。几件生活中的小事，记忆深刻。

一、打土坯，砌院墙

20世纪60年代，宁夏大学的家属院分散在东家属院（现宁大附中院内）、西家属院（现宁大怀远校区）等几块地方，还有部分老师住在当时宁大的拐角楼、大红楼和小红楼等楼内。20世纪70年代初，宁大在原校区的南部空旷地上建了几排平房（现宁大校本部学士园家属楼所在地），即当时的新家属院。许多散落在各住处的宁大教职工家庭集中搬到了这个新建的家属院。刚搬来时，各家都没有自家小院子，孩子们在大院内四处穿梭玩耍，嬉笑打闹，好不热闹。不久，各家开始各显神通，纷纷建起了自家的小院子。这些小院子基本都是砖头砌成的，红砖、青砖，色彩不一，各有风味。当时我家也想砌院子，但苦于没有砖头，这时我父亲说："我们用土坯砌院墙。"那时我也就7~8岁的样子，没见过土坯的院墙，心想土坯怎么能砌墙呢？而且到哪去找土坯呢？可我父亲并不为难，他自己做好打土坯的模子，带领我和姐姐到家属院后面的宁大湖旁边，那儿有一片黄胶泥地。我们就在这里，父亲和泥、搬运，我和姐姐用模子打土坯。那时我们年纪小，没有力气用手将土坯压结实，就用双脚踩。成形的土坯在太阳下晒几天，晾干后再搬运回家。这样一连干了十几天，我们硬是自己动手完成了砌院子所需要的所有土坯。虽然这活又苦又累，父亲也是一介文弱书生，但面对生活的艰苦，他总是乐观对待，相信自己，丰衣足食！

之后，父母用这些土坯砌好了自家的小院子。在这个小院子里，父母和外婆种上了各种蔬菜和瓜果，番茄、辣椒、茄子、豆角、冬瓜、丝瓜、西瓜等应有尽有。每当果蔬飘香时，这个小院子就成了我们吃喝不愁的乐园。值得一提的是，在院子里种的果蔬中最著名的当属"徐家"的番茄了！

二、番茄红满园

父亲的本科专业学的是园艺学，在本科期间同他的导师一道对番茄做了许多研究，并于1956年由科学出版社出版了一本《番茄研究》专著。或许与番茄有着不解之缘，多年后，在宁大自家的小院里，父亲种的番茄又大又沙又甜。其中大的可有1斤多，形状是两边翻过来的无规则状，吃起来口感有点沙，有着浓浓的番茄味。不像现在的西红柿，虽然形状较规则，但淡而无味。

那时，每年开春时节，父亲开始培育番茄种子，待它们发芽后就播种在院里一小块苗圃里，并用塑料薄膜盖起来，经常查看、浇水。一周后种子开始顶出地面，在春风里摇曳成长。清明前后，这些5~6寸高的秧苗就可以移栽到地里了。由于我家的番茄又大又好吃，远近闻名，吸引了很多左邻右舍这个时候来家里要秧苗，以便在自家院中移栽种植。为了满足左邻右舍的需求，父亲年年扩大小苗圃。秧苗在地里移栽后，待它们长到两尺高左右，父亲便利用细竹竿或小边角木料搭建起一排排整齐划一的番茄架，番茄藤在架子上盘沿生长，小院子也呈现出一派生机盎然的景象。长到一米多高时，番茄秧分枝上开始结出小小的番茄果，父亲时时地修枝剪叶，防虫害。到了7月初夏时节，我们的小院子便是硕果累累了。

今天，番茄或许并不是孩子们喜爱的美食，但在那个物资极度匮乏的年代，水果只是时令季节才有，而且家家户户也很难敞开让小孩子吃。父亲用他的勤劳和专业知识育种、播种、移栽、精心管理，让我们的小院整个夏季和秋季都是番茄红满园。这在那缺衣少食的年代，天天能吃到这么好吃的大番茄，无疑成为了我们童年最温馨美好记忆的一部分。

三、做冰车

20世纪70年代，宁夏大学有一大片湖水，人们称它为宁大湖。夏天里这片湖水在阳光下波光粼粼，荡漾着绿色的波澜，吸引着孩子们在清澈的水中游泳打闹。湖中远处还有几处芦苇荡，春回大地之时，芦苇开始悄悄返青，一根根初生的嫩芽拔节展叶，随风摇曳。盛夏时节，芦苇丛中常常野鸭嬉戏、水鸟啁啾。到了秋天，芦苇开始抽穗开花，慢慢地芦苇茎、苇叶变为金黄，芦花变为银色。在夕阳下，这一丛丛的苇茎、芦花就像一抹淡远空灵，似云似雾的白絮、瘦瘦的筋骨、苍黄的躯干，在西北大漠的这片湖水中，透着一种原始般的散佚和清淡，一直绵延至冬天，将那时宁大四野的宁静、戈壁的贫瘠装点得颇有诗意。天寒地冻时，这片结冰的湖面就成为了孩子玩乐的天堂。那时冬季的天气比现在要冷，银川的冬天通常接近零下20度，待湖面结的冰有二三十厘米厚时，孩子们便成群结队来到冰上滑冰玩耍。有的坐在自制的简易冰车上面，由两个伙伴拉着向前滑，或者轮换着彼此推拉；更多的是一个人坐在冰车上，双手用钢筋做的冰戳使劲划向两旁，便连车带人一起滑向远方。

记得当时看到小朋友滑冰车，我回家就对父亲说：我也想要一个冰车，父亲答应给我做一个。可是做冰车需要一对用三角铁制作的冰刀，那时家里一般都没有三角铁，市面上也没有卖的。于是我父亲就用粗铁丝代替三角铁冰刀，找出几小块木板，翻出家里的刨子、锯子、榔头等，三下五除二地开工了。一下午工夫一个小冰车就做好了，冰车的冰刀是粗铁丝，只是它们已被打磨光滑；在冰车上面父亲还特意

徐正敏

145

做了一个小座椅，这样坐在上面更舒适一些。虽然这个小冰车没有三角铁的冰刀锋利，但怎么样也算得上一个不错的冰车了，滑的时候那戳起的小冰屑四散飞溅，就像一朵朵晶莹剔透的小冰花，令人赏心悦目。那之后的两三年的冬天，我都滑着这冰车，驰骋在宁大湖上，从南到北，从东到西，有时还滑到远处干枯的芦苇丛中绕几圈，好不惬意。多少年以后，往事随云走，但这小小的冰车载着孩童最单纯的快乐，伴随了我的童年美好时光，也记载了父亲心灵手巧的一面。

（编校：马健）

作者简介

徐琪，女，1963年出生，曾供职于宁夏大学教务处，现为东华大学教授，博士生导师。

艰苦创业　砥砺前行
——记徐正敏教授的发明创新之路

徐自立

　　徐正敏教授1931年10月出生在浙江省台州市，1951年考入浙江大学。1955年毕业时，因为他在校期间成绩优异，表现突出，被安排留校任教。在浙江大学任教的两年，他教学科研两手抓，在高质量完成自己教学任务的同时，与自己的良师益友沈德绪教授合作完成了两部专著《番茄研究》和《怎样嫁接》。1958年9月的一天，他接到浙大发来的立即返校的电报。第二天学校领导约谈时告知高教部派专人来学校，需要安排两名教师去大西北支援宁夏大学建校，问他是否愿意去。徐正敏二话没说就答应了，转日就出发了。他的果断决定得到浙大的专门表扬。

　　1958年9月28日，经过多日的车程，徐正敏来到宁夏银川。那个时候银川刚通火车，他从火车站出来看到的银川是荒芜的，与他熟悉的绿树成荫的秀丽西子湖畔形成了鲜明对比，但他这个生长在浙江的南方人却觉得风沙漫天的塞上江南也别有一番风味。宁夏大学派了一位老师来接站，引导徐正敏到宁夏人事劳动厅报到后，徐正敏直接来到了宁夏农学院。那时的农学院坐落在银川市政府对面，没有校舍，

徐正敏

也没有完整的房子可以做教室使用，完全没有学校该有的样子。到了学校安排给他的住处后，他看到房间里有一个用泥巴糊成的土坯灶，烧的是煤。他在南方可从没见过这种灶，觉得很奇怪。同住的一位教英语的老师告诉他，在北方这种灶是可以做饭和取暖一体的。西北人的纯朴让他感到一种自然的亲切。

刚来的时候学校还没有给徐正敏安排课，就让他帮着大家一起建设学校。当时宁夏大学农学院的老师人数少，质量也参差不齐。他受学校委派从南京农业师资培训班招来五六名老师，组成了一支教学团队。这个农学院最早的教学团队在学院后来的教学等各项事业的发展中发挥了非常重要的作用。在教师团队勉强凑齐的基础上，因为缺少实验室，缺少设备，教学工作还是无法很好地开展。于是徐正敏就和当时农学院的院长一起去上海、浙江等地购买设备。那时交通还很不发达，他们坐火车硬座，转公交车，东奔西跑多日，终于买齐了设备。农学院这才具备了基本的教学条件。

1961年，宁夏三院校合并成立了宁夏大学。学校领导派徐正敏去成都和中国农业科学院原子能研究所进修原子能及新技术在生物学中的应用。从那时起，他的专业从单纯的生物科学转入了当时先进的原子能生物学应用的边缘学科。进修回来后，徐老师开始担任细胞遗传学、生物物理学、放射性测量及示踪原子学等教学工作，并从事相关的科研工作。当时他研究的主要方向是核辐射诱变育种，该技术在棉花诱变中首先取得成功，培育出了早熟长绒的新品种。有一件事直到现在，徐老师提起来还是感到很遗憾。那是1970年左右，生物物理实验室搬迁到永宁时，所有的种子全部丢失。这种具备早熟长绒的优良品质，且已经稳定遗传了5代的种子的确是十分珍贵的。

1968年后，徐正敏的研究转向半导体及电子技术应用发展方向。1970年学校响应国家号召开校办工厂，徐正敏马上向组织申请开办半导体工厂，获得了批准。宁大成立半导体厂后，徐正敏和物理系的老师一起研究二极管、三极管的开发制造。但是他们在这方面都是新人，很多技术问题全靠自己摸索实验，而且制造晶体管所需的某些材料也十分短缺，要生产出合格产品需要相当大的努力。当时有关国防单位向宁大半导体工厂订购了大量稳压二极管。但制作稳压二极管的材料里需要一公斤黄金丝，这种黄金丝需要加工成头发丝的二分之一粗细。当时宁夏还没有这种加工技术，于是徐正敏带着一公斤黄金到了北京，报国家黄金局批准后，又带着这一公斤黄金去北京延庆的一家黄金加工厂，专门按所需标准制作好了黄金丝，最终完成了稳压二极管的制作和供货。随着半导体工厂慢慢扩展，他们又陆续招了20个青年工人，稳定发展。

20世纪70年代中期，学校复课了。徐正敏又回到了教学岗位，并继续从事科研。他研究的电机断相保护器成果在1978年获得了全国第一届科学大会奖。20世纪80年代后，他研究的臭氧保鲜技术得到宁夏商业厅的重视并投资在宁大建立了宁夏大学生物工程研究所，开展了相应的课题研究，取得了一系列成果，其中 Master paper 再生技术于1983年获得宁夏科技进步奖。他与妻子共同研究的臭氧酒类醇化技术由于效果特别显著，在1986年获第三届全国发明专利银奖。

徐正敏在学术期刊上发表了20多篇专业论文，获得了近40项专利。1983年他被国家劳动人事部、中央民委及全国总工会授予"全国少数民族地区先进科技工作者"称号；1983年被授予"全国有突出贡献专家"称号；1992年被授予享受国务院政府特殊津贴专家称号。

1993年徐正敏从宁夏大学退休，随即被宁夏长河实业总公司聘任为总工程师。在此期间他又研究出了多项科研成果并获得多项专利，其中不少成果转化为公司重要产品。2010年徐正敏研究出的一种 LED 节能灯技术获得了实用新型专利，正好被专门来宁夏寻找技术研发支持的西安理想集团相中，于是他们开始合作开发该技术，并进一步发展该技术，申报获得了该技术的发明专利。在三年多的合作中，虽然

2019年8月30日，档案馆口述档案采访工作人员与徐正敏（中）合影

已年逾八旬，但徐老的科研热情仍然不减当年，他经常在西安的研发场地蹲点工作，同时也购置了多种设备，在上海家中的地下室进行实验和测试，继续搞科研创新，不断完善产品。

在坚持开展科研和技术开发工作之余，徐正敏还喜爱雕刻和绘画，他在年幼时就可以独自雕刻出精致的木船，在浙江大学读书期间曾担任美术社的社长。退休后，他有了更多的时间可以投入到所热爱的油画创作中去。他认为画画不仅有利于身体健康，也有利于思维活跃发展，并且绘画和科研互益。迄今，他已经创作了数百幅油画。

说起在宁夏生活的50多年，徐老仍然觉得仿佛就在昨天。那些艰苦的岁月，和同事朋友一起奋斗过的日子让他记忆犹新。总结自己的人生，他一点也不后悔当初来到大西北。正是这个当机立断的决定，让他有机会扩展了专业，更在困难中改变和拓宽了人生，开发了自身的许多潜力。在砥砺前行中，不断创新，在助力宁夏大学的建设和发展中，他感到人生过得十分有意义、有价值。

（编校：马健）

杨　明

　　杨明，1936年11月生，甘肃靖远人，中共党员。历任宁夏大学总务处副处长、处长、党总支书记。曾在1984年12月被宁夏回族自治区党委组织部、宣传部、区劳动人事厅、区科委评为"社会科学先进工作者"，于1990年10月被中国高教学会后勤管理研究会评为"第二届优秀工作者"，并且曾撰写并发表数篇后勤管理方面的论文，对我国高校后勤管理理论的研究有一定贡献。

记者：请您介绍一下自己的求学经历及来到宁夏大学工作的情况。

杨明（以下简称杨）：我叫杨明，1936年生，现年83岁，原籍是甘肃省靖远县。我是1954年从甘肃靖远师范毕业，毕业以后分到宁夏固原头营小学当老师，以后又调到固原师范学校附属小学工作。

1958年自治区成立以后，由于宁夏大学生源不够，当时只有银川中学和中卫中学，高中毕业生不多。自治区决定从各县教师岗位上抽调了一部分教师到原宁夏师范学院深造，我是其中之一。当时我们上学的时候就是叫调干生，还有调干助学金，每月20多块钱。1958年9月就来到宁夏师范学院政治历史系学习。

1962年毕业留校工作，到1996年退休，我在宁夏大学工作了34年。1958年自治区成立以后筹备三所大学，一个是宁夏师范学院，一个是宁夏医学院，还有宁夏农学院。当时两个学院都没有独立的校舍，像宁夏师范学院就是在银川师范学校的基础上建立的，当时都是"戴帽子"，就是借助于这几个学校的条件、校舍、师资以及其他的条件来办的，当时的宁夏师范学院地点就在现在的银川中山公园东侧。像

1997年，杨明工作中

宁夏农学院在原西北农业机械化学校，就是现在自治区政府那个院子。宁夏医学院就是在宁夏卫校，宁夏卫校就是在现在商城西边，老银川一中的那个位置。宁夏卫校当时很有名的，包括西北农业机械化学校都是面向西北培养农业机械化人才的，在这几个学校基础上当时成立三所大学。

具体说一下宁夏师范学院吧。宁夏师范学院当时在这几个学校里面是条件最差的，因为学生比较多，校舍比较拥挤，没有办法，我们进去就住在那个大教室里面，大通铺。当时我们上学的时候，学校在开学典礼动员会上讲就是说学习"抗大"的办学精神，作为教职员工，一边教学工作，一边要参加建校劳动，这段经历对我以后的工作非常有帮助，培养了吃苦耐劳、克服困难的精神和集体主义观念。

记者：请您介绍下当时师生的生活情况。

杨：我举个例子，比如说蔬菜供应方面，不像现在一年四季都有新鲜菜，那个时代到冬天要储存几十万斤菜，主要是土豆、大白菜、萝卜、莲花菜这几种，都要采购来放在地窖里面。当时集体采购冬储菜，学校没有车，老师就带着学生们去背，背到学校以后还要把它加工好，该晒的晒，该晾的晾，然后入窖，这都是师生参加劳动。

关于学校后勤日常经费收支情况，那时候学生不收学费，学校经费全是自治区按学生人头拨款，给多少钱花多少钱。一年学校由自治区按月拨经费，学校每年按经费计划划拨给后勤包干经费，后勤经费首先来安排开工资，保证大家吃饭，保证工资不拖欠，包括临时工，工资也按时发放，这部分费用占到后勤经费的一半左右。把这个安排完了以后就是其他事情，首先保障师生教学科研正常进行，比如说供水、供电、供暖、卫生必须保证，再比如说，校园管理，绿化啊，道路啊等，保证正常教学和运转后才能考虑其他事宜。

记者：您来宁夏工作到现在有何感想？

杨：我是1958年就到宁夏大学，一直到今天，整整61年。这61年喝宁夏水吃宁夏粮，宁夏这一块地方养育了我，养育了我们全家。现在来讲，你看我身体也还可以，身体健康，全家幸福。我热爱宁夏，宁夏已经早已是我的第二故乡，感谢宁大。

我一生的体会都来自我的经历，我想和同学们共勉：是党和国家培养了我，而且给了我学习和工作的机会。如果说没有国家教育培养我，就不会有我今天，所以我感谢党，感谢国家。今年是咱们建国70周年，我们共同祝愿新中国成立的70华诞，愿国家更加繁荣富强。

记者：最后，请谈一谈您对我们当代大学生的建议与期望。

杨：根据我的体会，对青年同学有这么几点希望：希望大家更加热爱我们党，热爱我们的国家，珍惜国家给你们提供的学习机会。咱们国家现在国富民安，提供的机会非常难得，你们现在的条件我们非常羡慕，环境、硬件、软件都很好！我有时在校园里转时，看到现在的实验室、图书室以及整个学校的住宿条件等，太羡慕了！当然也非常高兴！学校条件变好了，我希望大家能够珍惜国家提供的条件，在学习过程中克服困难，圆满地完成学业，早日参加到祖国新时代的建设中去。

我们的爷爷

贺庆辉 杨 瑾 杨 琳

杨
明

从我记事起，爷爷总是很忙碌，虽然退休在家，但每天都会把生活安排得满满当当。很早的时候家里住平房，一把大笤帚是他拉开一天序幕的必要工具，大清早总能看到他在扫院子。几支铅笔和一沓他搜罗来的废稿纸是下午用来练字的简陋装备，我们提出给他置办些笔墨纸砚，他却不许我们乱花钱。晨起的那一小把茶叶，他总要从早泡到晚，我们为了在晚饭前喝一口他的茶羹水，天天争执的面红耳赤。每每遇到这种需要"评断官司"的关键时刻，爷爷都会一脸慈爱地看着我们笑而不语，任由我们吵闹。完全不似大人们口中那般严肃板正，不苟言笑。

我们仨都在爷爷奶奶身边长大，宁大校园就是我们童年的天地。和爷爷走在校园里，三两步就是他的熟人，见面都要热络地聊两句，慢慢地，"杨明的孙子孙女"也成为我们引以为傲的代名词。别看大家都尊称他"杨处长"，直到现在他都从未执掌过家中的财务大权，不过小时候我们总能从爷爷那里讨到零花钱。开学前夕，他都会提前去银行换好崭新的一块钱，给我们买文具和零食。

爷爷很关心我们的成长，我们仨步入社会参加工作后，每到周末家庭聚会都要争先恐后地找爷爷汇报工作，他总是静静听完，从不打断，每次都对我们工作中的进步予以肯定，同时指出不足。爷爷常教导我们不要浮躁，要脚踏实地，为人要谦虚，遇事多担当，有格局讲道理才是立足社会的根本。爷爷很少批评我们，也从不溺爱。很小的时候，他对我们的教育就以鼓励和引导为主，尊重我们的个人选择和发展。爷爷总说我们三个孩子首先要身体健康，其次是人品要端正，最后希望我们成为对社会有贡献的人。我们成长道路上的一点点进步，都能让他心存欣喜，写字台的玻璃板下收集了很多"宝贝"：哥哥考上公务员的公示信息，弟弟写的藏头诗，我入职后的第一张名片，他都小心翼翼地珍藏起来，闲暇时总要带着老花镜端详我们儿时的照片。

　　爷爷是家里第一名大学生，是宁夏大学的第一批毕业生，在校期间一直担任班干部。进入大学后很多课程，比如俄语、哲学、古代史等都是他从未接触过的，但爷爷还是咬牙苦读，最终以全优的成绩毕业了。我问他，课程这么难，怎么坚持下来的？有没有想过放弃？他说这么好的学习机会以前想都不敢想，哪能放弃？珍惜还来不及，只是求学那些年，每天太阳落山的时候乡愁最浓，总是眼里噙着泪水，看着夕阳想着家。爸爸出生那年，爷爷以优异的成绩留校工作。入职以后，一直从事和负责行政管理、后勤保障类的工作，奶奶说："你爷爷的工作呀，就是哪里困难哪里就有他。和炊事员一同搬运、翻晒冬储菜，一到过年就换上再生布工作服，帮助陈海祥老爷爷喂食堂养的猪，什么苦活累活都干。"宁大在北京设立分校一段时间，他被调去主持日常工作。奶奶看着家里一摊事儿管不过来，就想去找校领导诉说困难。但爷爷却说，"共产党员要服从组织分配，不能给学校添麻烦。"爷爷他们那一代人，就是这样，党的事业高于一切，兢兢业业，任劳任怨，甘愿为人民服务一辈子。奶奶说，你爷爷对奶奶和对子女们平时确实关心不够，但不是真心不关心，而是他把更多的精力投入到工作中去了。自从奶奶身体没以前硬朗，做饭的事就压在爷爷身上了，家里的一日三餐全由他做，十几年如一日，今年84岁了，还在做。

奶奶曾深情地对我说道，这辈子有你爷爷陪伴，晚年更有你爷爷的悉心照料知足了。

大概是从事了一辈子行政工作，爷爷生活中也是个井井有条、一丝不乱的人。

2005年9月，杨明在座谈会上发言

逢年过节，他都要早早制订采买计划，还会像模像样地手写一份菜单，有凉有热，荤素搭配，特别有仪式感。他也是我家最自律节制的人，总让我们自愧不如。爷爷从不抽烟，逢年过节家里热闹才小酌两杯。热爱体育，喜欢秦腔，总是很注重饮食和科学养生。校园的晨练，更是他风雨无阻的必修课，爷爷总说年龄大了，把自己身体养好，自己不受罪，不拖累儿女，就是对社会和儿孙们最大的贡献。

或许没有什么丰功伟绩，但在我们心中爷爷就是最了不起的人，一辈子不抱怨不松懈，两袖清风，不给任何人添"麻烦"，不论他人长短是非，靠着自己的勤奋刻苦，改变了一生的命运。但聊起以前的事情，他却总说很幸运，父母兄弟的付出让他有条件认真读书，奶奶的贤惠持家让他安心工作，组织的信任让他有更广阔的平台。知足感恩，是爷爷教我们子孙最宝贵的一课。

作者简介

贺庆辉，男，1985年出生，籍贯甘肃镇远。西安邮电大学计算机技术工程硕士学位。目前为宁夏公安厅网安总队警务技术二级主管。

杨瑾，女，1990年出生，籍贯甘肃靖远，满族。2008年在古巴哈瓦那大学获得学士学位。目前就职于宁东能源化工基地管委会。

杨琳，男，1996年出生，籍贯甘肃靖远。2017年毕业于陕西工业职业技术学院，目前就职于中国移动宁夏大学营业厅。

杨明：他将一腔热血奉献给了宁夏大学

张彤彤

  中国西北一片贫瘠的黄土地，漫天的黄沙。1958年，宁夏回族自治区成立，同年，在这片黄土地上，创建了几所大学。新成立的大学缺少生源，政府决定从各县中小学里选取优秀教师保送上大学。那个年代把他们这群人称为"调干生"。被评为固原县（现固原市）优秀辅导员的杨明便是调干生中的一员，成为宁夏大学的第一批学生，从此这个青年的后半生都与宁夏大学连在了一起。

  接到通知后，杨明就来到了宁夏大学的前身——宁夏师范学院政治历史系学习。"当时的宁夏师范学院是在银川师范的头上戴个帽子，借助着银川师范的校舍、师资力量办学。"当时的校舍不够用，杨明和他的同学们把教室当作宿舍，打通铺住。在开学典礼上，学校动员全体师生学习"抗大"的办学精神——边劳动边学习。因此，学生和老师们课余时间都在参加集体劳动。当时缺少宿舍，老师和学生们就自己动手"造房子"，把一方方的泥土脱成土坯，再用一块块的土坯垒砌成一间间的校舍。厚重的黄土地，厚重的生活，可日子并不算厚重，心里却像装进了这黄土地似的。杨明至今仍对当时的场景记忆犹新，并感叹当时的劳动对自己以后的工作有很大的帮助，特别是集体主义观念、吃苦耐劳的习惯和勇于克服困难的精神。

成立初期的宁夏大学，困难重重。"那时候不像现在一年四季都有新鲜蔬菜，我们当时只有土豆、大白菜、萝卜这几种蔬菜。冬季都要采购来放在地窖里面。当时学校没有采购车，师生们要把蔬菜背回来，再加工封存好。"杨明回忆当年自己和班级同学的生活。也正因为如此，学生们和炊事员关系非常好，杨明班级的同学们都积极主动承担任务，还时常帮助食堂打扫卫生，作为班干部的杨明更是吃苦耐劳。

杨明进入政史系学习，那时政治和历史系还没有分家。杨明说有的同学因为基础差，再加上课程难度也大，当时班里五十多个学生里有多名退了学。杨明虽然基础比较差，学习困难大，但是四年来，他克服困难，刻苦学习，顺利地完成了学业。而且毕业的时候得到了全优的成绩。凭着优异的学习成绩以及优良的品质，杨明1962年毕业后留在了宁夏大学。

宁夏大学培养了杨明，杨明将自己的热情和心血奉献给了宁夏大学。此后的几十年里，除了外出公干，他几乎没有离开过宁夏大学。他像一棵大树，在宁夏大学这片土地上，见证了自己亲手和同学们建起来的土坯房变成高楼大厦，见证了宁夏大学一步一步地成长发展，从弱小到强大，他默默地服务了这所大学34年，直到退休。

杨明常说这样一句话："我就是做了一些实实在在的工作，如果说我在宁大有一些影响的话，就是这一点，没有别的大本事，就是做具体工作。"事实也的确如此，一直从事后勤工作的杨明在宁大履职的34年岁月里，他所做的也只是恪守本分，紧随宁大变化的脚步，从实际出发，发挥着自己的光和热。而正是因为他所谓的这些"实实在在"的后勤保障工作，让宁夏大学的师生员工没有后顾之忧，正常有序地进行教学、科研和管理服务工作。

1962年留校后，杨明先被分配到了人事处做保卫工作，不久学校人事和保卫分开，成立了宁夏大学保卫部，杨明随即到保卫部工作。

杨明在基层一干就是十几年。那时候单位八点上班，杨明每天七点半就到，他要赶在老同志上班之前把办公室的卫生打扫干净，把开水打好，多年如一日，杨明兢兢业业地守护着学校的安全保卫工作，为师生们营造安全舒适的学习环境。因为能吃苦，1976年杨明被调任到宁夏大学总务处伙管科工作，伙管科工作复杂，在这里他又奉献了十年。20世纪70年代，学校的伙食依旧不好，炊事员的操作技术，营养搭配等方面还是比较传统，杨明带头组织大家向先进地区学习。组织炊事人员和学生之间定期开会，征求同学们对伙食的意见。在杨明的带头学习和推动改进下，宁大的伙食管理工作在宁夏的高校里排在了前列。

1989年，杨明被派去科研部工作。那年宁夏大学筹备建设科学研究管理单位，抽调杨明和另外一位物理系的老师去筹备。抽一个管伙食的去和科研人员打交道，这看起来似乎并不是一件明智之举，但正是这个管伙食的，却作出了较好的成绩。1989科研部筹备要做准备工作，杨明凭借着多年的后勤工作经验，在几周内就将科研部的装备配置齐全，办得有模有样。校长前来视察，看到办公室的装备十分震惊，夸赞"这个管伙食的有自己的本领！"科研部筹备完善后，1989年下半年杨明调任总务处处长，这下他的工作任务更重了。他说所有后勤工作的职责就是保证师生的教学科研生活正常进行。那个时候老师学生们做实验时常会出现断水断电的故障，工作人员去维修总是会打扰课堂教学的正常进行，为此杨明特意去和维修工人商谈，将日常的维修工作改在了休息日进行，不再打扰课堂的正常教学。另外80年代以前学校用电只有一条线路，一旦一个地方停电，整个学校都陷入无电状态。后勤为此申请引进双回路电路，保证教学用电的正常供应。

喜欢与爱，从来就是互不干涉的两个命题。喜欢是在山壁上凿出一个洞口，想看一眼山对岸的风光，于是兢兢业业，勤勤恳恳。而爱是沿着山壁上残留的峡口行走，即便艰涩难行，毫无退路，也要把最后一口呼吸留在能抵达的最远岸。这峡口是无须雕饰的，这欲望是与

2019年10月28日，档案馆口述档案采访工作人员与杨明（前排右二）合影

生俱来的。一个人坚持做一件事情一年、五年、十年都可能是出于兴趣，但一个人三十多年来一直兢兢业业地做一件事情，那么他无疑是热爱的。杨明在宁夏大学这片土地上，勤勤恳恳，兢兢业业。就像一片荷叶衬起荷花一样，杨明三十年如一日所做的就是为宁夏大学的师生们营造出一片舒适无忧无虑的环境。荷叶的美，美在它使人神清气爽的墨绿；荷叶的美，美在它细细幽幽几乎不被人觉察的芬芳；荷叶的美，更美在它无怨无悔，兢兢业业的奉献。试想，如果没有荷叶的无穷碧，哪里来荷花的别样红？而杨明，于宁夏大学，也是如此。

杨明说："我在1958年宁大成立第一天就来到宁夏大学，一直到今天整整61年，喝宁夏水吃宁夏粮，宁夏养育了我全家。我热爱宁夏，在宁夏大学我工作了34年，我要感谢宁大。"岁月作证，宁大的发展离不开像杨明一样老一辈宁大人的无私奉献，历史会记住他们的名字。

（编校：张惠）

杨圣诠

杨圣诠（1932年4月—2022年11月1日），高级工程师，中共党员，贵州遵义人，原宁夏工学院院长。1951年就读于贵州大学土木系，后转入重庆建筑学院土木建设系。曾任宁夏回族自治区城乡建设厅副厅长、宁夏建筑学会副理事长，宁夏基建学会理事长。他熟悉土木建筑工程技术，曾在兰州参与国家重点工程建设。后在宁夏主持过石嘴山电厂及大武口电厂的工程建设工作，参与了宁夏工学院的创建。

记者：请您介绍一下自己及来到宁夏大学工作的情况。

杨圣诠（以下简称杨）：我叫杨圣诠，是1932年4月8日生的，贵州遵义人，1986年进入宁夏工学院，（当时宁夏工学院还未与宁夏大学合并）；1986年11月，自治区任命我为宁夏工学院院长。

宁夏工学院是当时宁夏大学的土木系和机械系停办了以后，在宁夏大学原土木系、机械系的基础上成立的。1978年成立了宁夏工学院的筹备处，实际上是1983年才开始招生的，中间停止筹办了一段时间。

记者：请问是什么原因停办了？

杨：因为钱凑不够，没有钱，所以就停办了，1983年又开始干了。那时宁夏工学院筹备处借了宁夏大学附中的几栋楼招生，招了一个班的学生，才办起了宁夏工学院。这个工学院从很小办到很大，后来也发展得不错，发展到好几个系了，应该是五个系。

记者：最开始是几个系？

杨：土木、建工、化工、管理，还有机械五个系，一个基础部，发展得比较大了。建设中主要就是经费，就是钱的问题，经费不足。盖房子没有钱，到处要钱。国家建委来人我要，自治区财政厅来人也要，自治区经委来人也要，见着人就要钱，到处要钱，化缘，给工学院盖房子，先盖了个食堂，又盖了教室、办公楼等。

记者：您对宁夏大学目前的工作有哪些建议？对学校未来的发展有什么期许？

杨：我说不出什么具体的，就希望咱们宁夏大学越办越好！

父爱如山

杨秋宁

父爱是夏日里一股凉爽的清风，是冬日里一轮暖暖的太阳，是沁人心脾的甘泉。

父爱是最伟大的，从我记事开始，很长一段时间以来，父亲给我的印象就是匆匆的忙碌的背影。当时他是区建二公司的技术总工，负责大坝电厂的建设工作，每个周一早上奔赴施工现场，直到周六晚上才回家，有时在工程重要阶段一个月才回来一次。父亲性格宽厚温和，积极向上，平时热爱读书，总是有说不完的故事，所以每当父亲回家时，就是全家人最高兴的时候。他非常孝顺奶奶，为老人家端茶送水，铺床叠被；父母感情和睦，父亲总是在仅有的休息时间里帮助母亲做家务；对待我们三个孩子，当我们伤心时，安慰我们的都是爸爸，当我们生气时，开导我们的都是爸爸，当我们情绪低落时，鼓励我们的都是爸爸。记得当年我因为舍不得放弃优厚的生活条件，打算放弃出国学习的机会，是父亲鼓励我说：人这一生只有享不了的福，没有吃不了的苦，有机会一定要到外面的世界多学多看，你们现在生活条件和我们以前没法比，一定要珍惜。

父亲对待同事、朋友、邻居都非常和蔼可亲，我们家当时种了很多果树，每次果子成熟了，父亲就会分成很多份，让我们送给周边的

1990年，杨圣诠在教学改革研讨会上讲话

邻里朋友，用行动告诉我们什么是分享。父亲调任宁夏工学院担任院长期间，不用经常出差了，但是休息时间总有学校老师来家中谈工作。每当这个时候，父亲总是认真倾听，不厌其烦地解释，有时我们都有意见了，毕竟这是父亲休息时间，但是父亲却说，他的工作就是帮助各位老师解决疑难问题。父亲用行动告诉我们什么叫责任。

人们都说父爱如山，父爱给我以幸福的力量！我一直感觉爸爸是我的朋友，在人生的每个时刻都让我深切感受到了父爱带给我的幸福。人生一世忘不了的就是那宽广无边的父爱。

作者简介

杨秋宁，女，1972年出生，贵州遵义人，教授，硕导。2008年在日本国立山口大学获得工学博士学位。现任宁夏大学土木与水利工程学院教授。

杨圣诠：勤勉务实的开拓者

徐自立

    原宁夏工学院筹建于1978年12月28日，根据教育部下发的《关于同意恢复和增设一批普通高等学校的通知》，宁夏工学院正式开始筹建。1984年秋，学校由宁大附中搬迁到现在的宁夏工学院。全院师生肩负起办学与建校两副重担，为宁夏工学院的建设立下了汗马功劳。在这批建设者中，有一个不得不提的名字，他就是1986年调任至宁夏工学院担任院长的杨圣诠老师。

    杨圣诠1955年毕业于贵州大学土木系，1953年至1955年在重庆建筑学院土木建筑系深造。在来到宁夏工学院任职前，他有着丰富的建筑施工工作经验。曾担任兰州建筑总公司三处工程技术员，兰州三局一公司施工组长，宁夏回族自治区建筑二公司技术员、副科长、工程师、副主任工程师，自治区城乡建设厅副厅长兼区建筑总公司经理，宁夏建筑学会副理事长。他熟悉土木建筑工程技术，曾多次参与国家重点工程建设项目。

    由于具有扎实的学科背景和深厚的工作实践，1986年杨圣诠出任宁夏工学院院长，开始为宁夏工科创建发展而努力奉献。杨圣诠刚到学院时，当时的校园还没有成形，除了西北角自建的几排平房外，东北角是一片农田，周围则是苇湖荒滩。为了尽快建设好工学院，为广大师生提供一个良好的生活、学习和工作环境，杨圣诠院长带领工学院领导班子以"敢教日月换新天"的气概投入到学校的建设中。那时学院还没有正规的教室与宿舍，更谈不上教师办公室与教学仪器设备了。面对这样的状况，杨圣诠院长鼓励大家发挥自力更生艰苦奋斗的精神，带头设计调查研究方案，东奔西跑千方百计筹集资金，逐渐克服了施工材料紧缺，人力缺口大的难题，一点点解决了学生宿舍楼、教学大楼的建设问题。

"学校的重心还是要放在教育上"，这是杨圣诠担任院长时就为自己定下的工作准则。20世纪80年代初期，工学院全院教职工只有76人，且没有高级职称的教学人员。杨圣诠院长鼓励青年教师不断提高自身的学科素养，想方设法为学校培养高质量工科人才努力。1989年5月，在杨院长的竭力促成下，工学院接受了意大利教育合作项目捐赠的部分教学仪器，并专门成立了400万赠款办公室，统一管理第一笔合作交流资金，并在当年9月挑选出五名工学院的年轻教师前往意大利卡里阿里大学和特兰斯特大学学习进修一年。与此同时，杨院长还制订了提升教师业务素质的计划，安排教师利用业余时间学习，为青年教师开办外语、数学、电子计算机等基础课培训班，还选拔了一批工作态度好、业务能力强的青年教师到外地重点院校进修培训。如今，这些教师中的大多数都成为了教学骨干，继续为学校的教育事业添砖加瓦。工作之外，杨院长也对这些老师的日常生活非常关心。他对教职工生活中存在的入托难、住房难等问题都格外关注，除了平日里经常关切的问候外，杨院长还从实际入手，为大部分教职工解决了住房问题。又先后建成了教职工浴池、托儿所。那个时代每个家庭做饭基本上都用的是土炉子，使用起来费时费力也不方便，为此他特别指示总务处想方设法解决了职工做饭的液化气供应等问题，为职工生活提供了极大的方便。

杨院长是土木工程专业的高级工程师，实践经验相当丰富，来到

2000年，杨圣诠（左一）给运动会获奖同学颁奖

工学院后在繁忙的行政工作之余又担任着土木工程系的教学工作，对待学生，杨圣诠也怀抱着一颗赤子之心。他经常说，作为在高等教育战线第一线工作的教职工，只要在讲台一天，就要尽一天的责任。他把教师这份工作当作国家和党交给他的艰巨使命，他要为国家，为宁夏本土培养出专业过硬、德才兼备的应用型人才。在讲堂上，他严肃认真，将书本上的理论知识与自己的实践经验相结合，为同学们构建了完整清晰的学科观。假期还鼓励工学院的学生走出课堂，走进社会。组织学生到长城机床厂、银川柴油机厂、银川棉纺织厂等地进行社会调查，并将这些单位作为历届学生生产实习基地，为他们毕业后走向专业领域打下坚实的基础。在生活中，杨圣诠院长和蔼可亲，他关心每一个同学的学习与生活，深入了解学生的家庭情况，主动帮助贫困学生申请奖（助）学金。同时他还十分注重学生思想品德的教育培养，他对学生思想政治工作队伍建设非常重视，除了加强思想政治工作人员配备和加大经费投入外，尤其注重改进思想政治工作方式，他组织

筹办了《宁夏工学院学报》，为广大师生交流学术信息、沟通专业思想架起一座桥梁。他鼓励师生积极投稿，让学报真正起到宣传教育效果、激发师生干劲、鼓舞学院开拓进取的作用。他大力倡导文化育人，采取多种措施调动学生参与校园活动的积极性，当时学校的校园文化十分丰富，这些举措有助于为社会培养一大批"德智体美劳"全面发展的优秀人才。

在工学院担任院长的八年里，他一直努力营造良好的学院风气。杨院长常对青年教师说："教师不仅是科学文化的传播者，而且还是精神文明的建设者，上好每堂课，教好每一个学生是老师的重要责任。"教书育人是杨院长恪守的行为准则，他用自己的一言一行影响着身边的教职工们海人不倦，引导学生尊师重道，也培养了师生们锐意进取、自强不息的精神。

家庭生活中杨院长性格宽厚温和，积极向上，平时热爱读书，总是有说不完的故事；杨院长孝顺老人，爱护家人，只要在家，每天为老人铺床叠被，帮助妻子做家务。对待三个孩子，当他们伤心时，安慰他们的都是爸爸；他经常鼓励孩子说：人这一生人只有享不了福，没有吃不了的苦，有机会一定要到外面的世界多学多看，你们现在生活条件和我们以前没法比，一定要珍惜，懂得回报社会。

1992年，杨圣诠院长到了退休年龄，由于他出色的工作能力，组织上让他继续为工学院的发展奉献余热，直到1994年他才正式退休。在杨圣诠担任院长期间，他促成了学校增设计算机应用和电力系统及其自动化等专业，也把化学化工系建设从蓝图变成了现实，见证了学校第一期建设工程的基本完工，还推动了高素质的教师队伍初步形成规模。他担任宁夏工学院院长的八年中，正是学院快速发展的时期，也是祖国越来越强大的时期。学院的进步和发展是随着我国改革开放的事业而发展起来的，是像杨院长这样的共产党人用汗水、用热血奋斗出来的。

2019年7月15日，档案馆口述档案采访工作人员与杨圣诠（前排中）合影

　　33年前，那个睿智稳重、气度不凡、腰板挺拔的中年人，在漫天风沙、满是沼泽的荒野里，用一砖一瓦，用日复一日，用智慧和威望，为初创时期的工学院献出了全部的热忱和精力。今天，当我们走进宁大文萃校区（原宁夏工学院所在地），坐在窗明几净的教学楼中，汲取着老师传授给我们的专业知识，欣赏着窗外一片片绿荫，可曾记起20世纪80、90年代杨圣诠院长奋斗的身影。工学院能取得当年的成就离不开杨圣诠院长的全身心付出，他为学校的发展不遗余力的实干精神值得每个宁大教职工学习。

（编校：褚文娜）

杨新民

杨新民，1937年生，山西人，中共党员。1958年从陕西师范大学毕业后来到宁夏大学工作。曾先后任宁夏大学数学系秘书、教务处学生科科长、地理系党支部书记兼副主任、民族预科部党支部书记等职务。1989年调任宁夏大学民族预科部，1990年民族预科部被国家民委授予"全国民族团结先进集体"称号。

记者：请您介绍一下自己的基本情况。

杨新民（以下简称杨）：我是杨新民，1937年出生，山西人。

我非常幸运，共产党解放了全中国，也解放了宁夏，解放了我的家乡，当然也就解放了我，给我创造了非常好的学习机会，所以我讲我非常幸运，我是共产党培养教育出来的年轻干部。本来家里面就不让我再上学了，家里面穷啊，想让我去学习木匠，或学点厨艺，或是就干脆到牧区投奔蒙古族人放羊去，但因为全国解放了，共产党鼓励大家要学文化学知识，所以我就一直不断地上学读书，小学、中学、高中，直到后来幸运地考上了大学。

大学上的是陕西师院数学科，两年制，在这两年学习过程中我的所有花费都由国家负担，生活费、学费和住宿国家全包了，而且还每个月给我发七块钱的生活补贴。1957年暑假又组织我们这些学生干部到延安学习参观，一个多星期。所以我的这一生可以说完全是由共产党挽救了，共产党培养教育我，所以我从中学时就申请加入共产党，一直到大学，组织反复考察考验，最后在大学工作的时候我加入了中国共产党。1958年大学毕业的时候，学校又把我留校做了辅导员。

记者：请您谈谈刚到宁夏时工作的情况。

1961年宁夏师范学院、宁夏农学院和宁夏医学院三个学校合并为宁夏大学，由自治区党委候补书记江云任宁大党委书记、校长，还有原师范学院、农学院和医学院的几个领导组成了宁夏大学的班子。宁大当时因为初建缺少教师，所以自治区党委通过西北局和陕西进行联系，让陕西支援宁夏大学的教学工作。1961年陕西师院和西安师范学院两个学校合并成陕西师大。陕西师大和西北大学就派了我们一共六个人来到宁夏大学工作。我们到宁夏以后，宁夏回族自治区党委负责文化教育的书记甘春雷，他专门到招待所去看望我们，这就是我刚到宁夏工作时的情况。

记者：请您说说在宁夏大学工作的情况。

杨：我在几个系先后工作过，主要是四项工作：一项工作就是贯彻执行党的方针政策，发挥好一个党支部的作用；第二项工作就是保障教学、行政工作正常进行；第三项就是做教师学生的思想工作；第四项就是团结一切可以团结的力量，服务教学和行政工作。化学系有个老师叫梁飞彪，是宁夏民革的主委，20世纪60年代那会儿，虽然国家有统战工作，但还不是很明确。梁飞彪后任自治区人大常委会的副主任。数学系有个老师叫陈隆钧，他是宁夏九三学社的副主任委员，还有几个老教师，虽然不是民主党派的，但是都年纪比较大，我当时到各系去的时候才三十岁多一点，人家都是四五十岁，我主要思考怎么尊重人家，团结他们，怎么一块做好工作，我很尊重他们，他们也很尊重我，很支持我的工作，我先后在几个系做工作，主要抓这些事情。

后来学校领导找我谈话，根据国家形势的发展，为促进民族教育事业的发展需要成立民族预科教育（工作部），加强民族预科教育，培养少数民族人才，你在系里工作的时间长，也有工作经验，能不能到预科部去工作？我当然服从组织分配了，学校任命我为预科部党支部

1992年，杨新民（前排左五）与预科部部分老师合影

书记，又任命了一个主任和一个副主任，我们三个人筹办民族预科部，我负责党的工作，我们这就开始共同筹办，选地址、选教室、准备教学计划、计划师资配备等。我们的主任黎清川，他当时还兼任学校计财处的副处长，他工作很忙，所以学生的管理和教学工作都由我一个人承担起来，当时预科部第一届学生的教学计划、教学安排和师资的配备都由我来主管。

记者：您对宁夏大学发展有什么期望，对当代大学生有什么寄语？

杨：近些年宁夏大学工作发展很快，取得了很大的成绩。在培养人才方面我是比较欣慰的，我工作过的化学系也好，数学系也好，涌现了大批的优秀教师，这一点对我来说是很大的欣慰。

最后一点是对学生的希望，希望他们要好好学习，拓展知识才艺，报效国家。

杨新民：在宁大的36载岁月

郭晓雪

1961年，毕业后在陕西师范大学留校工作了三年的杨新民，被调到宁夏大学数学系任秘书一职。

宁夏大学数学系始建于1958年，前身是宁夏师范学院数理系，1959年更名为数学系。数学系初建时，只有十多名老师，四个年级的学生加起来也仅有一百余人。学生虽然不多，但不同的年级、班级开设的课程却很多。所以，一个老师往往要带几个年级、几门课程，工作压力比较大。初来数学系的青年教师血气方刚，为了教好学生，将所有的精力都放到了工作上。当时数理化三系只成立了一个党支部，杨新民除了要做数学系里所有的行政工作之外，党支部建设方面的工作也由他一个人承担。系里办公用房紧张，杨新民的办公室除兼作会议室、资料室外，还是他的寝室。

最初的宁夏大学一片荒芜，是靠着老师、学生们的双手开垦出来的。师生每天吃饭的时候要经过一个大沙丘，非常不方便。于是学校决定组织师生每个星期六下午，一起去移沙丘。不论是校领导还是普通职工，老师还是学生，只要星期六下午没有课，大家就自发地一起去劳动。到后来，只要是课余时间，大家就会去移沙丘。在那个艰苦的年代，劳动工具就是一把铁锹，一个背篓。年轻师生们的劳动激情特别高，哪怕手上磨出了泡，肩上勒出了血印子，也没有一个人叫苦叫累。

1964年，数理化三系党支部分成了数学、物理、化学三个独立的党支部，杨新民被调任到了化学系，任化学系党支部副书记主持工作。

1971年，响应国家的号召，宁夏大学派出50人到固原支农，杨新民也一同前去，并担任支农分队的党支部委员。杨新民离开银川时，自己的爱人已怀孕三月有余。杨新民在固原工作了十个月，连爱人分娩时都没能陪在她身边。同为宁夏大学教师，杨新民的爱人很理解丈夫的工作，她挺着个大肚子，独自一人从银川坐火车到兰州，再从兰州坐火车回西安娘家生孩子，不给丈夫增加负担。从"春风垂柳绿轩窗"的春天到"韩樱枝白是狂花"的冬天，整整十个月的时间，杨新民一行人和当地的百姓同吃同住，共同劳作，尽管环境艰苦，也没有一人中途退出。

1972年，国家开始招收工农兵学员，杨新民被调到宁夏大学教务处学生科工作。当时革委会下设政工、教育革命（简称教革组）、后勤三个组，教革组又分教研组、教务组和工管组。杨新民任教务组组长，主要负责学生、图书馆、教学设备管理等工作，其间为学校起草了招生、学籍管理、毕业分配等规定。1981届学生毕业分配面临种种问题。杨新民在全区召开的毕业生分配会议上建议，要面对现实，不能让毕业生还是按照自治区"从哪来，回到哪里去的规定执行分配"，因为这些毕业生上山下乡已经是好多年了，有的已经结了婚、成了家，如果还按原来的老政策分配回生源地，有失妥当。区计划委员会和教育厅的领导采纳了杨新民的意见，启用更加符合毕业生实际情况的分配办法。

1984年，杨新民调到宁夏大学地理系任系副主任兼党支部书记。工作期间，他遵循与北京师范大学地理系联合办学精神并积极协商，请北京师范大学地理系教师来宁授课，代培8名研究生为师资队伍增添新鲜力量，并向学校提出了地理系的《建系意见》和《开办土地管理专业申办设想》。杨新民很注重校际交流与合作，在参加广州召开的全国地理学术大会时，他结识了陕西师范大学等高校地理系的负责人，在交流关于地理系教学管理工作之余，建立了长期联系。由于当时地理系是初创阶段，师资力量匮乏，任课教师多是刚刚毕业不久、缺乏教学经验的学生，虽然当时也从社会上调任了几名中学地理教师，但是若想将地理系办好，就必须确保师资充足、教学计划顺利执行。于是，杨新民便联系邀请外校的地理系教师为宁夏大学地理系提供支援。

1989年，根据国家形势发展和民族教育事业发展的需要，宁夏大学成立民族预科部，杨新民被调任为民族预科部党支部书记。在预科部工作期间，部里学生管理、教学计划、师资配备、教学安排等工作他主动承担。刚成立的预科部没有任课教师，杨新民便请其他学院安排相关课程的老师前来授课。当时杨新民等人对预科部课程安排的定位是：教授内容要比高中知识深一点，比大学知识浅一点，起衔接作用。以这一要求为标准，授课效果令人满意。杨新民意识到，对于预科部的同学，除了要加强文化课程内容教授，更要抓紧同学们的思想教育工作，于是他便开展"长征精神""虎门销烟"等各类主题讲座，提升学生的思想认识。同时，预科部还有一项极其重要的工作就是培养学生的民族团结意识。预科部招收的第一届学生中，不仅有回族，还有蒙古族、畲族等少数民族同学。为加强民族团结，杨新民经常在学生中间引导培育民族团结的意识。1990年，杨新民结合第一届预科生的思想教育工作和专业学习，撰写培养总结报告《坚持正确的政治方向，努力培养德智体全面发展的少数民族预科生》《加强民族预科学生管理工作的一些尝试》等，并上报至自治区民委、自治区教育厅，后经上述两部门转呈国家民委、教育部，宁夏大学民族预科部也因此获得了"第一届民族团结进步先进集体"，杨新民作为代表去人民大

杨新民

177

2019年6月20日，档案馆口述档案采访工作人员与杨新民（中）合影

会堂参加颁奖典礼。

　　杨新民在宁大工作的36年中，不论是在数学系、地理系，还是在预科部，都是在建系之初就投身到工作之中，这期间所遇到的困难是旁人想象不到的。后来宁夏大学数学统计学院、资源与环境学院，以及民族预科教育学院蒸蒸日上的发展势头，都得益于杨新民和他的同事们打下的牢固基础。宁夏大学的建设发展正是他的梦想，学校和上级赋予他的荣誉，也是对杨新民工作最大的肯定。

（编校：马海龙）

杨秀珍

　　杨秀珍，女，1939年1月出生，河北涞水人，九三学社社员，教授。1958年，考入宁夏师范学院（宁夏大学前身）数学系。自1962年起，任教于宁夏大学数学系，直至退休，担任计算方法、BASIC语言、数据库、C语言等课程的教学工作。她曾用计算机语言编写宁夏大学教职工工资管理程序，参与的多项科研项目，获自治区科技进步奖，并获得国家教委好评，拓宽了计算机教育在教学与实践中的应用。

记者：请您介绍一下个人的基本情况。

杨秀珍（以下简称杨）：我叫杨秀珍，今年80岁了，我是1939年出生的，我到宁夏已经整整70年了。怎么说呢，因为我父亲是19兵团的，19兵团解放宁夏的时候他就转业了。我和我母亲就是在1949年年底之前到宁夏的，今年2019年，这不就整整是70年了嘛，所以我相当于就是宁夏人了。

记者：请您介绍下到宁夏学习、工作的情况。

杨：1958年，自治区领导号召我们高中应届毕业生在家乡宁夏上大学，当时我作为应届毕业生的代表，在全区应届毕业生誓师大会上发言表态。1958年因为没有其他的考点，所以全区的考生高考都要到银川来考，所以全区的应届高中毕业生在一起开誓师大会，表决心。我上台发言就说要在家乡上大学，然后立志毕业以后建设家乡，为家乡出力，贡献自己的力量。当时那个氛围非常热烈，内心也非常坚定，我们就成了宁夏大学的第一届学生了。

我们入学的时候信心满满，心情特别激动，想的是在家乡上大学也是一件好事，以前从来没有过嘛。可是一入了学就感到很失望，这哪像个大学，连我们中学都不如。因为那个时候学校没有教室，也没有宿舍，破破烂烂的。我们一开始校址在银川中山公园附近，当时叫西马营。西马营是什么意思呢？就是马鸿逵的那个练兵场，在银川（老城区）的西部，完全没有一个学校的样子。我们一开始住在什么地方呢？住在一个破庙里头，没有宿舍啊！因为1958年仓促上阵，什么都来不及准备，学校根本就没有来得及建设，就开始招生了，学生来了以后没有地方住。我们女同学住在一个很大的破庙里头，床都是木板铺的，一个挨着一个的，到处都是土。没有教室怎么办呢？那就一开始不上课，建校劳动。建校劳动应该怎么劳动呢？就地取材，挖城墙的土然后自己脱土坯，土坯脱好以后盖房子，然后上房梁，可热闹了！我们一开始就没有上过课，就是建校嘛，但是那个时候大家心情都挺好，个个兴高

1986年，杨秀珍（前排右一）在大武口煤机二场指导职工培训

采烈的，就觉得大学可能就是这样吧，因为也不知道其他学校什么样，反正大家精神特饱满，就是很朝气蓬勃的那种。

我记着1958年入学以后很快就是中秋节了，中秋节我们是在那个毛厂度过的。迎中秋嘛，校长刘继曾给每一位老师、学生发了一块月饼，大家可高兴了。我们最后一个节目就是围着炼钢炉跳钢花舞，在这个过程中发生了意外，因为我们都坐得很靠前，钢花就打到我们身上，有一块很大的钢花就落到我脑袋上，钢水把头发一块儿也烧了，一块头皮也烧没有了，还到医务室去包扎。可是就那种情况我都不觉得疼，觉得心情还是挺高兴，因为大家在一起就觉得特别的高兴，特别开心，从来没有过那样的中秋节，那时候大家的心态是非常积极向上。

1960年我被派到吉林大学去学习，我是第一个被送出去到外头去进修的，进修回来以后我就留校了。从1962年工作到1999年退休，长达37年的时间里面我一直在这个地方没有离开过，所以，宁夏和宁夏大学就是我的全部了，我的生活和工作的全部。

我留校后，假期就开始备课，自己准备讲稿，找参考书。我们还经常要做题，布置的习题要一个题一个题挨着过，自己都不会做，学生要问你的时候你怎么说，而且学生交上来的时候你怎么评判，所以这些工作假期就要做好。后来我教计算机，教那个算法语言，就是计算机语言，然后我们还要搞一些实际的应用。从一开始搞教学，后来能够解决一些实际问题，比如给宁夏大学编制了全校教职工的工资管理程序，这个也是我引以为豪的一件事情。

记者：您对宁夏大学及我们当代大学生的建议与期望是什么？

杨：作为宁大人啊，因为我一辈子就是在宁夏大学度过的，从上大学和工作，一直到退休，所以我们对宁夏大学的感情是深厚无比的。我们希望宁夏大学越来越好，学校很早就进入"211"了，学校也已经过了60周年校庆，现在新的领导班子也成立了，我希望咱们新的领导班子带领咱们全校师生，无论是教学还是科研，能够走上更高的台阶，能够创造更大的辉煌。希望宁夏大学越办越好。

无怨无悔的坚守

——忆母亲杨秀珍

王山桥

我的母亲杨秀珍是九三学社社员。1939年1月生，河北涞水人。解放战争时期母亲跟随姥爷所属的部队一路转战到了宁夏，解放宁夏后姥爷转业留在了宁夏，从此我们一家开始了在宁夏的生活和工作，也成了宁夏人。

1958年，母亲高中毕业。那年宁夏回族自治区成立，同年创建了宁夏师范学院、宁夏农学院和宁夏医学院三所高等院校。母亲响应政府号召报考了宁夏师范学院（宁夏大学前身），成为宁夏师范学院数学系的一名学生，也就成为了宁夏大学的第一届学生。毕业后母亲留校任教，也有幸成为了宁夏大学培养出来的第一批教师。母亲在宁夏大学的教师岗位上一干就是近40年，兢兢业业无怨无悔，也因此见证了宁夏大学从无到有，从简陋到一步步完善的全过程。

从记事起，我们家就住在宁夏大学拐角楼。当时住在拐角楼里的叔叔阿姨们，大都是当年为了支援宁夏大学建设来到这里的，他们来自五湖四海，我印象最深的是几位来自北京师范大学的叔叔阿姨。我们相处得非常融洽，就好像一个大家庭。那个时候条件虽然很艰苦，但我们却丝毫感觉不到。我和小伙伴们在一起很快乐，按时去学校食堂打饭、去锅炉房打开水；凑在一起时就去学校操场踢球、去花园捉迷藏，那时学校的东北角还有一个游泳池，这在当时是很稀罕的。

我对母亲的工作情况不是很了解，但我可以肯定地说母亲是一位很受学生喜爱的好老师。因为母亲性格开朗，为人友善，谈吐风趣，特别是对学生很有耐心。母亲爱好广泛，尤其喜欢体育运动，虽然水平有限，但只要是学校组织的活动她都积极参加，而且每次都能拿回来很多奖品。母亲乐观向上的生活态度对我产生了深刻的影响。记得上世纪六七十年代，母亲积极报名下乡到附近的养猪场养猪，一干就是五年，直至学校重新招生。因为当时父亲还在石家庄河北师范大学工作，我年龄稍大一点时就去养猪场帮忙。养猪场地处偏僻，白天还好，和母亲一起打猪草、挑猪食、喂猪。那时我还小，并没有感觉到苦和累。但到了晚上就不一样了，场工们大都回家了，四周一片漆黑，我特别害怕，晚上不敢出去。母亲就教我唱歌，她说只要你一唱歌，脑子里只想着歌词不去想别的也就不会害怕了。直到现在我还保持着走路哼哼歌曲的习惯。

母亲虽然在学术上没有很大的建树，但一直保持着读书、学习的良好习惯，对所有的新鲜事物都特别感兴趣。在我小时候母亲就常常对我说，学习就像逆水行舟，不进则退，要不断地充实自己提高自己，活到老学到老。母亲是这么说的也是这么做的。退休后母亲开始学习电脑知识，像年轻人热衷的 QQ、微信、微博等社交工具，她都驾轻就熟。母亲还自学 Adobe Photoshop 软件、方正飞腾软件（报纸排版的专业软件）、Dreamweaver 软件（网页设计与网站建设的专业软件），还给自己设计制作网站。

1986年，母亲收到来自天津商学院（现天津商业大学）的商调函，当时我大学毕业分配到天津工作，所以母亲也曾动心和我一起去天津。后来经过再三考虑，母亲放弃了。一开始家人、同事都不理解，后来

1990年6月，杨秀珍（中排左三）与同事在宁夏大学校门口合影

大家慢慢地都理解了。因为母亲不止一次说过："是宁夏大学培养了我，我的青春年华也奉献在宁夏大学，我见证了宁夏大学的成长，这辈子我都要守护着她！"

自从上大学后，我就离开了银川，现在只是每年过年时回家看望父母。虽然没有陪伴在父母身边，但母亲的一举一动都深深影响着我，母亲对生活的热爱、对工作兢兢业业的态度都早已在我身上留下了深深的烙印，并将伴随我的一生。

（编校：王翔）

作者简介

王山桥，男，1964年出生，工程师。1986年毕业于哈尔滨科技大学。曾就职天津百利天星传动设备有限公司。

宁夏大学就是我的全部

——记宁夏大学数学系杨秀珍教授

牛露露

作为宁夏大学第一届学生，她与同学一同用小推车建设校园；作为宁夏大学数学系的一名教师，她用计算机语言传递科学知识。她从学生成长为教师的这一路，也见证着宁夏大学的成长。如今，杨秀珍已经陪伴宁夏大学整整走过了一个甲子，她向我们骄傲地说："宁夏大学就是我的全部。"

以学生之姿迈入母校

杨秀珍，1939年出生，祖籍是河北涞水县。她的父亲原属华北野战军第19军团，在部队干部转业时留在了宁夏，也把全家人带到了宁夏。

1958年，宁夏回族自治区成立，同年成立了三所高等院校：宁夏师范学院、宁夏医学院和宁夏农学院。同年，杨秀珍毕业于银川女中。毕业前夕，她被选为全区的应届毕业生代表，在誓师大会上发言表决心："要在家乡上大学，要为家乡作贡献！"不久后，杨秀珍与一百多名学子一同迈进了宁夏大学的校门，他们也成了宁夏大学的第一届学生。

宁夏师范学院当时的校址是在银川市中山公园，也叫西马营，那里是宁夏大学最早的校址。校园里，没有宿舍，没有教室，可以说是破破烂烂。白天，全体师生都积极参与建校劳动。西马营的北面和西面围着高高的古城墙，大家就地取材，挖城墙、脱土坯、盖房子。晚上，学生们住在一间破庙里，在地面上铺上木板，将木板当作床，挤在一起睡觉。杨秀珍回忆道："西马营守着一个湖，湖里的鱼特别得多。每当打扫时，学生们就去湖里舀水，一舀就能舀出几条鱼儿，活蹦乱跳的。"这一时期，日子虽然过得艰苦，但大家的精神状态是高涨的。不久，师生们迎来了中秋节。那一年，大家在炼钢厂举办中秋晚会迎中秋。刘继曾副校长给每一位同学都发了一块月饼。中秋晚会的最后一个节目叫《钢花舞》，表演时钢花四溅，绚烂缤纷，非常精彩。在观看时，一块很大的钢花突然落到了杨秀珍的头上，将她的一块头皮烧伤了，老师立即带她去医务室进行包扎。如今，再次讲起这个"意外"，杨秀珍却显得轻松愉快。她说自己当时并不觉得疼，只记得中秋节那晚飘舞的钢花很美。

1959年，学校教学进入正轨，开始正式上课。当时学校只有三个系：数理系、中文系、政史系。老师们大多是北京师范大学毕业来的支宁毕业生。他们当时都还年轻，上课时战战兢兢。学生们拿着的是苏联教材，听课时也懵懵懂懂。虽然一切都很稚嫩，师生们学习的热情始终是饱满的。在闲暇时光，老师们编写着教材，制作实验设备；学生们拿着书本，做着笔记。学校生活是如此恬静。

1960年，宁夏大学搬入新的校址，即现在的位置。这次，学校里有了宿舍，有了教室，而且还能望见贺兰山。据杨秀珍回忆，当时新市区一眼望去全是沙坡，建筑物就只有宁夏大学和宁夏军区。高低起伏的沙坡，密密匝匝的芨芨草，经常是踩一脚下去，鞋子就拔不出来了。当时，教师们住在拐角楼，学生们也有了自己的宿舍，大家一块吃食堂，相处得亲近融洽。

20世纪60年代初的困难时期，师生们吃的是瓜菜，在稀饭里掺点儿菜叶吃，也挖过野菜，吃过树叶。当时，学校吃的是大锅饭，每人都要轮流做桌长，负责分配饭菜。杨秀珍当桌长时，她会把自己的碗放在最后一个，等给前面的同学分配完饭菜之后，锅里往往所剩无几，自己也只能吃一点残羹剩饭。这一时期，杨秀珍身子极其虚弱。有一个高个子的男同学，总是吃不饱，杨秀珍就把自己一半的馒头节省下来，给这位男同学吃。而当时每人每天只发一个馒头，她忍着饥饿，硬扛着。只有在过年时，饭菜是管饱的，校长和书记会和同学们聚在一起吃饺子，这也是一年之中最值得期盼的日子。

以教师之名回报母校

1960年，杨秀珍被评为"全校优秀学生"，派到吉林大学数学系进修学习。两年后，杨秀珍进修结束，回校任教。初上讲坛，她也曾紧张迷茫。临上课前，她会将教材反反复复地看，并在心里默念上三五遍，就连"同学们好"这样的问候语都要在脑海中提前过一遍。她对自己的教学要求十分严格，争取做到不说一句废话，不出一处错误。她说："计算机语言不像文字，来不得半点马虎，容不得一丝错误。"正是秉持着这种严谨的治学态度，她成长为一名优秀的高校教师。80年代，邓小平提出"计算机的普及要从娃娃做起"。全国开始大规模地扫机盲，办学习班。作为计算机教学的教师，杨秀珍也来到贺兰、大武口、固原等地培训教师。"当时，大家伙儿都觉得新鲜，连走廊上都站着人。"1980年，她到兰州大学参与培训，回来讲授ALGOL 语言。之后，她在电视上看到清华大学的谭浩强在讲 BASIC语言，于是买来他的书，看着电视录像自学。

2019年10月11日，档案馆口述档案采访工作人员与杨秀珍（右二）合影

教学多年，她也有了许多心得："教学是一门学问，也是一门艺术。""计算机教学也应该赏心悦目。"在讲课时，她既注重板书的设计，也注重用语的精练。因而，听她的课，既能快速地领悟到知识要点，又能享受到计算机语言的美感。计算方法的讲授，离不开计算工具的演示。最初，学校里没有计算机，杨秀珍就拿着算盘讲。1980年以后，学校有了四台台式苹果机，只能教师演示给学生看，学生无法亲手操作。计算中心成立之后，全校一共十几台电脑，学生有了上机操作的机会。从算盘到台式机，从只能看到亲手操作，计算机语言的教学也逐渐走向现代化。

"除了教学以外，我们也要干点实事。"1982年至1986年，杨秀珍为宁夏大学编写了教职工工资管理程序。这份工资管理程序采用BASIC算法语言编写，涉及内容有二十余项，既有人员的统计、项目的设置与数据的核查，又包含基本工资、午餐费、医药费的汇总；既有个人的工资条，又有总账单。打印出来的程序编码从桌子铺展到地上，常常需要趴在地上来检查。编写这份程序的过程是异常艰难的。"有一个地方卡了二十多天过不去，没有地方问，没有参考书，我只能没完没了、成千上万遍地试。"她将编写程序形容为写文章，"程序就相当于你写一篇文章，你写得很顺当，就会很愉悦。而一旦写得时候卡壳了，就会睡不着，吃不下。"为了使程序走通，她在机房一熬就是一整天。出了机房，外面已是一片漆黑，她只能摸着黑回家。甚至有一年除夕，她一整天都是在机房度过的。三更半夜回家时，她的脑子里还在想着程序、代码。正是凭借着这份执念，她终于完成了宁夏大学第一份用计算机语言编写的工资管理程序。她抱着一厚摞的程序编码找到了学校的财务人员，但却被浇了一瓢冷水。财务人员一向是手拨算盘、亲手记账的，看到用计算机操作的程序系统，纷纷怀疑其准确性。为此，在财务人员做手账本的同时，杨秀珍也在用计算机程序做着一套账本。年底，两个账本一比对，数据没有任何差错。财务人员这才解除了疑虑，工资管理程序也开始正式推广使用。这也是全区第一个用于实际使用的工资管理程序。

1995年，她参与了《1995年7~22岁全区学生体质健康状况调查》科研项目。该项目是国家科委入选的全国青少年体质健康状况调查研究的一个组成部分，宁夏是唯一向国家提供回族青少年健康状况的地区，因而具有非常重大的意义。这项科研项目调查人数达3万人，每个人的调查内容包括二十余项，需要进行各种复杂的打印、统计工作。杨秀珍全身投入其中，经常废寝忘食。最终，该项目获得了自治区科技进步奖，并受到国家教委好评。

退休之后，杨秀珍和爱人王玉一直居住在学仕园，夫妻俩时常会去金波湖散步。她喜欢摄影，常把校园的风景拍下来留念，她也喜欢写诗，常把母校、师生写进诗里。如今，她陪伴着学校走过了六十个春秋，度过了将近一生的岁月。她深情地说："宁夏大学就是我的全部。"

（编校：翟伟）

尹长安

尹长安（1937年—2023年1月19日），教授，陕西西安人。1960年从甘肃农业大学畜牧系毕业，1961年分配到宁夏农学院畜牧系任教。先后担任过中国畜牧兽医学会养羊协会理事、宁夏畜牧兽医协会副理事长等职务，三次获得"宁夏农学先进工作者"称号。他一直坚持将教学和科研相结合，在此基础上发表了40多篇论文，其中6篇获得国内外优秀论文奖。

记者：请您介绍一下自己的基本情况，以及求学和在宁夏工作的经历。

尹长安（以下简称尹）：我是尹长安，陕西省西安市人，1937年出生，1960年从甘肃农业大学畜牧系毕业。农业部那时候办了一个师资培训班，我学了一年。1961年8月份分配到宁夏农学院，一直到1998年退休，教学了38年。

我们这批人一共有二十几个人，分配报到正好赶上秋收，就到灵武农场去割稻子，割完稻子就回来了，当时农学院就在现在（银川）西门那个地方，就是自治区政府对面，小小的院子有很小的一个门。像我们畜牧系，就招了一个班，也就二十几不到三十个学生，也没有实验室。人家基础课可能还有点仪器，（我们）专业课啥都没有，就有一些羊的标本，没有什么仪器，当时就是这种情况。因为是1958年刚成立的，才两三年，科研经费也比较紧张，所以从教室到教材（等）各方面都不行。当时的院长说办好一个大学要三才（材），一个是人才，一个是教材，一个是器材。我们当时没有教材，所以学校为了提高教学质量，专门从外地请老师，比如我的这门课。当时我还年轻，于是学校从西北农学院请老师讲这个课，带着我。像养牛学也是西北农学院请的老师，家禽学是从甘肃农业大学请的老师来上这个课。这第一个班就是这么上课的，之后我们（青年教师）在人家的指导下才能上讲台讲课。当时的出行条件也比较差，第二年我带学生开展生产实习，就是要到每个羊圈去测量羊的体高、体长、体重和采集羊毛样品。实习的地方羊圈之间距离很远，都在十里路左右，有的十五里。就这样，我带了两个学生从小玉川走到寺口子那个沟里边的实习工作花了一个月的时间。那里住宿条件也差得很，到了一个放牧点，就四群羊，四个羊把式（牧羊人），一个做饭的，加上我跟学生三个人，那里就住不下了。羊圈负责人说对面山坡上有个山洞可以住人，我让两个学生和羊把式挤着住，自己去找那个山洞。后来在那个山坡上找到洞口，洞口特别窄，我是用力侧着身才进去的，洞口用草苫子挡住，在山洞住了一夜。当时就是在那么一个条件下开展工作的。

记者：您在宁夏大学工作期间，有哪些值得自豪和欣慰的经历和成绩。

尹：20世纪70年代末80年代初，当时我到青海西宁参加一个全国畜牧经济会议，我带了一篇论文，在会上发言，介绍了自己的研究成果。大家都说不管是搞社会科学的，还是搞自然科学的，都在讲调整。但怎么调整呢？这方面材料看到的很少，我就结合咱们滩羊羊群结构，就是说这个羊的羊群里头应该有多少公羊、多少母羊、多少羊羔子、多少羯羊，这应该有一个合适的比例，用数学的办法把它定量化。在那个会上我介绍了这个内容，参会的人都感到很好。《中国农业科学》的编辑也参加会了，他看到我这个材料后，让我修改了几次就发表在了《中国农业科学》杂志。发表以后，在全国同行中引起了重视和关注。后来这个材料又被编到那个畜牧教科书里头，我的这个成果还获得了一个自治区科技进步奖。

1972年，尹长安（左四）授课中

20世纪90年代末，政府为了把宁夏羊肉推向全国市场，提出了"宁夏羊肉进北京"的口号。我当时被聘为银川郊区育肥羊场的技术顾问，我们那个羊场大概一个星期给北京送一车羊，一车40只。当天拉去，天亮以前进到北京牛街牛羊肉批发市场。我当时想怎么能够把宁夏的羊肉打入国内外市场呢？我就参考美国马里兰州食品专家的研究成果。他们做了一个实验，如果将牛、羊、猪、鸡瘦肉中的脂肪清除干净，煮熟后就吃不出是什么畜禽肉，这就说明肉的味道来自脂肪。另外他们用化学方法将羊肉中羰基化合物清除，羊肉的膻味大大减轻。根据这些资料，我在20年前（1999年）做了一个试验，将宁夏滩羊、小尾寒羊、新疆细毛羊饲养在同一羊圈中，吃同样的草，喝同样的水，由同一个人进行管理。经过60天育肥，从中抽取两只屠宰，采集后腿肉样品，送北京林业大学检测。结果显示，宁夏滩羊肉的胆固醇含量比小尾寒羊低33%，比细毛羊低47%；羰基化合物含量比小尾寒羊低22%，比细毛羊低37%。实验证明滩羊肉膻味较轻，营养价值较高。所以我觉得宁夏羊肉能够在国内外逐步打开市场，一方面是做了很好的宣传工作，另一方面就是实验的的确确提供了一定科学依据。

记者：您对宁夏大学将来的发展及在校大学生们有什么建议及期望？

尹：希望学校在各个方面，特别是在科学研究方面，能够取得更大的成果，在教学方面能够培养出更多有真才实学的人。

我的父亲

尹宏程

  我的父亲是一个平凡的人，是一名具有中国特质的知识分子，是一位善于言传身教的伟大的父亲。

  在我儿时的记忆中，父亲总是很忙。那时交通不便，父亲上班的地方离家较远，他一周回来一次。带学生生产实习时，父亲一两月才回来一次。父亲一回来，家里就充满了欢声笑语。我们姐弟三人围着父亲问东问西，他总是很耐心地笑着给我们一一解答。盐池的风沙、中卫的羊场、吉兰泰的盐湖、阿拉善左旗的草场，特别是蒙古族牧民与我们完全不同的服饰穿戴、饮食习惯、豪爽性格等，让我听起来感到十分新奇。我上小学的时候，对羊的品种分辨、羊毛的分检办法、羊毛的品质等级已有所了解。父亲很高兴地说，程程将来可以学畜牧学或纺织学。虽然我最终没有子承父业，但是我对草原生活、饲养小动物有着天然的热情和亲近感。

  小的时候，父亲总教育我们姐弟三人，要好好学习，不能怕吃苦，学进去了就不觉得苦了。姐姐、哥哥总是点头称是。我年龄最小，可能是不懂事吧，也可能是在家老小吧，父母溺爱惯了，我反驳说，爸爸你一天净骗人，苦就是苦，跟学进去学不进有啥关系？妈妈笑了笑，跟我讲了一件事，一件在我出生前发生的事，一件轰动了宁夏，影响了中国养羊学界的事。

60年代末的时候，中国还是典型的农业国家，主要以农产品出口来换取外汇，在国际上，虽然普遍认可中国的羊绒质量好，但怎么好？好到什么程度？并没有一个定量的数据分析，也没有一个国际性的认可标准。作为宁夏农学院的一名普通的养羊学老师，我的父亲有一天回家认真地对我母亲说，我要找到中国最好的羊绒，把咱的羊绒数据测出来，让中国的羊绒走向世界。我母亲说，你要做的三件事都是好事，但都很难，我支持你，你可一定要注意安全，保重身体呀。几天后，父亲就和几个老师学生出发了，中间的过程母亲也知道的不尽详细，只是从后来父亲偶尔的聊天中才得知一些细节。现在想想，那是多么困难的事儿啊！当时的宁夏、内蒙古、甘肃，尤其在广袤的牧区，根本没有路，没有旅店，甚至饭馆都是走一天可能才碰到一处，每一个样品必须拿回学校的实验室进行测定，而这些，父亲都是如何办到的呢？那时的中国，尤其在宁夏银川，信息极其闭塞，对外交流的渠道十分有限，父亲又是如何把测好的数据展示给世界的呢？当我把这些疑问放到父亲跟前的时候，父亲轻轻地说，其实很简单，牧场一个一个地去跑，样品一个一个地去采集，数据一个一个地拿回来测试，实验的数据形成论文后不断地给国内国外的杂志投稿，最后不就成了。我问父亲，这过程这么复杂，难不难？你不觉得苦吗？父亲很严肃地对我说，一个人，心中只要有了正确的方向，再难也不难，因为老天都会帮你。至于苦嘛，你还小，等你长大一些就会明白，只要一想到这件事做成了，有多少牧民会受益，国家会增光，你就不会觉得苦了。这就是我的父亲，虽然只是一名普通的大学教授，心中却装着国家，这份胸怀天下的家国情怀，这种不怕吃苦勇于面对困难的乐观精神，这种从大处着眼、小处着手的做事态度，至今深深影响着我们姐弟三人。

父亲生活简朴，不讲究吃穿。他们那一代人经历了物质匮乏时期，生活条件改善后依然保持勤俭持家的习惯传统。父亲经常教育我们姐弟三人，不要把过多时间用在生活和享受上，而是要把主要精力用在学习和工作上，掌握过硬本领，积极贡献社会。

父亲为人善良，待人谦和。同事、学生、邻居都和他相处融洽。因为工作关系，父亲经常到各县羊场去做实验、测数据，为当地养殖户做培训讲座、技术指导。父亲和牧民、羊场工人、养殖户打成一片，认真仔细为他们答疑解惑。他们高兴地说，尹教授来了，咱们的养羊问题就解决了。有时候，一些本地的养殖户、阿拉善左旗的牧民会来到家里咨询养羊技术，父亲总是热情接待，耐心解答问题，与他们拉家常，了解他们的生产、生活情况。父亲总是说，只有帮助牧民、养殖户把生产搞好了，把收入提高了，我的工作才是有意义的。

我的父亲，把他的一生都献给了他热爱的事业——养羊学，即使退休后依然没有停止他的研究工作。在他70岁的时候，还作为全国的养羊学领域的专家受聘于农业部，做了三年的顾问，专题研究中国的羊品种分布及发展规划工作。作为一个70多岁的老人，他自学了计算机操作，用我淘汰的一台旧的手提电脑，利用一切可能时间学习电脑操作。我们回家的时候，他就让我们教，我们忙了，他就请教邻居。总之，在我们都认为不可能的情况下，父亲用了一年的时间，学会了网上查询资料，发送邮件，甚至还可以用一些社交软件与我们进行远程视频交流。用他的话说："朝闻道，夕死可矣。现在社会发展了，科技进步了，互联网上有大量的信息，这可是个好东西，一定也是未来发展的需要，我得学，要不然就被时代淘汰了。"这就是我的父亲，一个对知识的渴望永无止境的老人。他永远保持着如孩童般对未知世界的好奇，保持着年轻人探索知识的激情和勇气，即使父亲现在已经83岁高龄了，我认为他的思想依然年轻活跃。季羡林曾说，"这世上大多数人的一生，既无意义也无价值。"我认为，我的父亲就是那少部分人，他的一生既有意义也有价值！

作者简介

尹宏程，男，1972出生，陕西省西安市人，教授级高级工程师。1995年毕业于武汉大学城市规划专业，现任西安市城市规划设计研究院副院长。

尹长安

197

尹长安:"羊"教授与"羊志"

马文梅

尹长安教授出生于陕西西安,1960年从甘肃农业大学畜牧专业毕业后,在农业部组织的师资培训班进行了为期一年的培训,此后被分配到宁夏农学院。先后担任过中国畜牧兽医学会养羊分会常务理事、宁夏畜牧兽医学会副理事长等职务,曾获得宁夏农学院先进科技工作者、银川郊区先进科技工作者称号。他一直坚持将教学和科研结合,主编专著4部,参编著作3部,在国内外期刊发表了40多篇论文,其中3篇收录到国际会议论文集中,6篇获得国内外优秀论文奖。

1961年8月,尹长安被分配到宁夏农学院,一同来的有二十几个人。他从西安出发,没有直达银川的火车,只能先坐车去兰州,再从兰州转车,乘坐简陋的闷罐子车到银川。那时的农学院只有一个小小的院子,几间平房,虽然学院和甘肃农业大学相比差距很大,但是银川市对大学生很照顾,在那个低标准时期保证青年教师的基本生活。1961年,畜牧系招了一个班,二十几个学生,没有专业课用的实验室。一所高校需要具备人才、教材、器材,而农学院"一(才)材"也没有,硬件设施没有钱购买,只能从教师、教材入手提高教学质量。学校从西北农学院、甘肃农业大学等高校请来资深专业教师来教第一年的课,安排尹长安他们随堂听课,从备课到教材准备到板书,要他们一点点学，自己学好了才能教学生。

畜牧系的教学实践性比较强，需要经常下乡实习。1961年冬天，畜牧系领导组织调查中卫山羊，尹长安教授作为"羊专家"，也参与了这个项目。他从银川坐火车去中卫，到中卫的时候已经是半夜了，唯一开着门的一家旅馆没空房间了，只能勉强挤在旅馆的门房里凑合了一个晚上。第二天到了宣和乡，他向当地人打听怎么去羊场。羊场离宣和乡还有四十里路，老乡看他一个人劝他找个人结伴再去，但是他找不到同行的伙伴，只能独自硬着头皮往前赶路，按照老乡的指点顺着电话杆走。走了一小段路，天开始下小雪，山路崎岖难行，泥泞打滑，他就这样深一脚浅一脚地走到了羊场。到第二年的时候，学院派他带学生下乡实习，到每个羊圈里去测量羊的体长、体重，采集羊毛样品。各个羊圈之间有十几里的距离，他带着学生跑了一个月才把所有的测量工作做完。有一次他到了一个放牧点，那里没有地方住，羊圈负责人就让他住到对面山上的山洞里去住，山洞入口很窄，要侧着身体才能钻进去。一整天的工作让他们十分劳累，但谁都毫不抱怨住宿条件的艰苦，一心只想抓紧把实习任务完成，一躺下就睡着了。1963年，尹长安教授又带着学生去盐池滩羊场实习。从银川坐汽车去吴忠，到了吴忠搭乘运货的大卡车到了惠安堡。到羊场还要再走60里山路，他们整整走了一天才到羊场。虽然交通条件很差，但是他没有抱怨。正是凭着这种精神，尹长安教授一次次克服了调研中的困难。

1969年，宁夏农学院畜牧系和自治区畜牧局组织了一个项目，去阿拉善进行白绒山羊调查。当时国际上普遍认可中国的山羊绒好，有人反映阿拉善有个公社的羊绒特别细，特别好。学院和局里派尹长安去阿拉善调研。到了吉兰泰，让人用拉矿石的车把他送到了公社大队。大队给他安排了一头骆驼，让他骑着去各个放牧点。他不会骑骆驼，刚开始骑总摔下来，经过练习，渐渐就可以上路了。在大队几个月时间，调查了这里的白绒山羊品质，顺利完成了调研任务。这对阿拉善

1990年，尹长安（左一）在佛罗里达参加国际山羊会议

的影响很大，国外羊绒以细度定价，而调研肯定了阿拉善羊绒的细度是数一数二的。农业部、纺织部就根据这个结果把阿拉善的绒山羊列入全国品种规划，并给予资金支持，这就带动了当地的羊绒产业，一定程度上富裕了人民的生活，促进了阿拉善的羊绒产业发展。学院为了帮助阿拉善羊绒产业的发展，特地在左旗招了一个班的学生，为当地培养畜牧兽医专业人员。有一天，尹长安跟着兽医站的人去山上采集牧草标本，从山上下来时，遇到了洪水，在涉水时，尹长安一个踉跄，被水冲走，幸亏被附近的牧民看到，立即赶来搭救，把他拉上岸送回了住处，他对牧民的救命之恩终生难忘。

70年代末80年代初，农学院办学条件好了，开始盖教学楼、宿舍楼和食堂，尹长安从科委申请了项目，在农学院建立了羊毛实验室，为他的课程争取了一个仪器较全的实验室，可以开展基本的羊毛分析。当时全国在搞经济结构调整，尹长安去青海西宁参加全国畜牧经济会议，会上尹长安就结合宁夏滩羊羊群结构，用数学的办法进行定量化分析。他在会上介绍了自己的研究，引起了参会人员的热烈讨论。《中国农业科学》杂志的编辑联系到尹长安，将这项研究成果公开发表了，引起了全国同行的关注。之后搞畜牧经济的同行又把这个材料编进教科书里，尹长安因此获得了自治区科技进步奖。1998年，他在银川郊区政府做技术顾问期间，效区政府提出"宁夏羊肉进北京"目标。怎样让宁夏羊肉在全国脱颖而出，占据市场，他参考了美国马里兰州的实验，提出将市场上热销的滩羊、小尾寒羊、细毛羊集中饲养育肥，然后再屠宰、采样、化验，找出宁夏滩羊的特色，以便占领市场。化验结果证明，宁夏羊肉的胆固醇和羰基化合物含量最低。滩羊肉膻味小又健康，这就为宁夏羊肉在全国打开市场奠定了基础。

　　1992年6月，中国成为联合国粮农组织生物多样性委员会的签署国之一，要求摸清国内的畜种资源。农业部从全国招了包括尹长安在内的十个专家开展羊的遗传资源调研工作。各个省（自治区）上报了一百多份材料，尹长安花了一年多的时间才整理完。各省、区上报了一些新的优良品种，他们小组根据国家畜禽遗传资源委员会制定的六个标准进行了现场认定，认定后报农业部审批，并报联合国备案。最后他们完成了《中国畜禽遗传资源志——羊志》的编写，全书一百多万字，收录了140个品种，这是畜牧业专业历史上的一个大事，对国家在制定畜牧业发展规划上提供了专业依据。

2015年4月25日，尹长安退休后不忘学习

2019年9月25日，档案馆口述档案采访工作人员与尹长安（左二）合影

从进入宁夏农学院到退休，尹长安教授一直坚持将科研与实际相结合，与自己的专业相结合，从小处入手，脚踏实地，一步步进行专业研究和探索，一刻都没有停歇。他先后主编《肉羊育肥与加工》《舍饲肉羊》《无公害肉羊综合饲养技术》《绒山羊饲养与疾病防治》，参编《中国山羊》《畜牧业经济管理与经济教育》等著作，其中《舍饲肉羊》被中宣部、农业部、出版总署评为优秀"三农"图书。作为"羊"教授，他不仅参与撰写了浩瀚的"羊志"，也把自己毕生的事业，奉献给了宁夏大学，奉献给了宁夏这块养育他的一方热土。

（编校：杜维民）

俞灏东

　　俞灏东（1924年2月11日—2022年9月2日），宁夏灵武人，中共党员，教授。1961年5月来到宁夏大学工作。在校工作期间，曾任宁夏大学中文系外国文学教研室主任，兼任宁夏作协第三届理事、翻译组长、中国翻译工作者协会理事等职。多年来一直从事俄苏文学、欧美文学和东方文学的教学、研究和翻译工作，著作颇丰，主编出版论著4部，合著出版论著19部。1986年，由国家人事部授予"国家级有突出贡献的科技专家"称号，1992年享受国务院政府特殊津贴，2002年被中国翻译工作协会授予"中国资深翻译家"称号。

（注：因俞灏东老师年事已高，口齿不清，为保证口述档案录制顺畅，由其子俞兵根据俞灏东老师整理的文稿进行转述。）

记者：在您印象中宁夏大学当时是什么样子的？

俞兵（以下简称俞）：我父亲俞灏东、我母亲杨秀琴，都是宁大建校初期就在宁大工作的。我印象中宁大建校初期只有五栋楼，分别是教学楼、拐角楼、大红楼，还有小红楼和交校楼（就是后来附中的老教学楼）。我们从小就是在拐角楼住着长大的。

记者：在当年艰苦的条件下，结合您的亲身经历和体会，您认为宁夏大学对国家（宁夏）有哪些主要贡献？有哪些值得自豪和欣慰的经历和成绩？

俞：我记得当时国家为了支持宁夏大学的建设，把一批北师大的毕业生全分到了宁大。这里面就包括刘世俊叔叔和郭雪六阿姨，还包括张奎校长，还有他的爱人刘庆云老师。这都是北师大的一批毕业生，他们的到来对宁大的发展推动很大，这也是国家支持民族地区建设的一个举措。我父亲在外交部新闻司工作过，我母亲在中苏友好报社工作过。1961年，他们两个从北京调到宁夏大学。我父亲俞灏东在宁夏大学中文系教外国文学，当时在中文系工作的老师有刘世俊、郭雪六、朱东兀、闫承尧、李增林、高葆泰、李本召、蔡秀华、王秀丽等。我母亲杨秀琴在宁夏大学外语系工作，一直工作到退休。他们学的都是俄语专业，在北京工作时有机会去苏联出差，接触到一些苏联作品。他们就把这些作品翻译成汉语推荐给中国读者。在20世纪五六十年代，那会儿宁夏还是比较艰苦的，印象中小时候咱们宁大周围就没有什么商业网点，买菜都得跑到新市区。冬天就是那老三样：土豆、萝卜、大白菜。夏天我印象中就是农民拉一大车来了，供应的就一种菜——西红柿。一次只能买一种菜，拿个包，人家农民拿铁锹一包铲一锹给你，一称多少拎走。

生活上，在"文革"前我们都是吃食堂，后来才慢慢自己做饭。

父母工作忙，所以顾不上教育我们。我们都是自己学习，天天都是背着书包，脖子上挂着钥匙，自己开门，自己照顾自己。

刚到宁大的时候，在办公楼和拐角楼之间有一个一人多高的大沙丘，我们当时还在上面合过影，学校没有围墙，周围全是沙滩地。每年开春都要去种树，种的是钻天杨，我们看着钻天杨从一棵小苗渐渐长大长高。

那时宁大是宁夏唯一的高等学府，应该说是本地人心目中教育的殿堂。宁夏的发展，我觉得也离不开宁大，包括有一段时间国家院校调整，宁夏农学院、宁夏医学院都是从宁大分出去的，后来改革开放，农学院就又回归了（宁夏大学）。实际上是宁大农学系分离出去，成立

1965年，校园建设初见成效

1987年，俞灝东在给研究生授课

的宁夏农学院，医学院是医学系分出去的。应该说，宁大对宁夏的教育事业的发展发挥了不可磨灭的作用，也为宁夏培养了大批人才。

记者：您对宁夏大学未来的发展有什么期许？

俞：我非常感谢宁夏大学，也感谢宁夏大学档案馆的各位老师来看望我父亲。宁大1958年建校，我们1961年到宁夏大学，我也算是经历了宁大的发展，伴随着宁大长大。在此我代表我父亲、代表全家祝愿宁夏大学发展得更快更好，也希望宁夏——我的家乡，以后更加美好。谢谢！

俞灏东：我和宁大的情缘

刘雪茹

1961年，从千里迢迢之外的北京重新回到黄沙漫天的宁夏时，本就是宁夏灵武人的俞灏东也没有想到在北京工作的他会重回这片荒凉的故土，并且一待就是58年。正是这宝贵的58年使他有幸见证了宁夏大学从黄沙漫天到绿树成荫，宁夏大学从土坯房、沙丘堆到现代化大学蜕变的奇迹。

我和宁大：缘起1961年

"那时候（1961年）支援民族地区发展建设，我父亲就选择回宁夏了。"俞灏东儿子俞兵回忆到。1946年，俞灏东自西北大学，考入北京师范大学历史系，也是在那里结识了后来成为自己妻子的杨秀琴。而后两人都在北京工作，并且一同去了哈尔滨俄文专修学校学习俄语。杨秀琴原本在北京中苏友好报社工作，后来被分配到宁夏进行援边建设工作，成为了宁夏大学外语系老师。俞灏东当时也接到了援边建设通知，可以选择广西、宁夏等地，机缘巧合，俞灏东选择回到自己的故乡，成为了宁夏大学中文系老师。夫妻二人带着年龄最大才10岁的三个孩子来到了建在沙丘中的宁夏大学，从此成了宁夏大学的一部分。

1986年，俞灏东（右一）在报告会上发言

　　俞灏东原本在原国家新闻总署国际新闻局、外交部新闻司、国际关系研究所等单位工作过，后来又专门进修过俄语。来到宁夏大学中文系后，他一直担任外国文学教学工作。他曾独立担任俄罗斯苏联文学、西欧文学、亚非拉当代革命文学和东方文学四门课的教学任务，给学生讲授的也大多是苏俄文学和亚非拉革命文学作品等。多年来俞灏东一直担任中文系外国文学教研组组长，并多次带领学生去宁夏固原等地中学开展教育实习。

　　在教学上，俞灏东认真负责，但他总是认为自己做得还不够。他坚持完成教学计划中规定的全部任务，把应该教给学生的知识完整地教给学生；他精心编写教材，努力探索用启发式、课堂讨论式等方法开展教学。尽管这样，他仍然觉得做得还不够，事实上他在教学中能身体力行，既教书又育人，教学效果良好。

我的孩子和宁大一起成长

对于俞灏东来说，宁夏大学不仅仅是一个工作了28年的地方，更是一个和他无法分割开的整体。

俞灏东来宁大时，正值宁大建校初期，整个学校就三栋楼，旁边还有一座一人高的沙丘。俞兵回忆起生活条件的时候，说起了自己买菜的事情："一到冬天就老三样：土豆、萝卜、大白菜。我们去买菜，都是马车拉的一种菜，没有选择。"

而在宁大任教的教师还面临着繁重的教学和建校任务，所有的教师除去白天的教学工作之外，晚上还有教员活动。"我们那时候都知道自己的父母在宁大特别忙，自己脖子上戴着钥匙，自己回家。"俞兵还笑着说，"那时候，我们家里根本没条件开火，一家人都在食堂吃，晚上就躺在床上，听到熟悉的脚步声，就知道是爸爸妈妈回来了。"

俞灏东夫妇忙起来，对于孩子的教育就难免兼顾不到位。俞兵提起姐弟三个上学的经历时颇为感慨。

"那时候父母都太忙了，我们自立自强吧，也真的和宁大就有了不解之缘。"俞兵细细说起来自己和二姐都在宁大附中做过老师，大姐是宁夏教育学院的老师，自己一家人和宁大也算是一起成长了。

我在宁大实现人生价值

自1961年5月来到宁夏大学工作，俞灏东担任过宁夏大学中文系外国文学教研组组长、教研室主任、硕士生导师。

在校工作期间，俞灏东曾兼职历任宁夏作家协会第三届理事、翻译组长，中国翻译工作者协会理事，全国高校东方文学研究会副会长、顾问，宁夏翻译工作者协会会长等职。多年来一直从事俄苏文学、欧

2019年9月2日，档案馆口述档案采访工作人员与俞灏东（前中）合影

美文学和东方文学的教学、研究和翻译工作。出版主要译作（包括合译）21部，主编出版论著4部，合著出版论著19部。其中《东方文学简史》《东方文学作品选》（上下册）、《20世纪外国文学作品选》被确定为部颁高校文科教材，并获国家教委教材二等奖，《东方文学名著讲话》等著作先后五次获自治区图书一等奖。他编写过《俄罗斯苏联文学》《西欧文学》《亚非拉当代革命文学》和《东方文学》四种讲义，《亚非拉当代革命文学作品选》和《外国文学作品选（亚非拉部分）》两种作品选，共约120万字。1992年享受国务院政府特殊津贴，2002年被中国翻译工作者协会授予"中国资深翻译家"称号。

对俞灏东来说，与宁大结缘并共同成长的近六十年岁月，也是他实现人生价值的美好时光。

（编校：韩勇）

张　奎

　　张奎（1937年3月—2018年11月6日），北京市通县人。中共党员，教授，硕士研究生导师。1958年从北京师范大学毕业后来到宁夏大学工作。曾先后任宁夏大学物理系教师、系常务委员会委员、系秘书、教研组长、系副主任、系主任等职务。在任宁夏大学副校长、校长期间，率领学校建设与发展进入了快车道，工作业绩得到了自治区领导的高度评价和广大师生员工的充分肯定。他长期从事物理学和教育管理研究，出版有《统计热力学》《平衡与非平衡统计热力学》等专著。

记者：张校长，您好！请您谈谈当初是怎么来到宁夏大学的？

张奎（以下简称张）：我将要上大学的时候，本来是准备报考北大、清华什么的，但当时国家需要师范人才，领导就动员我们上师范嘛，我就去报师范了，所以考到了北京师范大学。

记者：因为觉得国家需要师范方面的人才，您放弃了上北大、清华而报考的是北京师范大学；大学求学期间，您发现西北的高等教育事业还有许多的缺口，需要这方面的人才，所以您在毕业之前自愿报名到宁夏去，帮助宁夏高等教育事业翻开崭新的一页，对吗？

张：对！对！

记者：请结合自身经历谈谈宁夏大学初创时期相关的情景和当初工作、生活的情况。

张：当时的宁夏1958年刚成立自治区。我们去报到了以后，学校是在这个（银川）城里头银川师范那个位置，银川师范那地方位于银

1985年，张奎授课中

川中山公园那边，在那边工作了一年多，当时各方面条件都很艰苦。

记者：怎么个艰苦法？

张：哎呀，比如说自己盖房子，包括各种东西都是靠自己，自己弄。

记者：有教材吗？

张：没有教材。

记者：那没教材咋办呢？

张：那时候就是靠自己手写、自己编写，到后来才有一点蜡版刻字油印，但也很少。

记者：那就是说没有教材，自己编自己写自己印？那真是叫一边学一边干。

张：1960年，学校从银川老城搬到了新市区，那时候也盖了一点楼，很少，师生的精神面貌大部分都好，但精神状态不太好的也有，是小部分。

记者：您是1983年出任宁夏大学副校长，1989年出任校长，直到2001年底卸任。这19年间，宁夏大学发展，您是主要带头人之一，您能否回忆几件比较难忘的事儿？

张：哎呀，反正我是这样，不管有什么事儿，都自己想办法干，所以工作起来呢，是比较顺利的。

楼雪筠（张奎太太，以下简称楼）：他一直教热力学、统计物理属于理论物理，后来因为各种原因都不开了，就去教普通物理，然后要自己做许多教学仪器，是不是？

张：嗯。

楼：那都是给下边那些学生还有农民普及的嘛。他（张奎）那会儿那干劲儿，七天七夜不睡觉，把那个东西（实验仪器）搞出来，然后大家送他一个雅号叫"大功率"。

记者：您在退休之后，仍然在给宁大学生授课。您在宁夏大学工作、生活有46年了吧？

张：不止46年，应该是47年。我给我们本系，就是物理系，还有其他系，一直上课。退休后还给宁夏大学新华学院上了两三年课呢。

楼：刚退休时，他们老人那会儿有一个口号——为党健康工作50年。他就是往50年上熬着呢，熬的离50年差了几个月，脑梗了。他就算着要满50年，所以这就是那个年代（人的精神状态），你看回忆录里好多老人（都是这样）。

记者：那咱们再说说您的那本书——《西行铺路五十年》，好吗？

楼：退休后，他先搞了几年科研，出了几篇科研论文。一边搞科研，一边写回忆录；在银川写，搬到这里（北京）继续写，一直写了九年。

张：从1958年到2008年，刚好是我在宁夏大学的五十年。

记者：我们这本书以半个世纪的跨度，全方位展示了宁夏大学的办学历史，这期间有顺境、得意，也有磕绊、艰难。您是创办宁夏大学的元勋，是有功劳的人。宁夏大学没有忘记你们，我们要把你们这些老领导、老教师珍贵的资料保存下来，把你们宝贵的创业精神传承

2018年9月21日，档案馆口述档案采访工作人员在北京采访张奎

下来，这也是我今天来访的目的。

张：谢谢！

记者：您对母校目前的工作有哪些建议？对学校未来的发展有什么期许？

张：我就希望呢，宁大越办越好，博士、硕士、本科生，都能够茁壮地成长，这是一方面；另外一个就是希望他们呢，能够在将来毕业以后，取得比较大的成绩。要取得这些成绩，老师必须得强，现在宁夏的办学实力还不够特（别）强，师资也还不够特（别）强，还希望继续提高，将来要使很多人成为名教授，宁夏大学应该去做这方面的工作。

记者：非常感谢您今天接受我的采访。

张：不客气！

（注：此次视频采录于2018年8月下旬张奎校长住院期间。他从病房专程抽空回家两小时，接受了我们的采访。两个月后，张校长于北京病逝，享年81岁。）

张
奎

《西行铺路五十年》自序

张 奎

　　各种稀奇古怪的商品摆在货架上，飞速地在我面前旋转着、变换着。多少年没有做过梦了，手术后的前三天，只要睡着了，就是这种奇怪的梦。这大概是手术的刺激，使大脑产生了奇怪的联想吧，我这样想。手术麻醉很快解除后，我并没有感到十分疼痛，但无论是睡着还是醒来，都得按护士长交代的两种姿势躺着，尽管反复变换着，却仍然非常难受。我忍着、坚持着按医院的规定办，为的是尽快结束爱人、女儿、儿子、儿媳昼夜辛苦的陪护，为的是尽快恢复健康再次走上课堂。然而，不幸的是手术后第二天两手的指尖出现了麻木，第三天右手抬不起来了。出院后经过三个月的反复练习，手是抬起来了，右半身经常性的疼痛和麻木也是可以忍受的。使我伤心的是活动不便，特别是无法写字，也就难以上课了。我爱当教师，从2001年9月完全脱离学校管理岗位后，可以集中精力做我想做的教学科研工作，心里高兴极了。没想到我还没有过够当教师的瘾，手术后遗症却提前结束了我的教书生涯，太遗憾了。在读大学那段时间里，我很注意锻炼身体，当时的口号是"为祖国健康工作五十年"，按照这个要求，我至少应该工作到2008年，那一年我71岁。所以，退休后我仍然上课，可惜兑现当年的口号，还只差一年。脊髓型颈椎病可能导致全身瘫痪的危险性，使我不得不选择手术，以避免使家人和自己陷入无休止的痛苦之中。过去经常体检，但没有检查过颈椎、腰椎，有些体检项目不需要经常检查的却经常检查，而颈椎和腰椎很需要注意的，却始终没有纳入体检内容。直到出现了可以觉察的症状时，还以为是神经痛，做了核磁检查才知道问题的严重性，但为时已晚。住院期间看到有些四十出头的人颈椎也开刀，我才知道预防颈椎病的重要性。我出院后能做的第一件事就是，见到中年教师和搞 IT 产业经常用电脑的人，警告、提醒他们注意防止颈椎病，同时建议有关方面适时更新体检项目。第二件事就是做好授课的交代，把我编写的讲授提纲、教材、课件、影视资料、习题解答等必备的教学资料再做力所能及的整理转送给中青年教师。不得不告别讲坛，这是我心痛而又很无奈的事，但人活着总要干点事，能发挥一点积极作用就发挥一点。接下来我还能干些什么？我发现虽然写不好字，但还能缓慢地用电脑打字，还能搞一些教学研究和科研。宁夏大学为迎接建校五十周年，正在组织编写校史，经常向我咨询，以前有时我也写些材料给编写组做参考。手术后，我只能帮助看些片段的初稿，这些又引发我对往事的回忆。为了避免遗忘，我决定还是先写些回忆文章，把研究课题往后放一放。

　　上中学时，在党的教育方针指引下和老师的精心培育下，我可能算得上是一名注意全面发展的学生，爱好也是多方面的，不过各方面都很稀松，没有突出之处。从我的家乡解放起，我就爱上了革命文艺，我国的和苏联的革命歌曲以及民歌吸引了我，曾经想将来当歌手，可是后来发现音域不够宽，只好放弃。我对数理化兴趣更浓些，就想将来当工程师，可是在1954年高考前，学校重点动员上师范，我就报考师范院校了。在北师大读书时，我在课余读了许多科技知识，一心争取将来做一个知识面宽的中学老师。1958年毕业时，响应党的号召志愿去宁夏，还是准备在中学当个好老师，谁知却被分配到刚刚成立的宁夏师范学院。只好从此改弦易辙，努力创造条件提高自己，争取当

2001年，张奎（右一）为新宁夏大学成立揭牌

一名能够胜任的高校教师。度过八年艰苦的建校和十年动乱的"文化大革命"，当教育的春天再次降临时，我竭力弥补损失的时间，吸收学科新的进展，加紧蓄积力量，准备向教学的新高度和学科前沿课题发起冲击。谁知就在这时，组织上决定要我在业务上作出牺牲，到学校搞行政管理工作。这时已是中共党员的我，自然更应积极响应组织的召唤。尽管我不愿意失去教师的本色，但是出于形势的需要，我放弃了几乎所有参加学术会议的机会，坚持只在业余时间备课和搞科研。除每周两次课以外，白天上班时间以及许多晚上的加班，都在搞学校的管理工作。平时关于学校工作的讲话、报告、形势教育的稿子以及改革方案等文件的初稿，都是自己起草，这样一干就是十八年。管理工作中，既有成功的喜悦，又有想办好事费力又办不成的苦恼，更有失误的教训。尽管我的主要精力都放在学校管理上，但我一直感觉我的本色是教师，国家给我的奖励是由于我的教师工作成果，我享受的待遇也基本上是教师的待遇，所以，在我因年龄关系而退出管理岗位之后，我还在享受着做教师的乐趣。摆脱了管理工作的沉重负担，我轻松得如鱼得水，教学与科研工作总量不亚于中青年教师，这种情况在2004年底退休以后我还在坚持着。可惜好景不长，2006年底，发现手臂动作失常。2007年3月，在我七十岁时做了颈椎开门手术，告别了讲堂。

为了给校史写咨询意见，勾起了我回忆的思潮。几十年的双肩挑，教学、科研与学校管理工作都不敢有所怠慢。然而，身处边远地区，在过去思想解放远比东部沿海地区缓慢得多的环境里工作，虽有艰辛的付出，但往往事倍功半，尽管取得了一定成绩，也留下了不少的遗憾。现在宁夏比以前富了，宁夏大学规模也大得多了，自主权也多了，又进入国家重点建设的行列，当年缺钱少权的岁月很快就被遗忘了。正规的校史限于篇幅，不容易再现过去的酸甜苦辣，而个人的回忆正好可以弥补这方面的不足，这正是促使我写回忆录的动力。我想把建校过程中的艰辛反映得多一些，让后来人能够得知今日的大好局面来之不易，需要特别珍惜；还想把其中的教训反映得多一些，也许可以让后来人少走弯路。如果能起到这种作用，也算是发挥点余热吧！顺便是想以此向培养我的母校——通县女子师范附小（现名不详）、潞河中学和北京师范大学做一个情况汇报。如果能从我所经历过的顺利与挫折中，找到一些对思想工作和学校教育有益的东西，那就更好了。

我曾动员一些宁夏大学的老人写回忆录，但真正动笔的不多，我写起来才知道困难重重。要做到真实无误，不仅要有亲身经历，还不能光靠回想，必须有资料做参考。幸好我喜欢积累资料，送到我这里的文字材料，不管将来是否有用，我都舍不得割弃。几十年的经历，写起来会很多，俗话说万事开头难，所以我把宁大首次发生的事情写得比较详细些，其后的延续如没有太大变化，为节省篇幅就只好从略了。我来学校最早经历的事比较多，到基层调研、协商、征求意见，为了让人畅所欲言，常常是独来独往不带别的人，所以有些事如果我不写出来，恐怕以后就没人知道了。我自己起草的讲话、报告、文件很多单独汇集成册起不了多大作用，只在回忆有关事情时做了摘录。有些小事恰恰能反映过去的艰苦，也不得不写一些。由于这些，我又不可能写得太精练。

我写的虽然是我个人的经历，但主要反映的是工作情况，所以1984年以前的部分，可以作为宁大物理系与学校发展情况的参考，1984年至2001年4月的内容可以作为宁大发展情况的参考。

为教育铺路的支宁人

——记宁夏大学原党委副书记、校长张奎

牛露露

　　张奎，中国共产党党员，中国物理学会第六、第七届理事会理事，宁夏教育战线先进工作者，宁夏大学原校长，享受国务院政府特殊津贴。他驻足宁夏六十载，辛勤耕耘，默默付出。他是宁夏大学名副其实的元勋，是宁夏高等教育事业的铺路人。

　　1937年3月15日，张奎出生在北京市通县。在中学时，他非常注重全面发展，十分热爱革命文艺，想成为一名歌手，但因为音域不够宽，只好放弃。后来，他发现自己对数理化的兴趣相对更浓，于是想成为一名工程师。1954年，国家需要师范类的人才，他主动放弃了上北大、清华的机会，也放弃了当工程师的梦想，最终选择考入北京师范大学，成为一名教师。在毕业前夕，考虑到西北高等教育事业急需人才，他自愿报名"到最艰苦的地方去"，于1958年来到宁夏。当时，他与70多名校友同时坐上了从北京驶往宁夏的火车，怀揣着教书育人的理想，一路向西。正是这一批人，为宁夏高等教育事业翻开了崭新的一页。

　　1958年，宁夏大学的校址位于银川老城区的中山公园（西马营），

也就是原银川师范学校所在地。如今的中山公园已是一处胜景，这里亭台楼阁，湖光潋滟，杨柳绕堤，桥如玉带。而在六十年前，一批知识青年远道而来，在学校教室、宿舍都没有着落的情况下，他们克服困难，白手起家。师生们拉着小推车，脱土坯、盖校房，这里也就成为了宁夏高等教育的发源地。张奎将那段时期称为"决战西马营"。在这里，他第一次站上讲台，做出了首轮实验，建起了第一座平房。当时，学生上课没有教材，他就自己写、自己编、自己印，全部"自力更生"。那一段时间，张奎与爱人刘庆云老师分隔两地，一个在银川，一个在永宁，每到周六，张奎就骑着自行车，披星戴月，赶着二三十公里的路，只为在周末和爱人见上一面。

1960年，宁夏大学搬入新市区，在西沙窝上建起了新校区。西沙窝原来是一片沙地，周围一片荒凉。宁夏军区与宁夏大学相隔几公里，彼此相望。张奎将这一时期称为"拓荒西沙窝"。大家一起推沙山，栽松柏，亲眼见证着宁夏大学从荒漠上拔地而起。"那个时候，老师和学生的精神面貌大部分都是好的。"1961年，宁夏农学院也迁入西沙窝，学校也拥有了大红楼、小红楼和交通楼。从西马营搬入西沙窝后，张奎和其他老师们一起入住了拐角楼。拐角楼，当时是教师们的宿舍楼，每间房间只有13.5平方米。张奎一家四口就挤在这间窄小的宿舍里。在这里，他们读书、备课，休息、聊天，既有生活的聒噪，也有工作的宁静。拐角楼里充满欢声笑语，教师们的心真正定在了这个校园。有一段时期，物理系只准开设普通物理课，教材书上也只能讲"三机一泵"。此前，张奎一直教热力学统计物理，属于理论物理，为了尽快调整教学，他开始自己做教学仪器，连续七天七夜不睡觉。为此，大家送给他一个雅号——"大功率"。

1983年，张奎被任命为宁夏大学副校长，正式从教学转入行政管理。为此，张奎作出了许多牺牲。"我几乎放弃了所有参加学术会议的机会，坚持在业余时间备课和搞科研。除每周两次课以外，白天上班时间以及许多晚上的加班，都在搞学校的管理工作。"这一段时间，他一直处于"双肩挑"的状态。从1983年至2001年，张奎先后在副校长、校长岗位上奋斗了十八年。关于学校工作的讲话、报告等文件，他都亲自起草。他从不觉得工作中有多大的困难，"不管有什么事儿，都自己想办法干，所以，工作起来是比较顺利的。"靠着这种踏实肯干的做事态度，他坚定地在前面带路，引领着宁夏大学不断向前迈进。1997年12月26日，宁夏大学与宁夏工学院、宁夏教育学院（含银川高等师范专科学校）四校合并，新宁夏大学挂牌成立，张奎担任新宁夏大学校长。期间，宁夏大学制定了"瞄准一个目标，转变三个观念，增强四种意识，深化五项改革，启动八项工程，用好十二个百万专项建设资金"的总体工作思路。在此阶段，学校步入了良性发展的轨道，进入到快速发展的新时期。中央政治局常委、国务院原副总理李岚清及自治区领导对此给予了高度评价和充分肯定。

　　张奎不仅是一名好校长，更是一名优秀的教师。"尽管我的主要精力都放在学校管理上，但我一直感觉我的本色是教师。"无论身处何职，他始终不舍教师的身份，不失教师的本色。在北京师范大学读书时，他只想当个好的中学教师。来到宁夏后，他被分配到宁夏师范学院任教。从此，他开始下定决心，努力提升自身专业知识，向着成为一名优秀的高校老师的目标而奋进。八年艰苦的建校和十年动乱结束之后，他满怀抱负，本打算一头扑在教学上。但当组织需要的时候，他又一次作出了让步，担任领导职务，暂时将他所热爱的教学工作放在了第二位。这一时期，尽管张奎把主要精力放在了学校行政上，但在工作之余，他仍坚持教学与科研。他在教学上作出了突出贡献，取得了丰硕的学术成果。张奎曾先后讲授热力学与统计物理、普通物理、电子技术等十余门课程，出版有《统计热力学》《平衡与非平衡统计热力学》等专著。同时，他还提出引进并主持了近30项教学和科研项目的改革与研究。

1994年，张奎为留学生颁发证书

2001年9月，他卸任宁夏大学校长，开始集中精力做学术科研。无奈的是，教师的瘾还没过够，他就因之前的手术后遗症而提前结束了教学生涯。在《〈西行铺路五十年〉自序》中，他这样说道："在读大学那段时间里，我很注意锻炼身体，当时的口号是'为祖国健康工作五十年'，按照这个要求，我至少应该工作到2008年，那一年我71岁。所以，退休后我仍然上课，可惜兑现当年的口号，还只差一年，我却已经不能上讲台了。脊髓型颈椎病可能导致全身瘫痪的危险性，使我不得不选择手术，以避免使家人和自己陷入无休止的痛苦之中。"最终，"五十年"的愿望没有圆满实现。为了弥补遗憾，他做了两件事：第一件事就是把自己编写的讲授提纲、教材课件、影视资料、习题解答等必备的教学资料转送给中青年教师；第二件事就是撰写了回忆录《西行铺路五十年》。

2008年，宁夏大学为迎接建校五十周年，组织编写校史。张奎校长为此写过一些材料，提供给编写组参考。在搜集材料时，他脑海中回忆起的事情很多，想写的东西也有许多。为避免遗忘，他决定将这些回忆记录下来，留给宁夏大学。《西行铺路五十年》一书就在这时孕育而生。张奎将写这本书的历程称之为"抗战八年"。当时，他刚做完脊髓型颈椎病的手术，尚处在恢复阶段，无法写字。为了编写这本回忆录，他开始练习电脑打字，动员学校的老一辈建设者加入进来。八年之间，他反复翻看旧时的资料，回忆着建校时期的那些年、那些人、那些事，完成了这本近九十万字的回忆录。书中回顾了宁夏大学半个世纪的发展历程，全方位地展现了宁夏大学的办学历史。字里行间，既有个人的酸甜苦辣，也有社会的风云变幻；既有磕绊难行时，也有一帆风顺处。书中包裹着一个人、一个学校、一个时代的记忆。在谈起明天的宁夏大学时，张奎充满着希冀："我希望宁大越办越好，本科生、硕士生、博士生都能够茁壮地成长，在将来毕业之后都能取得大的成就。希望老师的能力继续加强，多出好老师，多出名教授。"

2018年11月6日，张奎因病医治无效在北京去世，享年81岁。

六十年前，张奎与同学们一同响应祖国的号召，来到了西北荒漠，为宁夏地区的高等教育"拓荒"。"党和祖国需要到哪里，就去哪里。"如今，这批知识青年已步入耄耋之年，大多数人也已离我们远去。现今的宁夏大学，不见沙漠，高楼林立。正是因为有张奎校长这一代人殚精竭虑的铺路，才有了宁夏学子通往知识、走向远方的通衢大道；正是因为他们的拓荒，才有了一路西行的绿荫和美景。"周道如砥，其直如矢。"如今，这条用青春铺就的知识之路笔直向前，路的远方正抵达向美好的未来。

（编校：王海文）

张德山

张德山，1935年9月出生，辽宁省丹东市人。曾担任宁夏农学院党委副书记兼纪检委书记。1960年毕业于吉林农业大学土壤农业化学系本科。1961年8月任教于宁夏大学农学院，在宁夏大学农学院首开水利土壤改良课程。他参与的课题"农学专业的教学改革与实践"荣获教育厅颁发的普通高校优秀教学成果二等奖，课题"两粮一肥耕作制的研究"获宁夏回族自治区科技进步奖二等奖。

记者：请您介绍一下自己的基本情况。

张德山（以下简称张）：我叫张德山，出生于1935年9月，出生地是在辽宁省丹东市，我是回族。

记者：在当年艰苦的条件下，您和您所在的系、教研组是怎样开展教学活动和科研工作的？谈谈您在宁夏大学学习和工作的主要经历。

张：我1960年8月毕业于吉林农业大学土壤农业化学系，本科，1960年8月被农业部作为高校师资的培养人员，进入北京农业大学土壤农化系进修了一年。1962年初，宁夏农学院、宁夏师范学院、宁夏医学院三院合并为宁夏大学。我也随着这个合并进入了宁夏大学农学系任教。从1962年到1966年，我一直担任农学专业水利土壤改良课的教学工作。当时宁夏三院合并成立宁夏大学以后，农学系水利土壤改良这门课一直没人教，我是第一个承担这门课的教师。当时我刚出校门，缺乏教学经验，学校叫我承担这门课程，我心里边感到非常紧张，所以就抓紧备课，准备给1962年考入宁夏大学的学生开这门课。除了有统编教材以外，还需要采集一些当地的相关教学资料，我就抓紧时间在宁夏水利部门、土壤勘测部门、农业研究部门搜集相关资料，充实这个教材。

当时我们青年教师饿得没有办法，还要去备课，就到那个四楼平台上，捡了一些干菜叶子和烂菜叶子，晚上备课的时候肚子饿了，也没有锅碗瓢盆，只有烧开水的一个铁壶。我们把这些干菜叶子和烂菜叶子放到这个壶里面，往壶里加上清水再放点酱油，把壶放到炉子上，把菜煮熟了充饥。在填不饱肚子的情况下就采取这种方式充饥，然后继续备课。一觉醒来，还得继续白天的这个工作，虽然苦，但是精神没有懈怠。作为年轻教师，面对组织上给的教学任务，在这样困难的条件下，并没有退缩，而是克服困难，把工作放在第一位，这是我一生当中难以磨灭的记忆。

记者：您认为宁夏大学在这一时期和后来的发展阶段的教育思想

和办学实践有哪些创新、成绩，又有什么缺憾、不足？

张：1965年，按照自治区给学校的安排要推行半工半读的教学活动。当时农学院68届农学专业的两个班，到宁夏大学罗家庄实验农场，开展半工半读的教学活动，这也是遵照自治区相关部门的指示和学校的安排。除了这两个班的学生以外，当时农学系也安排大部分教师跟着这两个班进行半劳半教的教学活动。在这一个多月的时间里，主要是完成了一条引水渠的建设，大概2000多米。

后来到了1971年，农学院的农学、园林、畜牧、兽医系和当时的宁夏永宁农校合并成立了新的宁夏农学院。宁夏农学院成立以后，增加了水利系、能源机教化班，还有后来的食品系，规模最多的时候扩招到2000多人吧。后来我也在新成立的宁夏农学院担任了学校的党委副书记兼纪委书记，当时的设备条件比以前宁夏农学院和宁夏大学刚成立的时候略有改善，但是改善的程度并不大，可是在农学院1972年新成立到1997年我退休这段时间里边，农学院的办学水平还是比较好的，招生规模、教师队伍、教学科研水平都有不同程度的提高，特别在科研上作出了不少新的成绩。当时的经费还是比较低的，我印象里整个农学院每年的经费大概就在600万元左右，除了教师的工资支出，其他用于教学设备的建设、教学活动所需要的一些费用，都很有限。所以说在这种条件下，要搞出这些成绩，是相当不易的。

现在的宁夏大学，是历史上的最好时期。无论在办学规模，教师队伍建设，还是在科研水平上都有了很大的提高。在这样一个好的条件下，我希望趁着这个东风，趁现有的大好形势，把我们的学校办得更好，在"双一流"的建设中，取得更好的成绩！

记者：您对母校未来的发展有什么期许？

张：虽然我们退休了，但是我们在这个学校里工作了30多年，我们始终没有忘记母校，我们希望母校在各个方面能有更大的提高！

父爱无声

张丹宁　　张丹丽

儿时，我们的家在距永宁县城约5公里的王太堡，周日去县城赶集逛街是记忆中印象很深的亲子活动。一辆永久28型的自行车就是我们家的座驾，我们姐妹俩一个前梁一个后座，父亲便是这辆"豪车"的司机。县城里每次必去的地方是农贸市场和新华书店，归来时满载的便是我们一家人的物品和精神食粮。尽管那时老师的收入微薄，每月父亲还要雷打不动地给奶奶寄生活费，经济上可谓捉襟见肘，但在给我们买书这件事上父母却从不吝啬。书买回来，父亲会为我们写上名字，那漂亮的签名我们至今无法企及。现在想来，我们对于这个世界的认知、学习和思考便是从那一次次的书店之行开启了，也让我们能够一生葆有爱读书、善读书、读好书的习惯。

母亲是个急脾气，父亲是个慢性子，记忆中我们姐妹几乎没有领教过父亲的打骂呵斥，他从不会因我们调皮顽劣而责罚，也不会因我们贪玩误学而苛责，在我们家，如果说有什么能惹父亲动怒的事情，想来只有两种情形：一是对老人有不够孝尊的言行；二是说谎。对于这两种行为，父亲是绝对眼里揉不进沙子的。而父亲素来对长辈的孝敬、对兄妹亲朋的真诚友善，则像种子一样从小就播种在我们的心底，潜移默化地成为我们一生遵循的家训和行为准则。

1971年，张德山（后排左三）与农业专家们合影

与大多数中国家庭的父亲一样，父亲对我们姐妹的关爱是从不善于用言语表达的，但无论我们走了多远、长到多大都能感受到他源源不竭、如影随形的牵挂和爱。年少贪玩晚归时，这份爱是路口路灯下父亲的默默伫立、久久等待的身影；是不管多晚进门，都会看到他顷刻便从厨房端到面前的一碗可口的餐食。只要我们搭乘的飞机不落地，父亲便会习惯性地在家里踱走，貌似平静，却能让周围的人从这一行为中感受到他的焦虑和不安，直到我们落地打来报平安的电话，这踱走的脚步中包含的惦念和焦虑才会暂停。十几年前，母亲的身体每况愈下，大病一场接着一场，父亲为了不影响我们的工作和生活，事无巨细地照料着母亲，料理着两个人的生活，竭尽全力，不给我们增加负担。父亲的牵挂和爱，外表如平静的海面，内心却如汹涌的波涛。

父亲在纪检领导岗位工作了很多年，所谓"正人者需先正己，濯污者需自清"，这一点在父亲的身上是最为突出的品质。父亲的正直和清廉在同事和朋友间有口皆碑，更是让我们终身受益。在家庭电话还不甚普及的年代，以父亲的职务是可以享受单位为其安装家庭座机的，但父亲却一直不肯开口申请，直到因家搬到离单位很远的地方，不得不依靠电话沟通联络工作才申请报装。单位每年发给领导的用车额度，父亲是年年结余，因为父亲的原则是能坐大班车，绝不用小车，更别提因家里有什么事情用车了。因为清廉，父亲一生活得从容心安，而受教于父亲清正言行的我们，在日后的工作生活中，面对利欲诱惑，不贪、不谄、不媚，坚守底线，活得清白安然。

我们的父亲如雨如风，把他对我们所有的爱与教诲都不着痕迹地融贯在日常生活的所有行为和细节中，润物无声、吹面不寒，熏陶着我们，感动着我们，指引着我们，影响着我们。

（编校：翟伟）

作者简介

张丹宁，女，1968年出生，辽宁丹东人，高级编辑。1990年毕业于中国传媒大学。曾任中央人民广播电台编辑、记者、主持人、节目监制。现任中央广播电视总台音像资料馆统筹规划部主任。

张丹丽，女，1973年出生，辽宁丹东人。1998年毕业于中国传媒大学。曾任银川电视台编导、中央人民广播电台驻珠海记者站记者。现任雅仕维传媒集团珠海分公司副总经理。

青春在教育中闪光

——记张德山教授

刘文妍

"天行健，君子以自强不息。"

张德山先生的书房内窗明几净，墙壁上挂着"天行健，君子以自强不息"的条幅，笔架上悬着两只毛笔，一桌一椅一床一书架，简单的不能再简单，张德山先生的身上也透着这样一股平和朴素。

1961年，张德山从北京农业大学土壤农业化学系水利土壤改良教研室进修结束，响应国家号召，来到宁夏农学院。

"毕业后分配工作，我当时的想法是到边疆去，到艰苦的地方去，到祖国最需要的地方去。决定到宁夏时，我还真不知道宁夏在哪儿，回去后就翻地图。"

陈如熙、王晞暐、徐兆桢……许许多多怀着满腔热血的年轻人和张德山一道，从祖国的四面八方跋山涉水而来，为宁夏农学院和宁夏大学的创立和建设拓荒奠基。

一年后宁夏大学成立，荒沙滩上的宁大没有围墙，新盖的楼房在旷野中矗立，显得孤独、荒凉，师生们的日子也过得艰苦。但是，深夜"拐角楼"内的灯光和老师们伏案勤奋工作的身影，却换来了宁夏

1978年，张德山在农学院实验室工作中

学子"在家门口上大学"的心愿得以实现。

　　农学院刚刚建校，课程尚不完善，当务之急便是将重点课程开起来。水利土壤改良课缺乏专业教师，课程拖着迟迟不能开设，张德山的到来，缓解了燃眉之急。他毕业于吉林农业大学土壤农业化学系本科，又在北京农业大学同专业的水利土壤改良教研室进修过，让他来教土壤改良课再合适不过了，系里便安排张德山为农学专业独立开设水利土壤改良课。由于时间紧、任务重，又是刚刚任教，张德山自然倍感紧张。他只得抓紧时间熟悉教材，收集地方相关资料，编写讲稿，终于给农学专业的学生们补上了这一课。

　　此时恰逢三年困难时期，口粮不足，常常饥饿难忍。不得已，他就和几位青年教师到宁大主楼平台上捡拾冬贮白菜入窖后的干菜叶，清水加酱油煮熟后充饥。尽管条件如此艰难，他始终坚持认真工作，毫不懈怠。

这是一段艰苦难熬的岁月，但张德山说："它对我们也是一笔财富，它为我们此后工作与生活中的攻坚克难，增加了动力与能量。"

正是教师们不分昼夜、紧锣密鼓的工作，铸就了宁夏大学今日的辉煌。

1989年，张德山参与的教改课题"农学专业的教学改革与实践"，荣获宁夏教育厅颁发的普通高校优秀教学成果二等奖。

农学专业的学习与农业生产结合得比较紧密，所以学生在学习过程中必须适当掌握农业生产的各个技术环节。宁夏一般三月种春小麦，七月中旬收获。按理说，学生实习就应以春小麦为主，参与其种植、管理、收获等各环节，同时兼学其他农业实践，但那时教学制度规定的学生实习时间仅有两个月，这样的学习实践，使学生无法了解主要作物生产的全过程。1989年的教学改革对原教学制度进行了重新规划，将原本两个月的生产实践，改为在四年的专业学习中的第三年春天带领学生定点实习，参与主要农作物从种到收的全过程，将课堂学习与实际操作紧密结合，从而收到了良好的教学效果。直到今天，这套教改方案仍被继续应用在农学专业的教学中。

在从事教学工作的同时，张德山老师还积极参加科研工作。1983—1986年参加"两粮一肥耕作制"的研究。该项研究为宁夏引黄灌区耕作制的改革及提高土壤肥力、增加粮食产量作出了重要贡献，因此获得自治区科技进步奖二等奖。

1965年春季，根据自治区指示精神，学校决定：农学六八届甲、乙两班学生到宁大罗家庄实验农场，试行半农半读试点，张德山和农学系部分老师也随班下场，开展半农半读教学活动。

那时，农场设施简陋，特别是缺乏灌溉水源。为了解决这一问题，学校决定在一片沼泽地里，修一条长约2000米的引水渠。张德山回忆说：为完成这一工程，当时师生齐上阵，头顶烈日，脚踩泥水，晴天一身汗，雨天一身泥，挥锹、背土，苦战一月有余，胜利完工通水，从而使沉寂的农场焕发了活力。在共同的劳动中，既锻炼了师生们的意志品质，又增进了彼此间的深厚感情。

36年的工作历程中，最令张德山印象深刻的是宁大建校初期校风正、学风正、校纪严的良好氛围。从领导到教师，大家都一心扑在工作上，勤勉、敬业、奉献，甘作沙枣树。这批老领导、老教师为宁夏农学院和宁夏大学的成立、发展、壮大立下了汗马功劳。他们义无反顾地来了，奉献了，在荒漠中浇灌出了桃李满园，培育出了各条战线的希望之花。

（编校：马海龙）

张汉升

张汉升（1938年12月—2023年11月27日），宁夏中卫人，1958年考入宁夏师范学院（现宁夏大学），后留校工作，参与筹建宁夏大学物理实验室。1972年—1979年从事新闻摄影工作，并有多部作品见报，用镜头记录了宁夏大学建校初期的重要历史时刻以及学术成就。1988年任宁夏大学教务处实验科科长，退休后撰写了近20万字的宁夏大学回忆录。

记者：请您介绍一下自己的基本情况。

张汉升（以下简称张）：我叫张汉升，1938年出生于宁夏中卫，1958年考入宁夏师范学院，1961年留校工作。

记者：您在宁夏大学学习工作期间，对学校有哪些深刻的印象？

张：我是1958年8月1日就到学校了，8月5日才办理报到手续。我们报到以后是三个班，也就是三个系：政史系、中文系和数理系。我是在数理系，我们去了以后没有现成的教室，就临时布置了三间大房间。我们打扫出来就是数理系、政史系和中文系的教室。我们也没有宿舍，当时去了以后，就腾了几个教室，就算我们的宿舍了。

大约在8月8—10日这三天开动员会。那时我们学校很困难，学生没有宿舍，大家都住大通铺。基建队联系好了，来了二十几个人，我们三个班一百三十多个学生也投入建校劳动。我们自己盖宿舍，就在我们教室旁边用了半个月时间盖了三排宿舍，一排五间小宿舍，一间可以住八个人。这就是我们宁夏师范学院第一届学生的学生宿舍。

1977年，张汉升在实验中

1959年的时候新市区规划已经搞好了，开始建楼房，我们被汽车拉过去开始建校劳动。建校劳动就是把好多沙堆挖平，完了工人师傅在上面盖的这个学校。1959年开始盖拐角楼、办公楼和实验楼，1960年基本上就完成了。1960年的9月份我们才从银川师范搬到新校址，当时建校劳动还给我们发了锹，我那个锹一直保存到现在。

记者：您和您所在的系、教研组是怎样开展教学活动和科研工作的？

张：1961年，整个学校发展得比较快，教学、实验等各方面都比较正规。记得当时中央仪器部来了一个通知：生产航海仪器低频信号发动机，物理系全体师生全力以赴把这个仪器造出来了，造出来之后申报成立电子仪器厂，当时厂名就叫127厂，后来127厂经费有了，也有一些技术人员，我们又在六九级选了三个优秀学生作为技术人员加入，就这样宁夏电子仪器厂就成立了。宁夏当时有个红星半导厂，是生产半导体和装配收音机的，当时还没有大型仪器厂，我们是第一家。宁夏师范学院的第一代电子仪器厂开始投产问世，物理系把这个产品也打出去了，年销三十台指标也有了，让他们按照我们的方式生产，之后他们生产得很成功，为宁夏电子工业填补了空白。

记者：请问当时学校的文化生活都是怎么样的？

张：宁夏农学院成立以后，我留在农学院工作，一开始我负责学生工作，因为我比较喜欢文艺，像电子琴、手风琴、小号这些，我都会演奏。每年都会组织两个晚会，后来我把农学院管弦乐队成立起来，把学校文化生活搞了起来。

1972年的国庆节学校正式招收了第一期学生，只有三个班，农学系四十个人，畜牧系兽医和畜牧两个专业，一共一百二十个学

1969年，张汉升指导教学

张
汉
升

237

生。当时我们就组织了一场文艺晚会，主要就是唱歌、跳舞、相声这些节目，再就是管弦乐队。乐队在台上一坐，很有气派和声势，领导也很满意，以前学校就没有搞过这样的晚会，现在大学一成立，大喇叭一吹，二里路以外都响了，农学院一下子气氛就起来了。

记者：结合您的亲身经历和体会，您认为宁夏大学对国家（宁夏）有哪些主要贡献？

张：宁夏大学从1958年成立到后来合并，经过了非常艰苦、坎坷的历程。走过的这几十年很不容易，前仆后继多少专家教授都把毕生的心血、精力献给了宁夏大学。像后来调回北京不下五六十个，都是北师大、清华大学的老同志，都调走了，他们为宁夏大学确实贡献了很多。

现在的刘世俊、郭雪六，从1958年他们进校时是些年轻人，一直到现在八十多岁。他们的整个青春年华，都贡献给了宁夏的教育事业。比如老一代的领导专家，如刘继曾老校长就是这样，后来的这些专家学者也都是。现在的宁夏大学在全国知名度相当高，我在几个省的很多好朋友都这么说。我在甘肃工业大学进修的时候，他们对我们宁夏大学很佩服，说宁夏大学不错。甘肃工业大学是20世纪50年代初创建的工业学校，我们是1958年成立的大学，虽然比他们晚，但他们对我们都很佩服。

记者：宁夏大学现在的发展，您还满意吗？

张：我们很满意。作为宁夏大学第一代创业人，我们欣慰宁夏大学经过60年的努力奋斗，发展起来了，这是经过我们很多的人辛辛苦苦的努力，才把宁夏大学建成知名度比较高的高等院校之一。我们也很感谢党和人民政府，以及各级领导对宁夏大学大量的投资，包括人才的引进、设备的补充等。在这里很感慨，我们很欣慰、很满意。

我的叔叔张汉升

张　辉

提起我的叔叔张汉升，心中总会漾起快乐的涟漪，满满的快乐回忆。

打开尘封的记忆，叔叔在我儿时的记忆里，总是笑容可掬和蔼可亲。他个头不高，说话声音高亢洪亮，做事干脆利落。记得小时候，他常拿一部120照相机给我们拍照，把我们的青葱岁月定格在那美丽的瞬间，留下永远的难忘记忆。

叔叔多才多艺，不仅拍照技术好，还会拉小提琴。每每拉起小提琴，当美妙的音乐从琴弦流出，他总是沉浸在音乐的旋律中，身体也随之摇摆，让我们听琴的人都对音乐产生了美好的遐想。叔叔是一位热爱生活、热爱自然的人。他常带我们到野外抓鱼捞虾，让我在物质匮乏的年代，感受到关爱带来的快乐，很高兴能有这样一位好叔叔。

我参加工作后，他对我的要求甚过我的父亲。小到生活中的点点滴滴、为人处世，大到对工作的态度，面面俱到，无微不至。他说，作为一名教育工作者，己正才能育人。他说当年他给学生教物理实验课，每次都是早早地把课前准备工作做好，等学生来做实验。当时学校初建，基础条件薄弱，教学设施落后，尤其缺少实验室器材，为了保证每位同学能够亲手做实验，他就用课余时间，晚上不计报酬，加班让同学们完成实验课程。"落红不是无情物，化作春泥更护花"，正是秉承着对教育的满腔热情，才有爱的涓涓细流，浸润着学生的心田。

叔叔有一个外号叫"张尖端"（意思说他善于向尖端挑战），几乎没有他做不到的事情。当初学校有一辆摩托车为学生食堂拉菜，有了故障都是请叔叔去修。他不计报酬，乐在其中，还把修车和开车的技术教给其他的同事，培养了好几位师傅，包括我在内。为了丰富老师和学生的业余文化生活，他牵头组织乐队，每到周末为老师和同学们伴奏，组织大家跳舞、唱歌、放电影。他没有老师、长辈的架子，在教育战线上默默耕耘，做自己力所能及的事情。

记得一次学校拉煤的车在青铜峡煤矿抛锚，他接到求助马上开上三轮摩托车，送配件上山。当时山上的路很难走，石子沙子铺的路三轮车走起来很困难，经过几个小时的颠簸终于将汽车配件送到。帮助别人也是他这一生中的乐趣。他创建了宁夏农学院第一支管弦乐队，为高校的音乐发展和教职工文化活动起到了推动作用。当时的乐队人员少工作多，他身先士卒，哪个乐器缺人就顶上去，从不说累。

我1979年从固原二中毕业，考入宁夏电影学校，毕业后被分配到宁夏农学院做电影放映工作，现在在宁大校工会工作。叔叔始终是我心中的一座灯塔，是我前进中的指路明灯。我作为宁夏大学的一员，也要像叔叔那样踏踏实实，做好自己的本职工作，为学校"双一流"建设发挥自己的一份光热。

（编校：王翔）

作者简介

张辉，男，1964年出生，1982年毕业于宁夏电影学校，分配到宁夏农学院工作。现为宁夏大学工会教工。

张汉升：用镜头记录宁大

辛婉怡

张汉升是我们接到口述史工作后确定的第一位采访对象。时值盛夏，当我们怀着忐忑的心情敲开张老师的家门时，看到的是一位面目慈祥、身型瘦小的长者。他热情地招呼我们坐下后，从冰箱中取出早已冰镇好的酸奶和清洗干净的水果递到我们手上。张老师说由于自己上了年纪，听力不好，试过所有助听器都不管用，就自己动手改装了一个类似于扩音器的设备。一切准备就绪，张老师开始讲述他的宁大记忆。

张汉升幼时家境优渥，父辈对教育尤为重视，小学前他在家中读过私塾。1945年后，张汉升到当时宁夏知名度较高的完全小学读书，学校不仅重视文化课的培养，还经常组织学生参加演出。张汉升在这一时期产生了对文艺的兴趣。1952年7月，张汉升以全县第二，总分78.5分的升学成绩，顺利进入甘肃省中卫师范学校就读，在这里开设的音乐课上学会了乐理知识和手风琴的演奏。1955年，准备报考农校的张汉升因为冬天过黄河冰桥时不慎摔断腿骨，行动不便，恰巧赶上中卫中学招收第一届高中班，遂进入该校学习。1958年张汉升考入了宁夏师范学院，从此与宁夏大学结缘。

大学生活初体验

1958年9月5日，宁夏师范学院开学。新学校校舍不足，只好暂借银川师范的房子，宿舍不够，学生就在教室里打通铺。在学校"自己动手，丰衣足食"的口号下，基建师带领全校师生在师范学校墙根前建起了食堂和宿舍，搭起了一个芦苇棚子"大餐厅"。对大学生活初期的劳动张汉升印象深刻。随着"全民大炼钢铁"政治运动的开展，张汉升与同学一起被分配到新城毛纺厂与工人师傅一起劳动。政史系的张秀林老师作为三班的班长带领着他们班整天拉碳子碾焦炭，白天黑夜三班轮换不休息。晚上加班时，厂子里供应夜餐，工作紧张无暇顾及吃饭时，厂里食堂的师傅就将做好的饭菜送到工地上。9月25日，全院师生开过"支农动员誓师大会"后，张汉升和师生再次背着行囊，手持红旗，敲锣打鼓到银川市红花公社新水桥大队参加秋收劳动。多才多艺的张汉升在劳动之余加入了文艺宣传队，宣传队白天与同学一起割稻子、捆稻子，晚上坚持为大家表演节目。

1958年国庆节后，学校正式开始讲授专业课。张汉升所在的数理系开设了数学和物理两个专业，除了基础的理论学习外，每周还安排半天时间下厂参加工艺实习，张汉升被分到银川通运机器厂参加实习。从最简单的钳工做起，学到开车床、钻车床等大型机器设备，最后学习制作机器模型、零件，炼钢翻砂倒铸件等整套机械工件加工流程。张汉升将课本知识与实践相结合，与同学一起设计制作了脚踏式切菜机、简易木工车床，并利用北门大湖滩的芒硝杂物试制成了"毛发速效肥"。张汉升说："半年的下厂实习，我们不仅学习和掌握了许多工科知识，而且加深和提高了工艺劳动技能技巧，大大提高了生产劳动中的动手能力，为今后设计和制作产品打下了坚实的技术基础。"

1960年，宁夏师范学院的新校址建成，学校全员搬到了新市区，师生的住宿环境有了很大改善，但由于新校区位于新市区，出行十分不便。"没有一条像样的公路，每次进城要步行到火车站，翻爬铁路后才能坐上1路公交车。"张汉升回忆道。巍然屹立的贺兰山脚下只有宁夏师范学院、宁夏军区、宁夏地矿局三个单位在干山枯柳的荒滩上遥相呼应。全校师生常常要参加建校劳动，植树、挖沙滩、平场地，直到1961年下半年学校环境才有了明显的改善，新市区也终于开通了一天两趟沿罗家庄北面颠簸的土路而来的2路公交车。

三所大学合并后，数理专业被改成了数学系，取消了物理学科，这对张汉升的打击很大。"我的学习志趣一直很低沉，总希望能在物理方面有所发展，加上家里经济困难，就萌生了放弃学业的想法。"他说。不久后学校新成立了物理系，由于张汉升平时在校参与学院活动较多，受到了关心学生福利的党委书记的关注，经学校领导开会决定，张汉升留到了物理系实验室工作。

创建物理实验室

初入岗位，张汉升因有了理想的工作感到欣慰和自豪，他深知这个机会来之不易，决心在物理实验室干出一番事业。"一张单人床、一个三屉桌和一个仪器柜就是我的工作环境了。"张汉升说。当时系里共有主楼、文科楼、实验楼、拐角楼这四栋楼房，一个礼堂兼作食堂。物理系和化学系共用一个实验楼，除了西边一进楼的一间管理室和两间准备室，剩下的十余间全是实验室。实验室里只有几张仪器柜和少量无线电类的测量仪器。

安顿好基本生活后，张汉升用了几天时间将实验室整理出来，并按热、电、光、力几个大的学科体系分类，在每间实验室门柜的玻璃上贴上实验室名称。他还专门从银川康乐木器厂订了50个实验台和30个仪器仪表柜，一个月后在木器厂同志的帮助下，运回了学校，实验

1996年，张汉升（左一）在野外做实验

室初具规模。

张汉升总是细心留意老师教学中对实验器材的需要，想尽办法满足他们的要求。为了方便教学，张汉升连天带夜把五灯收音机装在一块五合板上，做成了一个醒目直观的电子管五灯收音机示教板，成为实验室不可多得的直观实验教具。

1962年学校的工作稳步发展，教学秩序、教师队伍、学习环境都走上了正轨。张汉升把全部精力和时间投入到实验室的工作中，经常看书、查资料，学习到半夜，饿了就煮白菜和萝卜充饥。张汉升说："虽然条件艰苦，我确实已经感到很幸福了，实验室的工作打开了局面，为工作付出的艰辛得到了回报。"

创办127电子仪器厂

1967年，张汉升与李冰华、方济道、汪锡沧等老师联合物理系1968级的几个同学准备一起研究创办一个生产"FDX-7低频讯号发器"

的电子仪器厂。张汉升与这几位老师被派往天津第一变压器厂学习，113厂的罗成义师傅负责机械总装。到达天津后的张汉升与几位老师跟随厂子里的人一起工作，住宿就在当地小学教室，吃饭则在渤海无线电厂的大食堂里解决。经过近70天的学习，掌握全部所需技术回校后的张汉升及团队，经过反复的试验和设备改良，终于通过天津第一变压器厂的全面测试。1968年7月初，他们研制成功第一台"FDX-7"样机，拿到了新产品的生产许可证和产品检验合格证书，同年8月正式建立了宁夏电子仪器厂（即127电子仪器厂）。

张汉升1970年11月到宁大一分校工作，1972年调到宣传组从事宣传工作，主管校广播、电影及学生工作。

1972年至1979年，他从事新闻摄影工作，有多部作品见报，用镜头记录了宁夏大学建校初期的重要历史时刻和发展成就。1984年，由于工作调动，张汉升老师离开了农学院，陆续就职于银川市地震办公室、宁夏职工科技学院等工作单位。1988年，张汉升重新返回宁夏大学，出任教务处实验设备科科长。和刚入职宁大时一样，年过半百的

2019年9月21日，档案馆口述档案采访工作人员与张汉升（左二）合影

他依旧满腔热血地投入到新的工作岗位。经过一个多月的调查研究，张汉升发现实验科的工作主要面临着实验设备陈旧和经费不足两大问题。为此，张老师一边带领团队对所有实验设备进行上报清理，将能继续承担教学使用的仪器设备登记造册，并且逐步建立了调出、报废、审批制度。本着不浪费的原则，将不适合教学的设备和老式仪器集中几车送给了当地实验基地的中学。面对实验经费的缩减，张汉升通过清理实验室资产，发现学校在采购设备的过程中，许多厂家欠账现象十分严重，因此，他常常利用到外地出差学习的机会追回11万多元欠款，弥补实验室经费不足。1991年，张汉升在学校的支持下，以个人名义创办了"宁新科技文化开发部"，以图书经销订购代销为主，兼营打字、复印、计算机技术服务，方便校内师生。

　　1992年张汉升正式退休。退休后的张老师生活丰富多彩，经常与好友结伴钓鱼、旅行，并撰写了宁夏大学的回忆录。2006年，被聘到西北第二民族学院物理实验室帮助工作，为做好西北第二民族学院升为北方民族大学物理实验室评审工作作出了突出贡献，受到北方民族大学基础部的表彰、奖励和慰问。

（编校：马海龙）

张秀林

　　张秀林（1935年4月—2023年6月9日），黑龙江哈尔滨人，中共党员。1958年从东北师范大学毕业后到宁夏师范学院任教，1960—1963年在中国人民大学国际政治系就读研究生，毕业后在宁夏大学马列主义教研室工作。曾先后任宁夏师范学院（现宁夏大学）教务处处长、学术委员会秘书长、宁夏教育学院（含银川师专）院长兼党委副书记等职务。

记者：请您谈谈在宁夏大学学习和工作的主要经历。

张秀林：（以下简称张）：我叫张秀林，1934年4月出生在哈尔滨。

1954年高考的时候，按照我的第一志愿录取到东北师范大学政治教育系。我和我的老伴是同班同学，当时我是这个班的班长。

1958年大学毕业以后，我们东北师范大学政治教育系的毕业生向全国各地分配。当时成立宁夏回族自治区，我的志愿就是宁夏，我和我的老伴一块来的。我们到了银川以后，下车一看，举目荒凉，哪有车站啊！一个空空的房子，窗户还没有安呢，地下全是刨花，就是木头的刨花，不知道往哪去。有人通知，凡是参加宁夏回族自治区成立工作的人员，等一等，一会儿来车接，我们就在木屑里头睡了一觉。后来来一个大卡车接宁夏教育系统工作的人员，那时候我就和我老伴上那个卡车上去了，行李呢也都带上去了，当时也没有多少行李。坐的那个卡车一直把我们拉到哪儿呢？拉到当时的银川师范学校，我们就在那里头等着分配。

后来大概不到十天，陆陆续续来的人就比较多了，我是东北师大的，还有北京师大的，反正全国各地支援宁夏教育系统的人都到了，便开始分配工作。

50多个中层干部被任命，我作为宁夏大学教务处的常务副处长，我主持工作。

后来我到宁夏教育学院工作，到宁夏教育学院我是副院长，后来又任命我当教育学院的院长。我的态度是这么个态度：我一直在普通高校工作，到成人高校工作肯定有不适应的地方，会出现各种各样的问题。但有一条，我不希望大家谅解，我希望大家帮助我解决问题。后来人们说这个人还可以啊，知道自己有短处，没有经验，第一次到成人学校工作。然后宁夏教育学院就和银川师专合并。

当初在宁夏大学马列主义教研室教公共政治课，没按照我的专业讲课，教公共政治课，大家觉得这个新来的老师还可以，所以对我教学各方面还比较满意，所以我讲课的时候，宁夏大学有一些中层干部还愿意听一听。

当时粮食还是比较紧张的，但是工作没受影响，在政治思想上没有低沉。我来宁夏大学的时候，当时我们住在宁夏大学拐角楼，我们全家都在拐角楼里住。很简单几个柜子一隔，一个教室就变成一个家。我1980年在宁夏大学做教务处长的时候，宁夏大学招生基本上都是本地学生。宁夏大学后来曾经到外地招生，学生毕业以后基本上都留在宁夏工作了，招生还是可以的，也比较稳定。

记者：您在宁夏大学学习和工作期间，有哪些值得自豪和欣慰的经历和成绩？

张：宁夏大学50周年纪念的时候，就是2008年，给十个人发了"建校功勋奖"，原宁夏大学四个：刘继曾、张奎、刘世俊，还有一个黄涵，是一个研究生毕业的数学老师。原宁夏农学院"建校功勋奖"是三个：一个叫陈如熙，这个人（健）在，后来是宁夏农学院的副院长；还有屈德林，是宁夏农学院的院长；还有一个叫马德滋，是宁夏农学院的老师。马德滋，还有屈德林已经不在了。教育学院两个，一个是郝绍光，一个我，郝绍光也不在了。还有一个工学院叫庄最清。这十个人，现在活着的只有四五个。

记者：您对母校目前的工作有哪些建议？对学校未来的发展有什么期许？

张：我希望宁夏大学像一棵根深叶茂、果实累累的常青树一样，健康发展。

一代"匠人"的气韵

——记原宁夏教育学院院长张秀林

马文梅

20世纪中期，在"到最艰苦的地方去"这一时代号召的感召下，来自北京师范大学等高等学府的热血青年，带着支援祖国边疆的初心来到宁夏，开启了教书育人、培养卓越人才的征程。

宁夏大学历经三次"大变身"，前身是宁夏师范学院、宁夏农学院和宁夏医学院，均创建于1958年。1962年9月，三院合并正式成立了宁夏大学。1970年、1971年，宁夏医学院、宁夏农学院先后从宁夏大学分出，单独设院。宁夏大学实际上是在原宁夏师范学院的基础上发展起来的。1997年12月，宁夏大学与宁夏工学院、宁夏教育学院（含银川高等师范专科学校）四校合并组建新的宁夏大学。2002年2月，宁夏大学与宁夏农学院合并组建新的宁夏大学，正式挂牌成立。追溯宁夏大学的前世今生，离不开为之发展呕心沥血的建设者们。

张秀林，就是宁夏高等教育的开拓者之一。在条件极为艰苦的20世纪60年代，宁夏刚刚创建了三所正规的高等院校，张秀林和他的同事们边建设、边教学、边发展，在宁夏高等教育的发展蓝图画上了浓重的一笔。粮食紧缺、校园布满石堆沙山的逆境，并没有吓退这些满怀壮志的青年教师，他们用青春倾注一泉清流，汇入宁夏教育发展的洪流中，最终凝聚成一代又一代宁大人传承的"沙枣树"精神，为宁夏大学的展翅高飞贡献了智慧与汗水。

他们高瞻远瞩，立鸿鹄之志，如今虽韶华已逝，但门下人才辈出，高光永驻。他们用半个多世纪的执着追求诠释了教育工作者的"匠人"气韵。

势如破竹的硬气

"我们向沙漠要了一所大学。"

这是他们向那个时代发出的豪言壮语，这是他们向浩瀚沙海发出的呐喊。飞沙扬砾的"黄沙窝"不但未能阻挡他们在荒漠中建设高等院校的步伐，反而激发了他们逆水行舟的拼搏精神。

宁大人以舍我其谁的硬气向制约宁夏高校教育发展的"恶劣环境"发起了挑战。

一批又一批来自全国各大高校的青年教师从四面八方坐着绿皮火车，一路颠簸，向着梦开始的地方进发。其中，来自东北师范大学的毕业生张秀林同爱人赵素琴一起踏上了"支宁援边"的征途。

1958年，张秀林和同班5名同学一同坐火车来到宁夏师范学院。来时的路很艰难，坐了四天四夜的火车才到宁夏境内。当他们满心欢喜快到银川时，却被"挡"在了黄河岸边。因黄河桥是人行索桥，车辆无法通过，他们需要带着行李，徒步走过黄河桥。同行的还有女生，他们要一边照顾女生，一边帮忙拿着行李，来回横跨黄河一个小时，路程辗转迂回，用了大半天才到达目的地。"当时来的路上还是很艰苦的，但大家年轻，没有一点抱怨。"张秀林回忆道。

60年代的宁夏还没有一个较为正规的火车站，看着眼前的光景，这些稚嫩的脸庞上充满了迷茫。未来将会如何，一切对于他们来说似乎都是未知数。尽管对即将面临的新环境不了解，但他们早有心理准备，决心面对一切未知的困难。

来到宁夏师范学院，眼前的荒滩上只有一座孤零零的小楼，周围沙丘绵延，沙石如海，这是他们梦开始的地方。

"我们不缺力气，不缺精神，没有条件就创造条件！"宁夏师范学院的师生用了半年时间，凭着"愚公移山"的劲儿，一背篓一背篓地将黄土坡移平。白天除了上课、教学，师生们的工作就是平沙丘、搞绿化，这是他们的生活常态。最初，宁夏大学校园内栽种最多的就是沙枣树，其次是柳树、杨树，也正因为他们这一代人的艰辛付出，宁夏大学"沙枣树"精神应运而生——不怕困难，不畏风寒；根深叶茂，本固枝荣。

锐意求新的"匠心"

"明者因时而变，知者随事而制。"宁夏大学组建以来为全区培养了一批又一批卓越人才。同时，作为科研机构，宁夏大学在多个项目上锐意进取，不断创新，取得了令人瞩目的成绩。

在艰难困苦的岁月里，张秀林早早地在内心深处种下了为宁夏教育事业奋斗的种子。在担任宁夏教育学院院长时，他不断探索教育改革的方向，鼓励教师在学术科研方面不断革新，为学生创造参与社会实践的条件。

在宁夏大学，有一座始建于1959年的建筑物，是宁夏大学最古老的建筑，见证了宁大半个多世纪的风雨历程。因其北端有个拐角呈"L"型，所以被宁大的师生亲切地称为"拐角楼"。宁大拐角楼还有许多名字，"筒子楼""红楼""鸳鸯楼"。被叫作"鸳鸯楼"，是因为这里曾住过一批新婚燕尔，张秀林夫妇就是其中一对。

1960年，张秀林忍痛留下妻子和两个多月的女儿到中国人民大学

2019年7月19日，档案馆口述档案采访工作人员与张秀林（前排中）合影

政史系攻读硕士研究生。读研期间，他还经常将自己每月32.5斤的粮票分出三斤寄给远在宁夏每月只有24斤粮票的妻儿。1963年，张秀林顺利毕业，尽管中国人民大学百般挽留，但他毅然选择回到宁夏。临走时，张秀林整理了读研期间的一些教学资料，并总结了其他老师的教学经验，整理成文带回了宁夏大学。

他说："这些都是宝贵的财富，对教学改革和创新有很大的帮助。"在谈到宁夏的教育发展时，张秀林说得最多的就是，教师在教学上的改革创新能给学生带来什么，能给宁夏大学带来什么，能给宁夏的教育带来什么。正是因为时刻反思提问的"匠心"和气韵，才有了后来宁夏教育学院的荣光。

种好梧桐树，自有凤凰来。在六十年的峥嵘岁月中，拐角楼里人来人往，承载了太多的回忆与传承，成为宁夏大学教育事业发展壮大的精神象征。

（编校：马海龙）

周鹏起　周佩茹

周鹏起（1938年12月27日—2006年11月26日），江苏无锡人，中共党员。1958年响应国家号召支援宁夏建设，先后在校长办公室、校工会、外事办公室等部门工作，曾任校办副主任、工会主席、外事办公室主任等职务。1962年自学摄影，此后长期从事摄影、编辑工作，并于1982年成为中国摄影家协会会员。他拍摄的大量反映宁夏大学和宁夏回族自治区的作品记录了宁夏大学的发展历程，为宣传宁夏大学和宁夏回族自治区作出了重大贡献。

周佩茹，女，1935年10月生，北京人。1958年响应国家号召，和丈夫周鹏起一起来到宁夏。最初在宁夏农学院（现宁夏大学农学院的前身）工作，之后在宁夏大学政法学院资料室工作，在工作中，认真负责，兢兢业业，多次被评为"先进工作者"，荣获"教书育人服务先进工作者"称号。

记者：请您谈谈您和周鹏起老师是怎样来到宁夏大学的？

周佩茹（以下简称周）：我叫周佩茹，1935年生。当时我们（和周鹏起）在上海民办中学教书，我们是在不同的两个学校。因为当时是教育大发展，1957年，上海有好多民办学校，我们当时高中毕业以后因为种种原因都没有考大学，上海市团委就介绍我们到民办中学当老师。当时我是政治老师，他是生物老师，虽说我们是两个学校，但我们是一个团支部，我是组织委员，他是支部书记，我们就认识了。

到1958年的时候，宁夏回族自治区当时到上海去要人，要各行各业大批的人才，当然并不是只要我们这些年轻的，各行各业不同年龄段的都有。那时候年轻也没有什么顾虑嘛，我们就说干脆我们报名，到边疆去也好，锻炼自己，支援边疆的建设。因为宁夏回族自治区1958年要成立嘛，我们报名组织上就批准我们来了，我到宁夏大学政治系去了，他一直在校长办公室，这是我们来宁夏大学前后的大概情况。

记者：在当年艰苦的条件下，你们是如何开展工作的？有些什么体会？

周：当时来的时候条件很艰苦，周鹏起呢，他基本上一直搞行政工作的，拍照也是偶然，因为他原来有个最老的那种照相机，我们也没留下来，那小小的照相机就自己拍着玩的，结果他挺喜欢的。因为当时人也缺嘛，学校宣传也需要这方面的人，他就愿意自己从头摸索、学习。

后来学校条件也好了，买了一个尼康照相机，他就开始练习摄影，主要他对这方面爱好了，所以慢慢地扩大拍照的数量，底片和照片具体的册数我就没统计过，因为当时也没重视这方面的保存。

当时我们住的是筒子楼，就现在宁大的拐角楼，拐角楼里也没有设备和地方供他冲洗照片。他就跟学校联系，把一个停用的厕所改成了暗室，把冲洗的那套东西就放在这里。他自己洗自己冲啊，都是自己搞，慢慢的他也学会了。他不管干哪个工作都很负责的。

他当过工会主席、校长办公室主任，后来又到外办，学校引进外专以后他当外办主任，就一直在外办工作，跟那些外教教师关系也都挺和谐，那些教师都对他挺好的，对他评价也挺高。他原来身体还可以，不知道怎么哪年得过肝炎，肝炎拖了五六年以后到2006年变成肝癌，到2006年他就走了，走得比较早一点，那没办法了，到现在已经十几年了。

我一直是在政治系管资料室，我退休以后又返聘了两年，在政治系办公室我又待了一段时期。1960年，宁夏大学虽然拐角楼有了，但是用的是井水，厕所也在外面，下楼要走好长时间上厕所，结果有一次我还走错了，还算好没撞上人，所以那个时候是特艰苦。拐角楼基本上一家就这么一间，才12平方米。做饭呢，当时都在走廊上，每家门口有个炉子。那个时候食堂也不太好，后来食堂越办越好，我们才基本上不开火了，就在食堂买吃的。我一直在拐角楼住着，一直住到1976年才搬到一个40多平方米的房子。

我两个孩子都是在拐角楼生的，四口人就在那屋子里，生活比较艰苦，但是我们那时候，好像也没觉得特别苦，因为那时候想的来这里本来就是吃苦的，比刚来的时候条件好多了，后来拐角楼自来水有了就更好了，我们的生活就这样度过了。

当时因为他工作很忙，我工作也很忙，1966年我又调到党校去给农民授课，结果他一个人还要带孩子，那时候是比较艰苦的，我早上去，晚上回来，不过还可以，把孩子送到学校那个托儿所嘛，后来搬到东楼就好了。我们就一直在学校工作，他就是基本上就一直搞行政工作。后来新闻系成立以后没有教师，王庆同老师（王庆同当时是负责那个新闻系的）就说，他就想请他（周鹏起）教那个摄影课。他想学校没办法，但是也请不到摄影师，结果他硬着头皮试一试吧，他就自编教材，他编的教材我都没见，后来我也没找到，他的教材不知道

周鹏起与心爱的相机

后来他都搁哪去了，我那时候找了半天也没看到他编写的教材。他就自己教，反正学生对他教学还挺满意的，就这样过来了，基本上他就是这情况。

那时候农学院有个农场，我还在那待过，养过猪，我帮他们养猪，那个农场当时农学系有好几个老师，王静芳老师、陈秀夫老师都是北农大来的，他们都在那。那农场那时候还种菜了，最早在罗家庄嘛，罗家庄有个大农场，从种稻到收稻子，什么时候我都得去。

当时刚来时，各方面挺不习惯的，特别到宁夏以后气候又干燥，夜里口干得不得了，因为冬天还生火嘛，它更干了，所以我这个习惯就是在宁夏夜里老要喝水，这个生活相对于上海就没法比。不过好像也能克服下来，当时因为我们都是一帮年轻人，20多岁也慢慢地习惯了。后来我们系自己可以买书了，有经费买书，所以我们慢慢地扩大，具体的册数我就没统计过，因为当时也没重视这方面，反正我们那个资料室挺大的，书是挺全的，政治的、法律的，还有文学方面我们也买一些。当时艰苦就是那些报纸不像现在不存了，那时候还要存起来，过期的我们都自己装订，装订起来给这些保存起来，过期的一摞一摞保存起来。

后来又来了两个人，我刚去的时候，因为资料室他们没有人员，原来一个老师在里头帮忙，那个人也调走了，叫汤宜庄。我接管的时候觉得当时那资料室还可以，书还不少，但是因为新的少，我去了以后就逐渐增加一些新的。反正有关这方面的新书，我是尽量去给他们买的，所以我们系的老师，基本上就靠这个资料室写书了。哪些书是需要，我就跟新华书店联系，当时那新华书店那个人跟我也熟了，他有什么这方面的也给我打电话，所以我们就跟他联系很密切，他就给我们借书。这个是一方面，还有一方面呢，这个书呢，当时那个书虽然不是太多，但是还是满足了教师的需要，当时资料室还挺受欢迎的，老师都愿意在那，而且那个学生也愿意去，他们学生也愿意到那去看。

周鹏起校园创作中

记者：您对学校未来的发展有什么期望？

周：宁夏大学现在发展那么快，我都不太了解了，那么多校区。因为我在职和临近退休的时候没有那么多，我都退休近三十年了，所以宁大发展我感到很兴奋。那一次60年校庆我去学校，我都不认识了，就走了那么多地方，那个校史展览馆我也去看了，发展还是挺快的。现在学院有那么多，听说中卫还有个校区是吧，又是新华学院，又是北校区、南校区。我来了那么多年，现在宁大发展那么快，我也感到挺高兴。当然当时自己为学校发展也付出一定的心血，所以这方面挺欣慰的。

从鱼米之乡到塞北江南

——忆父亲周鹏起

周　群

　　1957年底，为响应国家支援西部发展的号召，我的父亲和母亲毅然放弃了大上海的中学教师工作，同当时很多怀着伟大理想，建设祖国大西北的支边青年人一起来到了宁夏，从此将自己的一生奉献给了这片土地。

　　父亲出生在有着"太湖明珠"美称的鱼米之乡——江苏省无锡市，他有着江南人少有的1.78米的大个子。在我的记忆中，父亲是一个英俊正直、聪明、有个性、干练利落、懂得感恩的人。无论生活、工作怎样艰难困苦，他始终能以积极达观的生命态度，悲悯的人文情怀，直面人生，奋力拼搏。

　　父亲先后在宁夏大学党委办公室、党委宣传部、校长办公室、工会、外事办公室工作过，所到之处给大家的印象都是一个严肃、认真，甚至某些时候有点不近人情的人，但同事们一致评价父亲是一个正直的人。

　　父亲写得一手好字，刚到宁夏大学时，做了党办的一名秘书。自此以后直至20世纪80年代后期以前，宁夏大学校内大型活动横幅上的

1993年，周鹏起工作中

大字，都是父亲所写，它们至今仍保留在学校的老照片中。不仅如此，父亲的油画和水彩画也画得很好，我和妹妹至今还珍藏着他给我们画的油画肖像。到宣传部工作后，父亲的这项特长就发挥了作用，他承担学校绘制大型宣传画的任务。记得有一次，我还没有上学，父亲经常要到现在的兴庆区老大楼附近去画宣传画（那一片区域的宣传画当时由宁大负责），相当于现在的大型广告画。当时妹妹还小，妈妈一个人照顾两个孩子，忙不过来，我便时常跟着父亲。我们每次都是一大早就坐着学校的大卡车晃晃荡荡地进了城，到地点后司机同父亲一起将梯子、颜料等作画工具、用品拿下车，然后卡车就开回学校了，到下午再来接我们。一整天，我都会坐在旁边看着父亲画画，每次也都会因为听话而得到一支5分钱的奶油冰棍的奖励。每每看着父亲站在一把大竹梯子上，手执画笔和颜料一画就是一天，我的内心充满温暖，安静又美好！他那忙碌、认真的身影至今印刻在我脑海中，那潇洒、高大的形象常常在我眼前闪烁。

父亲是一个心灵手巧的人。生活中的他会给我们裁剪、缝制过年穿的衣服，会给我的洋娃娃做小床、小椅子等。在我上小学的时候，当时的物质生活很匮乏，住在拐角楼里的老师家家都要养鸡，我们家也养了两只，为了建鸡舍（这里说鸡舍是因为我们家的鸡住的是二层小楼），父亲带着我去工地捡废砖头，废钢筋，还向工人师傅讨要了水泥，自己设计建造了家属院里最"豪华"的鸡舍。这个鸡舍得到了很多邻居的羡慕和夸赞。70年代中期家里的一对沙发和一个茶几也是父亲亲手打造的，材料就是废旧的木制包装箱和从橡胶厂工宣队师傅那要来的废轮胎，包上装饰布后就跟买的一样！从这零零碎碎的小事中，我深深体会到父亲是多么热爱生活，热爱家庭！有这样一位父亲永远是我的自豪和幸福。可这种幸福的时光对我来说实在是太短暂了！父亲过世后我曾同上海的叔叔谈起过这些琐事，他告诉我父亲上学时成绩很好，他的高中老师推荐他学建筑设计，毕业后父亲报考了同济大学的建筑设计专业，但因体检时被查出得了肺结核（当时的高考是先体检后考试），后又因家庭的变故，父亲不得不放弃了学业参加了工作。现在想来，父亲的坚毅、自立和创造精神应源自他青少年时代所经历的磨难。

　　工作中父亲自学了摄影和冲胶卷、洗放照片的技术，他用他的所学记录了宁夏大学40多年的发展历史。父亲一旦投入工作便会忘记时间，有时为了学校宣传工作之需，他会在暗室里加班加点地工作。记得1970年，我们家搬到了永宁农学院（现在的银川大学），母亲被借调到永宁县搞社会主义教育工作，妹妹还不到两岁，从上海来的外婆晚上要照看两个孩子（我白天在幼儿园）也很吃力。所以父亲要是晚上去暗室洗照片就会把我带上，父亲常常工作到我在暗室里睡一觉后才能回家。有一次为了将一组照片放大到最完美的效果，他反复冲印，直到满意为止。结果从学校出来时，大门已锁了，父亲抱着我只能翻铁门出去了。生活和工作条件虽然艰苦，但我从没听到父亲抱怨过，他对工作总是积极乐观的。父亲是一个追求完美的人，记得1988年学校要拍摄一组反映学校发展的照片，领导交由父亲担任这项工作。有一次为了将新的办公大楼（即现在的研究生院楼）的夜景拍到最美（当时没有美图也没有后期的P图，所有照片都要依靠拍摄者的眼睛和执着去抓取），连续几个晚上他都是等月亮上来就背着他的摄影装备出门了，在主楼前一站就是几个小时，抓拍各种不同角度的月亮下的主楼，有时门卫都会过来帮他搬东西。就这样反复拍摄，直到选取了一张最满意的为止。

20世纪七八十年代，自治区准备周年大庆，父亲被抽调到大庆筹备组工作，进行周年大庆的画册编撰工作。为了将全区各个行业的发展变化的风貌全面展现出来，他和同在画册组工作的同事们一起早出晚归，驻厂矿，下农村，进部队。每次回家父亲都很兴奋，因为他拍摄了大量好的作品。其中一幅作品《守卫》还在全国摄影比赛上获了奖。后来听画册组的王叔叔说，父亲为了拍摄这张照片，在边防哨位前守了大半夜。经过两年多的准备，画册在大庆前出版了。画册的顺利出版为自治区的大庆增添了光彩，画册组的工作成绩也得到了自治区领导的好评。在自治区二十年大庆和三十年大庆这两部画册中，反映高校发展历程的作品大都是父亲长期积累的素材。这时的他在摄影界也算是小有名气了。他先后当选了中国摄影家协会理事，宁夏摄影家协会副主席，全国高校摄影家协会副秘书长。《中国摄影家大辞典》《无锡名人录》还收录了他的词条。

80年代初，宁大中文系成立了新闻专业，学校让他担任摄影课的讲授工作。为了将自己的摄影技艺和心得传授给学生，他自学摄影理论课程，自己编写教案，带学生实习，带出的学生现在很多都在从事新闻摄影工作。进入90年代后，父亲先后担任了校长办公室副主任、校工会主席、校外事办公室主任，但他从没放下手中的摄影机。父亲担任领导工作后，对我们工作上的要求更加严格了。记得我刚工作时他就告诉我：年轻人工作不要怕吃苦吃亏，要尊重你的老师，要团结

1995年，周鹏起随宁夏代表团出访日本岛根大学

同事，关心集体，待人要真诚，有意见要当面提，不能靠小聪明吃饭，工作要踏踏实实，一步步来等做人做事的道理。他的这些言传身教也都成为了我此后工作生活中的指南。

父亲是一个懂得感恩的人。他对曾帮助过他的中学数学老师始终心怀敬意。父亲生病住院时，给我讲过在他上高中时家里发生变故，他的老师不仅在学业上也在生活上给了他很多的帮助。他生病时还给他垫钱治病，高中毕业后推荐他留校当老师等。所以父母每次回上海探亲都要去看望他的老师。父亲的很多照片被各种报纸画册和学校搞宣传活动时征用，有人就同他讲这都是有版权的，要收费的。可父亲总说：是国家培养了他，是宁夏大学培养了他，他的大部分作品也都是反映宁夏大学发展历史的，是学校的不断发展为他提供了不断创作的源泉，有了这些好的作品。父亲在意的是学校的发展进步，却从不在乎个人的名和利。

在这我要提一下父亲入党的事情。当时我在上高中，有一天放学回家发觉父亲特别的高兴，这种高兴不同以往，他平时话不是很多，但那天他的话比平时多，我很纳闷。后来听母亲说父亲在提交了第一份入党申请书后每年都向党组织写思想汇报，直到那一天，终于如愿加入中国共产党。

1998年，父亲退休了，但他依然时时背着相机，用镜头拍摄下学校的发展变化。两年后，学校为了筹备建校50周年的工件，又返聘父亲回校编撰50周年校庆画册。为了将学校从1958年建校以来的整个发展历史用照片反映出来，也为了更好地将反映学校方方面面蓬勃发展的历史照片长期保存，父亲自己买回了电脑和扫描仪。60多岁的他开始自学电脑，学扫描仪的使用方法，还自学了当时年轻人都感觉难度很大的"五笔字型输入法"。由于年龄大了，记忆力和视力都有所减退，父亲就将"五笔字型输入法"的字根表画在一张硬纸板上，挂在电脑前方便他工作时用。他每天白天去学校上班，晚上就将过去的底片资料翻出来逐一扫描录入电脑，同时标注上时间，配以文字说明。这一阶段他总是很晚了还在工作，母亲担心他的身体，劝他慢慢做。可他总是说要尽快将所有资料整理好交给学校（事后想来他老人家可能有什么不好的预感）。后来在我们的建议下，父亲又将所有资料刻录成光盘保存，为学校保留了珍贵的电子资料。

2006年9月份，父亲查出得了肝癌并且已经扩散了，病痛折磨着他，但他在家人面前始终表现得很坚强，住院期间积极配合医生的治疗。我们要陪护他，他也总是说不要影响工作。我爱人在陪床期间为了不影响我父亲休息，就去走廊里看书备课，父亲怕他着凉就去给他披件外衣，就是在病痛一天天加重的情况下父亲也不忘关心他人。病情后期，父亲发高烧时断时续，人也陷入半昏迷状态，但在这种情况下，他还惦记着学校的工作，一清醒他就给时任学校党办主任的高继明写信谈他对画册后期工作的想法和建议，还给他的主治医生写信感谢她们对他住院期间的精心治疗。2006年11月26日，父亲最终没能战胜病魔，永远地离开了这个世界，离开了他最爱的我们。给父亲送行的那一天，天气突然变得很冷，树上结了很多的霜挂，景色很美，那是父亲最喜欢的景色。恍惚间，我觉得父亲他老人家仿佛又要背着相机出门了……

父亲的一生是平凡而又出彩的一生。说平凡是他一路走来都从事的是平凡的事业，他在工作中是一位平凡的劳动者，在生活中是妻子平凡的爱人，女儿平凡的父亲。说出彩是他用镜头记录下了宁夏大学辉煌发展变化的每一个瞬间，给世人留下了珍贵的历史资料，让一代又一代宁大人看到了前辈艰辛创业的画面，给我们留下了成长的每一段记录。有一位父亲的至交这样评价他："勤耕治技，造福学子；通情达理，清白做人"。一位晚辈在给父亲的挽联中写道："长镜摄人间万象不骄不谄，短焦聚痴情一世与妻与女"。我记得有这样一段话：所谓父母子女一场，只不过意味着，你和他的缘分就是今生今世不断地在目送他的背影渐行渐远。你站在小路这一端，看着他逐渐消失在小路转弯的地方，而且他用背影默默地告诉你：不必追。我一直坚信，父亲在路的另一头默默地关注着我们，祝福着我们，欣慰地看着我们及我们的子女健康快乐地生活着。

（编校：王海文）

作者简介

周群，女，1964年出生，江苏无锡人，副研究馆员，现为宁夏大学法学院教工。

宁大校园里的伉俪

——记周鹏起、周佩茹夫妇

张　娜

20世纪50年代，周鹏起、周佩茹两位老师响应国家支援少数民族地区教育事业发展的号召，放弃了大城市优越的生活条件和稳定的工作，来到宁夏工作。从宁夏农学院到合并后的宁夏大学，周鹏起老师先后在校长办公室、校党委宣传部和校工会工作，曾担任机关团支部副书记、校长办公室主任和工会主席、外事办公室主任等职务。周佩茹老师1962年从中央民族大学进修结束后回到宁夏大学原政史系工作，直到退休。可以说，他们老两口将自己一生最美好的年华都献给了宁夏大学。

走进宁夏大学校史馆，里面陈设的许多20世纪关于宁夏大学的珍贵的老照片，大多是由周鹏起老师拍摄的。为了将宁夏大学的发展历史纪录下来，周鹏起老师自学摄影和冲洗技术，在他的相机里，留下了许多珍贵的回忆。据女儿回忆，当时母亲工作也很繁忙，无法同时带两个孩子，于是周鹏起老师就带着大女儿去工作。有时，为了能够在暗房洗出一张令人满意的老照片，周老师不辞劳苦，工作直到半夜。回家时，学校大门已经锁了，只能抱着女儿翻墙回家。在女儿的眼中，父亲是一个追求完美的人。1998年宁夏大学成立40周年校庆之际，周鹏起老师负责校庆宣传组、展览组的筹备工作，当时急需拍摄一组反映学校发展的照片，每天周鹏起老师都需要扛着沉重的摄影装备去工作，那时不像现在，没有便捷的交通工具，也没有先进的技术，照片基本上依靠拍摄者手动抓取。为了拍摄一张月光下的主楼照片，连续几个晚上，他在主楼前一站就是几个小时，只为能拍摄出理想的照片。夜以继日的付出，辛劳没有白费，最终，《宁夏大学》《庆祝宁夏大学成立40周年》宣传画册和展览图片的拍摄及编辑工作圆满完成。通过这一幅幅生动的作品来宣传宁夏大学，扩大了宁夏大学的影响力。周鹏起的摄影作品多次获得国家级、自治区级的大奖，《中国摄影家大辞典》《无锡名人录》还收录了他的词条，1980年他加入中国摄影家协会宁夏分会，1982年成为中国摄影家协会会员。

在做好自己本职工作的同时，1985年起他还兼任宁夏大学新闻专业和文秘专业摄影教师，负责中国摄影函授学院宁夏辅导站的指导工

1993年，周鹏起在摄影工作中

2019年10月17日，周佩茹于家中

作。为了将自己的摄影技术更好地传授给学生，周鹏起老师自学摄影理论课程，自己编写教案，带学生去实习，为宁夏培养了一批摄影人才，他带出的学生现在有很多都在从事新闻摄影工作。

在推进宁夏大学建设和发展方面，周鹏起老师做的工作还不止这些。他在担任校长办公室副主任期间，主持学校的外事工作。这期间，他严格执行外交政策，不断提高服务质量，为开展宁夏大学和日本岛根大学的合作交流做了许多工作。1997年，宁夏大学与日本岛根大学的科研合作交流项目终于开始了第一期实施，由他选派一批优秀的在校研究生赴该校学习，对加强宁夏大学与国外的文化教育交流、增进友谊作出了积极贡献。

由于工作事务繁忙，周鹏起、周佩茹夫妇一心扑在工作上，对两个女儿的照顾相对较少，但孩子们却从未因为缺少父母的陪伴而抱怨，她们从父母的言谈举止中学到了很多。受父母耳濡目染的熏陶，工作之后，她们也对自己严格要求，踏踏实实工作。父母的言传身教成为了女儿工作、生活的指南。长女周群至今仍记得父亲在她即将走上工作岗位时说的话："年轻人不要怕吃苦吃亏，要尊重你的老师，要团结同事，关心集体，待人要真诚，有意见要当面提，不能靠小聪明吃饭，工作要踏踏实实，一步步来。"

2000年，学校开始筹划50周年校庆的工作，返聘周鹏起老师回校编撰50周年校庆的画册。为了将反映学校发展变化的照片更好地保存，60多岁的周鹏起老师开始自学电脑，将珍贵的底片扫描录入电脑，并配以文字说明，为此还认真学习"五笔字型输入法"，但由于年纪大了，记忆力和视力有所减退，他就把"五笔字型输入法"的字根表画在硬纸板上，挂在电脑前，方便他工作时用。

身兼数职，经常加班加点地工作，已成为他的习惯。退休之后本应安享晚年生活的周鹏起老师始终没有停下来，仍然坚持工作，但长期的负重工作严重损害了老师的身体，2006年他被查出肝癌晚期，病床上，他仍不忘学校的工作，只要清醒着，就给时任学校党办主任的高继明写信谈他对画册后期工作的想法和建议……可是两个月之后，

2019年10月17日，档案馆口述档案采访工作人员与周佩茹（中）合影

周鹏起没能战胜病魔，离开了人世。追悼会上，一位朋友在给周鹏起老师的挽联中写道："长镜摄人间万象不骄不谄，短焦聚痴情一世与妻与女"，用镜头记录宁大的历史与发展，用真心对待妻子和女儿，热爱生活，热爱工作，一件件简简单单的小事汇集起来成就了老师的不平凡，宁大人永远怀念他。

周鹏起周佩茹老师扎根宁夏工作，宁夏成为他们深深眷恋和成就毕生事业的一方热土，由于工作成绩突出，周鹏起老师多次获得"宁夏大学先进工作者""宁夏大学优秀工作者""全国引进国外智力先进工作者"等荣誉称号，周佩茹老师也多次被评为"宁夏大学先进工作者"。这些表彰不仅是对两位老师在宁夏大学工作的肯定，更是对他们热爱事业奋斗不止精神的肯定。

岁月荏苒，提起初来宁夏，周佩茹老师说："当时也没多想，就是哪里需要就去哪里，大西北需要教育事业的支援，我们就过来了。"朴素的话语中透着坚毅。正缘于此，当年他们放弃了大城市优渥的生活，义无反顾地投身于建设大西北的事业中。正是因为这些老一辈们的不计回报，辛勤耕耘，才有了宁夏大学现在的发展。新时代的宁大学生更应将老一辈建设者们的这种"沙枣树"精神继承下来，肩负起应该承担的责任，去完成"薪火相传"的使命！

（编校：陆为）

朱光曜　田乃祥

　　朱光曜，1936年11月出生，安徽合肥人，教授，中共党员。历任宁夏农学院（宁夏大学前身之一）马列教研室主任、校级人大代表、党代表、党委委员、纪检委副书记等职务。在校期间，多次被评为"优秀共产党员"，曾获宁夏农学院"优秀教学成果二等奖"，发表的论文分获自治区级社会科学二等奖、三等奖，主编的宁夏版《中国革命史》，获自治区级"优秀社会科学成果二等奖"。1996起享受国务院政府特殊津贴。

　　田乃祥，女，1935年2月出生，江苏泗阳人，副教授，中共党员。1958年8月支边调入宁夏农学院（宁夏大学前身之一）任教。历任宁夏农学院林学系秘书、教研组组长。在校期间，长期进行教学与科研活动，发表论文多篇，多次被评为校级、厅级先进工作者，1983年获少数民族地区长期从事科技工作奖，1984年获中国林业协会颁发的劲松奖，同年12月获宁夏回族自治区科学技术进步奖三等奖。

记者：请您谈谈在宁夏大学学习和工作的主要经历。

朱光曜（以下简称朱）：我叫朱光曜，男，汉族，1936年11月生，安徽合肥人。1960年我从中国人民大学中共党史系毕业分到宁夏，是我自愿到宁夏的。

到了宁夏人事局，把我分到自治区党校工作了三个半月。1960年的12月10日左右，宁夏农学院急需要政治课老师，就跑到党校调我到宁夏农学院教政治课，我是1960年的12月中旬去的，但是当时没教课。我刚刚大学毕业才很短时间，可来到农学院不到一周，教务处长、人事处长，还有畜牧系的系主任三个人一起找到我，叫我任畜牧兽医系1960年进校班级的班主任，等于我是先当班主任后教课的，后教政治课。

1961年，宁夏师范学院、宁夏农学院、宁夏医学院三校合并，农学院就搬迁到"西沙窝"的师院地址。这样就从1961年8月开始，我就住到了宁大小红楼，接着住在拐角楼，自此我在宁夏大学工作十年多。1972年，宁夏农学院又从宁夏大学分出，就在永宁县王太堡建立新的宁夏农学院，我从那时开始又在农学院工作，之后担任过人民代表、自治区党代会代表、宁夏农学院党委委员、纪检委副书记、马列主义教研室主任，这就是我的基本简历。

在我工作了三十多年以后，1996年，自治区人民政府经国家人事部批准，我享受国务院政府特殊津贴。

田乃祥（以下简称田）：我来宁夏比较早，比朱光曜要早，我是在自治区成立的前夕，农学院院长彭尔宁亲自坐镇北京要人，没有人怎么办？所以就向北京林学院、北京农业大学这些地方，能要人的地方尽量去要，后来由他带队我们来到银川，我们当时是刚毕业一年的学生，都比较年轻，还有他要了一些老讲师。来到宁夏后，当时生源还招不齐，只招农学系和畜牧兽医系，我们园林系1959年才开始招生，就把我们这些人送到农科所，让我们在那一边劳动一边学习。

1966年，朱光耀宁夏留影

朱：当时银川市确实比较艰苦，条件比较差，有一句话叫作"一条大街两座楼，一个警察把两头"。银川的情况就是那样：一条街就是解放西街，当时有一个百货大楼，一个邮电大楼，百货大楼是2层的，邮电大楼是3层，其他全是平房、土坯房，是老式的屋顶上面糊泥巴的房子。我到了宁夏，按照党的要求，就兢兢业业地在此工作，所以对于宁夏，我想说的是，我一定要在宁夏好好地服务，我当时甚至都写信给好多同志，包括给我的大学同学讲，要在宁夏干一辈子，死在贺兰山下，下定决心在宁夏干一辈子，后来我一直到1997年退休后才来到云南昆明养老。

田：当时宁大的大门口，沙丘都有二层楼高。宁夏大学当时学校院子根本没有围墙，就是几座孤零零的楼，附近全是沙丘，我们就在这样的环境下教书育人。

朱：上早操和课外活动的时候，全校师生都来搬大楼门前堆着的大沙丘，大家用拉拉车、背篓、铁锹把好几处沙丘，大约算起来有个几万平方米的沙丘都给拉走，拉到学校其他有低洼的地方，就把那些低洼都填平了。宁夏大学这个院子从1961年开始搞，一直到1964年才把宁夏大学一个平整的院子搞起来，然后才种树、种花。

每年春天四月初，学校就停课劳动一周。宁夏大学的校领导都要参加劳动，要把宁夏大学校园建设起来，这第一件叫绿化。第二个就是刚才讲的叫搬沙丘。第三个是让我们教师每周上午搬大石头，比如你今天上午没课，那就让没课的老师，爬上卡车到贺兰山下搬大石头，把这些石头搬到有杠杆支撑的地方，然后推到卡车上。我记得我至少参加过三到四次，当然，有的人比我干得还多。

学校要建一个游泳池，那个时候叫宁大湖，现在叫金波湖，要把空地上的湖水排掉，然后大家就在那地方挖了一个五十米长、十几米宽的一个大游泳池。那时候，也就是1964年、1965年两年干起来的，就是我们自力更生干，当然有瓦工师傅来带着干，先用挖土机把土、泥糊都挖走了，然后就砌了水泥底和石头的水泥墙，宁夏大学建了这么一个游泳池，当时是很少有的。

记者：无论在学术造诣还是师德方面，您都深受师生们的敬重，请与我们分享一下您在教学和培养学生方面的生活花絮和工作中的心得体会。

朱：1961年8月份，学校（宁夏农学院）合到宁夏大学以后，我在政治课教研室，除掉教农、林、牧三个系学生的中共党史课以外，原来宁夏师范学院的领导又把我安排给师范学院，上第一届数理化三个系合在一起的合班课，在合班教室我也给他们讲中共党史，这就是等于给农学院的学生讲课以外，又给宁夏师范学院的数理化系三个系的学生上了合班课。

我教课坚持一条原则是以身作则。我当牧医系班主任，每天晚上都带着我要备课的书，到学生教室里面去，坐在教室最后一排，算是跟着同学一起上晚自习，实际上我是在备课，他们有什么问题都来找我，就积极帮助他们解决。当了几年班主任，对自己是个锻炼。刚才我讲，政史系领导又派我参与指导首届毕业生的"教学实习"，这对我也是个很好的锻炼。尤其是从北京

1997年，朱光耀（右二）在教师研讨会中

师大来的两位老师——郝绍光和李荣老师，他们是我的老大哥，我也从他们身上学了好多东西，因为啥？他们是师范大学毕业，我是中国人民大学毕业，不是师范专业，但是我通过他们指导毕业生，学会了怎么样当个好教师，从中得到了很好的锻炼。

从刚才我讲的，1961年合并到一起，1962年的9月30日正式挂出宁夏大学的牌子，自治区党委派来自治区党委常委、宣传部部长江云，来当校长兼党委书记，老的师范学院的领导刘继曾，担任第一副校长、副书记，还有一个副书记叫作敬礼堂。那时，宁夏大学教工宿舍只有拐角楼那边有自来水，到1964年才有暖气，校领导住在一个叫作西家属院的地方，是个一排排用窑洞砖砌出来的平房，但是室内都没有卫生间，都要跑到一个公共区域上土厕所，就是砖砌的蹲坑的土厕，有十几个蹲坑没有隔墙，校领导也都这样过日子，所以这就激励你去建功创业，同甘共苦，艰苦创校，把宁夏大学这样一步一步发展起来。

有一点我印象很深，很有感触。当时那个西大滩上只有沙子，什么植被也没有，在无遮无挡的西面，就有很高的一个大沙丘，可是校园的另外一侧，地面高高低低不平整，甚至一下雨，会有一个个积水坑，坑里积水里有些还有鱼，就那么低洼的地方，因为没有建设好，所以我们搬沙子就是从高的地方把它铲了，然后用背篓、拉车子、从高的地方填到低洼的地方。现在校园都是平整的了，那时候都是一边高一边低不成个样子。另外那些地上，黄土淤泥一干起来，就像是水泥做的一样，地板撬都撬不动，都要用铁杆子撬，那确实是全校师生员工一点一点慢慢地把它建设起来的。

校园里边原来一棵树也栽不活，后来我们的园林系主任就带着我们先挖大坑，换土，而且不含糊地必须达到标准的一米见方，然后换土、浇水，再种树。你种树也不能随便种，要选那些树种是耐旱的、耐盐碱的，然后还得一人保一棵树。杨树一个星期必须浇三次水，必须浇彻底，要浇透了，你浇不透，那就不行。然后再种红柳、沙枣树，这都是比较抗盐碱、抗寒的，先把林木种苗种好了，然后再交给各系、各单位，包栽包活，活不了的，第二年你还要栽，要栽到活了为止。

1994年，朱光耀（左四）与宁夏大学部分教师合影

所以当时必须讲究点认真负责的精神，否则树活不了。后来大家一年一年都按照这样干，最后才形成校园很美好的模样，当然后来又经过改造了，现在的校园更加美好。

记得刚开始的时候，我们在这个公路边，只有公交车走宁夏军区那条公路边种了好多大沙枣树，在拐角楼周边种了好多沙枣树，每年到这个季节，院里头飘的都是沙枣花香。我们这院子种了好多桂花，每年到了季节，就有桂花香。宁夏大学是从沙地上建立起来的大学，就靠着大家不怕苦、不怕累、拼搏的精神才有了今天。所以，你们都知道，现在宁大人有一个师生引以为自豪的传承，叫"沙枣树"精神。

记者：您对母校目前的工作有哪些建议？对学校未来的发展有什么期许？

朱：我现在就祝福我们宁夏大学，要办出特色，要把同宁夏工农业经济发展直接相关的这些专业，要办出更具特色、更高水平，然后跻身于真正的中国著名的一流大学的水平之列。

忠实于激情年代，献身于宁大热土

——记朱光曜、田乃祥夫妇

黄思伶

20世纪五六十年代是一段"激情燃烧的岁月"，不计其数的本科毕业生响应国家号召"到最艰苦的地方去"奋斗青春，还有的高校青年教师也纷纷支援边疆与民族地区。"冀以尘雾之微，补益山海，萤烛末光，增辉日月"，成为当时年轻人最朴素的追求与梦想。

朱光曜、田乃祥夫妻俩就是这样的"支宁人"。他们先后来到宁夏，结缘于共同钟爱的教育事业，虽术业专攻不同，但都在各自的领域内结出了丰硕果实，以此补益边远地区发展，增辉宁夏大学前行之路。

1960年，刚刚从中国人民大学党史系毕业的朱光曜来到宁夏，先在"中共宁夏区党委中级党校"（即现在的自治区党校）劳动、学习了三个多月，后被调入刚成立不久的宁夏农学院。而这里也成了朱光曜近四十年奋斗拼搏的所在地。

刚到学院，富有干劲的朱光曜就被院领导安排兼任了牧医系1960级的班主任。这对于刚毕业半年的他来说，意味着既要备课教学，又要当个认真负责的班主任，还是存在一定的挑战的。

当时他所在的教研室里没有教学经验丰富的老师可以对他进行指

导，更没有相关的教辅资料，朱光曜只好把本科学习阶段积累的知识竭尽所能地传授给学生们。1962年，筹建中的宁大派朱光曜去中国人民大学进修，通过一年

田乃祥与朱光曜结婚照

的进修班学习，朱光曜对专业知识的掌握与运用明显感到熟稔了不少，开展教学也愈加灵活。作为教师，朱光曜对自己的要求很高，他认为教书应当"业精于勤"，精心备课，一堂课的教学效果要达到使得学生易于理解与掌握才算是好课。在这样的努力与标准下，他在学院所讲授的中共党史、中国革命史、马列主义哲学等课程都深受学生欢迎。除此之外，朱光曜还特别关心学生的学习与生活。在他任班主任的班级中，每晚同学们上晚自习时，朱光曜就拿着备课所需要的书坐在教室最后一排，若同学们有什么学习上的问题就及时帮助他们解决了，无事时，朱光曜就在教室中完成了备课。1965年，朱光曜还自费为一高度近视却又家境贫寒的学生配了一副眼镜。

1981年秋，正在教室里上课的朱光曜，右眼突感不适，急忙送至医院后，被确诊为视网膜脱落。随后虽前往上海治疗，却无法治愈，自1981年冬起，朱光曜的右眼就永远失去了光明。但在这样的打击面前，朱光曜却是"何妨吟啸且徐行"的态度，他决不放弃自己的事业，像往常一样备课、教学，尽管此时看书写字已十分费劲，可他还要做得更好，不仅超额完成了相关教学任务，受到师生们的一致肯定，还被区党委宣传部指定主持编写了宁夏版的《中国革命史》，主编《中

国革命史论纲》。1994年，参与筹建了宁夏大学社会科学硕士点，并在此后为硕士生教授中国近现代思想史。朱光曜不仅是宁夏农学院的马列教研室主任，还曾担任校级人大代表、党代表、党委委员、纪检委副书记，区级第五次党代会代表。在校期间，多次被评为"优秀共产党员"，曾获宁夏农学院"优秀教学成果二等奖"，发表的论文分获区级社会科学二等奖、三等奖各一次，主编的宁夏版《中国革命史》，获区级"优秀社会科学成果二等奖"。1996年，朱光曜享受国务院政府特殊津贴。

尽管朱光曜处于困境的折磨中，但他丝毫没有退缩，反而迎难而上、愈挫愈勇，让自己于泥沼中重新焕发光芒，绽放了最美的清雅向阳之花！

田乃祥本科就读于北京林学院（现北京林业大学），1957年毕业，留校工作一年后，响应国家号召来到了宁夏。当时银川火车站正在建设之中，宁夏农学院（宁夏大学前身之一）也才刚成立，校园里的基础设施便靠着这些来自五湖四海的师生们一点一点建设起来。

田乃祥来到宁夏农学院时，她所在的林学系因为学生生源不足，第一年没有招生。但这一年的时间并没有被荒废掉，田乃祥和同事们跟随林业局的老专家们进行了系统的专业学习。他们知道要开展好林学系的教学与科研活动，清楚细致地了解、掌握宁夏本地林业的情况是至关重要的，于是他们就跟着这些老专家，把宁夏几乎都跑了个遍。在此期间，还跟着从北京林学院毕业的教授学习，了解自治区各个县级地区的情况。当时大家讨论的氛围活跃、范围广泛，尽管田乃祥那时刚毕业不久，对其中一些问题不太能理解，但是她非常努力。这一年新的学习，给田乃祥带来了新的收获，也为之后的教学、科研打下了坚实的基础。

在1959年宁夏农学院的林学系开始招生之后，田乃祥曾当过两届班主任。那时条件较为艰苦，早上和学生一起跑操，晚上监督自习，学生们有什么问题随时来咨询，作为班主任的她平时也经常坐在自习室的后面看书，学生一有事情她就及时解决。当时取得的成绩和效果，得到了学校和自治区的表扬奖励。因为学科特殊性的缘故，田乃祥还要经常带着学生们去往野外，观察了解相关的植物生长与病虫害情况。1985年毕业于宁夏大学农学院，现为中国农业大学教授、博士生导师的马占鸿，在谈及自己的科研事业时，就提到了当年的恩师田乃祥老师，"对本专业的兴趣，源于田乃祥老师当年带领我和班上同学在泾源县做六盘山国家自然保护区森林病害考察期间，那是我第一次在显微镜下观察微生物，没想到会有如此漂亮的微生物，那都是平时看不见的，在显微镜下看到活的、有生命的东西，当时一下激起了我的兴趣。"田乃祥对教学工作的认真负责，对学生们的言传身教、潜心教诲，就像在求知若渴的学子们心中种下了一颗小火种，引导他们向着更好更光明的未来不断进取……

田乃祥在长期的科研活动中收获颇丰，发表论文多篇，而她谈到这一点时，表现的是学者的严谨、求真与执着。她说，写论文总要实地考察，结合实际，从播种等一系列的过程中去寻找问题，同时反复做实验，找到门路，知道自己想学的东西，有针对性地准备相应的资料。"要获得准确的结果，进行的调查就必须是一步一步、重复多次的。"田乃祥除了曾担任宁夏农学院林学系秘书、教研组组长外，还多次被评为校级、厅级先进工作者，并在1983年获少数民族地区长期从事科技工作奖，1984年获中国林业协会颁发的"劲松奖"，同年12月获宁夏回族自治区科学技术进步奖三等奖等。

唐代文学家柳宗元曾有文"顺木之天，以致其性"，意为只有顺应树木生长的自然规律，使其按照自身的习性成长，才能高大茂盛。而田乃祥不仅在专业把握上恪守此则，在教书育人、科研实践等各方面，皆体现出顺其自然、因材施教的教育理念。

朱光曜、田乃祥夫妻二人忠实于祖国号召的激情年代，以不同术业之专攻献身于宁大这片热土，或许人生波折，但砥砺前行、奋勇拼

2019年6月29日，档案馆口述档案采访工作人员与朱光耀（左）田乃祥（右）合影

搏是他们人生不变的底色，他们有一分热，便发一分光。

"倘有荷在心，则长长的雨季何患？"何患雨季的这一路，正是为宁夏培养众多人才，为宁夏大学持续发展奋然发力的一路，他们怀着初心，走得无比踏实、坚定、有力！

（编校：张惠）

左 理

　　左理，1943年10月出生，宁夏盐池人，中共党员，经济学硕士，教授，硕士研究生导师。曾先后任宁夏大学经济系主任、宁夏大学副校长、正校级调研员。第七届宁夏回族自治区政协常委。1979年考入兰州大学攻读经济学硕士学位，1982年7月毕业后，自愿到宁夏大学工作。他长期从事政治经济学教育与研究，科研成果获国家部委、自治区社科成果奖10多项。担任副校长期间，积极参与学校改革开放，努力提高人才待遇，同时为宁夏大学的人才引进与对外合作交流作出了许多贡献。

记者：请您谈谈在宁夏大学工作的主要经历。

左理（以下简称左）：我是左理，我1982年6月从兰州大学经济系社会主义经济方向研究生毕业以后，同年来到宁夏大学的。1982年全国经济类毕业的研究生，全国也就二十几个，当时选择的余地还是比较大的，但是我考虑自己是宁夏人，宁夏这地方也需要人，所以我就主动要求到宁夏大学来工作。1982年7月到宁夏大学报到，当时宁夏大学没有经济系，但是我想十一届三中全会以后，全国的整个工作的中心是经济建设，那我想宁夏大学将来应该会有经济系，所以出于这种考虑我到了宁夏大学。

刚开始是在政治系待了两年，到1984年学校决定成立财经系，所以我被任命为财经系的副主任来筹备财经系，就是后来的经济系，一直发展到现在的经济管理学院。

从1984年到1992年，我一直在这个系里工作。1992年8月被自治区党委任命为宁夏大学副校长，到2002年1月卸任。2002年2月第二轮合校以后，我被任命为正校级调研员，2005年退休，我的大致工作经历就是这样的。

刚到宁夏大学，只有一栋教学楼、一栋拐角楼，然后呢就是些平房，学生和教职工的教学和住宿条件都比较差。但是我感觉到一点，我认为对一个单位也好，一个人也好，还是要看最本质的东西。虽然宁夏大学当时的物质条件是比较差的，但是我发现宁夏大学的老师和学生的精神状态是很好的，我想这可能是与宁夏大学从建校以来所形成的艰苦、朴素、求实这样一种精神密切相关。到宁夏大学以后，我在政治系给他们开讲政治经济学（社会主义的部分），还有讲《资本论》，就这样。

然后到1984年以后就是开始创建经济系，当时有一个很好的条件，就是因为自治区财政厅很重视在职干部的教育，因此一开始我们财经系招收的学生是干部班，而因为是干部班，财政厅在经济上给了很大的支持，所以在1985年财政厅拨款100万元在宁夏大学新建一栋经济楼。这个楼建成以后经济系的条件有了极大的改善，所以这个办学规模也逐渐扩大。当时，宁夏大学从领导班子到各系师生都比较朴实、求实，从我感觉，学校的领导班子总体上也是团结的，都能够着眼于大局，来决定学校的一些重大的方略和政策。

20世纪90年代邓小平南方谈话以后，我感觉宁夏大学发展的机会来了。作为副校长，我当时分管教学和科研，我的一个指导思想就是怎么样让宁夏大学能够融入全国高校的各种教学和科研活动中去。所以从1992年到2001年我担任副校长期间，这是我重点考虑的问题。

从我个人来说，参加国内外的工作会议学术会议比较多，参加了这样一些会议，对于我自己的思想的解放、思维的开拓和我的工作呢，起了比较重要的作用。比如说1993年，当时国家教委、共青团中央就给宁夏大学发了一个通知，就说全国"挑战杯"大学生科技活动竞赛要搞这么一个组织，问宁夏大学愿意不愿意作为发起单位，我当即觉得这是个好事，这是我们宁夏大学融入全国高校的机会，所以我跟张奎校长商量以后决定参加，这样一来宁夏大学就成了全国"挑战杯"29所发起大学之一。现在我们全国2000多所大学，但宁夏大学作为"挑战杯"早期29所发起学校之一，对宁夏大学后来学生的教学活动、科研活动、科技作品比赛，还是起了一个比较好的作用。我在这件事上的体会就是当面临着国家改革开放这种形势，一定要抓住机遇，发展自己。

还有一件事呢，就是宁夏大学过去和国外的交流很少。1995年，自治区组织了一个政府代表团，当时人大常委会的文力副主任作为团长，我作为宁夏大学的代表，参加这个代表团到日本去访问。这次访问最主要的实际性的成果就是宁夏大学和岛根大学签订了友好协作协定，共同合作开展科学研究。所以这样呢，和日本的高校关系就结上了。还有一点就是，1999年在贵州大学召开了一个亚太大学联盟的一

左理

285

1989年，左理在经济系办公室工作中

个代表会议，我们是作为观察员被邀请参加这个会议。参加会议以后，从我个人来说，这个视野和眼界也就更开阔了，所以就把这样一些国内外大学的一些好的一些东西，通过会议、通过信息、通过互相的交流和学习，我把它集中出来，这样对我在宁夏大学分管的工作方面，我觉得还是发挥了比较好的作用。

宁夏大学当时学生住宿条件差，一个宿舍住8个学生，这个宿舍就很紧张了，学生的活动空间也不够；但是教工的生活条件就更差了，大部分都住的是平房，一家人就是一两间或三间的平房。

我1982年到宁大，1983年下半年我家属也调到宁大，加上我四个孩子六口人。我们在哪住？在拐角楼。我那孩子都住的上下铺。好多家里面有三口之家、四口之家的就一间房，条件是很差了，过去你能有房住那就算不错了，那当时是在20世纪80年代中期和前期。我刚才讲，宁大校园里面就是一栋主楼，然后呢就是拐角楼，然后有一大片家属区。到了1987年，盖了两座楼叫东楼和西楼，这两座楼大概有个七八十户吧，解决了一部分老师的居住问题，这些老教师啊高职称啊考虑这些因素住进去了。这都是80年代末90年代初盖起来的几栋楼，那条件改善很多了，大家都很高兴啊，虽然那些房子也就六七十平方米，但是能住新楼啊，那可是在历史上也是少有的。

我是财经系的创建者之一，当时财经系的系主任是邢本正，是一个老同志，我是副主任，就我们两个人，但是我觉得我们两个人团结配合得很好，邢本正年龄比较大一些，我呢当时年富力强啊。因为财经系刚建立，你要财经类专业课的老师，宁大是没有的，我们只有公共课和专业基础课的老师，就由财政厅出面，从一些企业聘请高级职称的高级会计师、总会计师来给我们当老师，所以当时财经系专业课的老师都是外聘的，公共课和基础课的老师是宁夏本地的、宁大的，这个教师队伍是一个专兼职相结合的一个结构。

那么在成立财经系的时候，我们当时是两年制专科，到了1986年，我们才开始向社会招生，就从中学生中招。然后1987年我们就有了本科，到了1989年以后干部专修班招收就停止了，因为财政部门大学毕业生也逐渐多起来了，原有的干部的培训任务也完成得差不多了。财经系到1986年的时候，更名为经济系。

但现在回过头来看，我认为高校特别是应用类的专业，应该是专兼职结合的这样的教师队伍结构是比较好的，这样他（兼职教师）就能够把企业最新的这些东西在教学过程中灌输给学生，对于学生毕业

1995年10月4日，左理（右二）出席宁夏大学与岛根国际短期大学交流协定祝贺会

以后能够尽快地适应环境适应企业的工作还是很有帮助，所以到现在我一直认为我们是要有专业教师，但是还应该有兼职教师。

我2005年退休，严格说我一直到2015年以前都还在宁夏大学给研究生上课。当时经管学院的经济学专业这个硕士点，我是发起人，并召集人建立起来的，后来由于资本论没有人带（讲授），所以经济类研究生的资本论的课程都一直是我在给他们带（讲授），也参与他们论文的答辩和论文的指导工作，这是我退休以后做的一件事。第二件事呢就是退休以后，我是自治区老科技工作者协会的副会长，所以参与的社会调查，农村调查和企业调查这方面的活动呢比较多。另外，我退休以后，我还和另外一个同志我们合作撰写了《商品经济新论》三卷，这本书由中国经济出版社出版。

记者：您对母校目前的工作有哪些建议？对学校未来的发展有什么期许？

左：宁夏大学最大的变化，一个就是规模大了，再者博士点、硕士点增多了，教师队伍的素质呢提升了，整个学校的硬件建设要比过去强的不是一个重量级，这些方面都是很好的。我有一点感觉，宁夏大学虽然所处的地理位置不行，但是宁夏大学我认为它还是有一个很好的传统，就是师生比较质朴也比较求实，因此我想宁夏大学，我们还是要克服困难，充满信心勇往直前，我们做不了最好，但是我们在原有基础上应该更好，我觉得这就是我对宁夏大学整个的一种愿望吧。

还有一点就是我认为宁夏大学总体实力来说，我们不要想和北大、清华比，全面冠军、团体冠军我们争取不上，但是单项冠军是可以的。你比如说我们西夏学就有一些优秀的研究者，我们有可能在全国这个领域取得突出成绩的。

我的父亲与宁大

左晓园

我父亲左理1982年从兰州大学经济系毕业到宁夏大学工作，是粉碎"四人帮"后第一批全日制硕士研究生。

那时的宁夏大学还没有经济系，父亲于是先到政治系教政治经济学。我和哥哥，一个上初中，一个上小学五年级，先离开家乡，随父亲到银川上学。母亲则带着两个妹妹在老家等待办理调动手续。学校在拐角楼三楼分给父亲一间宿舍。这座宿舍楼里当时还住着一些到宁大工作不久的老师，有单身的，也有拖家带口的。

20世纪80年代初刚刚改革开放，百废俱兴，人们干劲很足。不久以后，学校决定成立经济系，父亲参与了经济系的筹建。新建的经济系决定从全校各系报名的学生中选拔第一批学生。这时我们全家已经搬到了被

2001年4月，左理（右二）参与中央电视台科技教育栏目《名校面对面》节目录制

三座男生宿舍楼包围的一排平房的最西头。记得当时有几个踌躇满志的男生曾到我家来毛遂自荐，有数学系的，也有政治系的。父亲耐心地听他们的陈述，有时也会问一些问题，临别时告诉他们还需要看考试结果，同时也热情地鼓励了他们。父亲为人宽厚、讲民主，总是耐心倾听、热情地帮助年轻人。

后来，父亲当了经济系的系主任。在很长时间里，父母并没有在家里提起过这件事，我们兄妹几个也不知道。现在回想，他和我母亲大概是不想让我们因为他的身份变化产生不该有的优越感，直到90年代初，他担任了学校副校长的消息，我们几个做儿女的，也是从别人口中才得知的。在我们家有这样的价值观：一个人的地位如何并不重要，重要的是他的德行和能力。我母亲聪明果断，正直坦率。无论父亲是一位普通教师、系主任还是副校长时，她都一如既往地、踏踏实实地做好自己的本职工作，热情诚恳地对待身边的同事，父亲职位的变化对她的为人处世没有任何影响。成年以后的我们姊妹，无论职位高低，都保持一颗平常心，在面对需要帮助的人时，常常能伸出手去，也是家风使然。

父亲担任经济系主任大约十年时间，他全身心地投入教学和管理工作，和同事、学生结下了深厚的情谊。当时作为系主任，他有相当的自主权。他到处化缘，给经济系盖起了一座楼。由于新成立的经济系没有多少社会知名度，最初几届学生毕业时，为了帮助学生找工作，他经常拜访财政厅、财政局、税务局等相关单位，竭力推销自己的学生。在他的努力下，特别是第一批毕业生都找到了比较满意的工作。后来，这些毕业生很多成为了宁夏财贸系统和税务系统的中坚力量。在这期间，有一件事我印象比较深刻。有一个学生的家长是做生意的，他到我家来聊聊孩子就业的事，临走时要留下厚厚的一沓钱，说孩子找工作的事就拜托我父亲了。我的父母亲坚决回绝了。他们说，"尽力帮助学生，这是老师的本分。如果收下钱的话，老师在学生眼中就会失去尊严"。后来，在父亲的帮助下，这个来自银南山区的学生在银川顺利立足。在他毕业后的几十年里，他一直和父亲保持着联系。父亲以他的品行赢得了学生的尊敬和爱戴。

那个时候，经济系的年轻教师们也经常到我家里做客。他们富有理想、朝气蓬勃，有干劲，但是有时也会有挫折感和困惑。父亲宽厚和民主的作风使年轻的同事们愿意和他交流。他用自己的阅历和学识为他们的个人发展计划提供建议，他鼓励年轻的教师们不要被眼前的利益所吸引，要目光长远，继续深造、不断提高自己。当有些年轻教师在发达地区找到更好的发展机会时，他会尽力挽留，如果对方去意已定，他绝不会设置障碍，而是顺利地签字，为他祝福。因为有过这样的温柔对待，这些当年离开宁大的青年教师们，许多人都在多年以后对宁大怀有留恋之情。

父亲担任副校长之后，工作任务更重了，处理的关系也复杂了。我觉得他最大的优点是有大局观，当与同事出现矛盾时，他往往避其锋芒，从容面对，避免激化矛盾。他从来不把工作中的矛盾带到家里。我曾经问父亲，"为什么别人做了对你不利的事，你不反击？"他淡淡地回答，"别人怎么做是别人的事情，我们不这么做。"我想，他是不愿意把时间和精力耗费在这些无碍大局的事情上吧，而且，从本质上讲，他总是心态平和，与人为善的。

（编校：张惠）

作者简介

左晓园，女，1972年出生，历史学博士，外交学院英语与国际问题研究系副教授、拉丁美洲研究中心主任。

把握机遇，勇迎挑战

——宁夏大学原副校长左理访谈

牛露露

20世纪80年代，左理因桑梓之情回归了宁夏。他主动走进宁夏大学，创建宁夏大学经济系。作为学校领导班子成员，他着力于引领宁夏大学朝前走向外看，为宁夏大学建设和发展奉献着热情与力量。

创建宁夏大学经济系

1943年，左理出生于宁夏盐池。1982年，他从兰州大学研究生毕业。党的十一届三中全会以后，国家确立了以经济建设为中心的方针。经济学专业出身的左理，在毕业后主动选择了宁夏大学。宁夏大学原来是一所师范类学校。20世纪80年代初，随着改革开放，宁夏大学向多学科、综合性大学发展，开始增设一些新的专业、新的学科。经济系就是在这一时期创建起来的。他说，"要适应社会发展需要，培养经济类的学生，这是当时包括宁夏在内的全国的当务之急。当时自治区人事厅的领导让我自主选择工作单位，我选择了宁夏大学，我认为宁夏大学应该有经济系。"

宁夏大学经济系的创建，对宁夏来说是件大事，也是个难事。改革开放后，财政厅包括税务局等在内的一些政府部门和企业，亟须提高在职干部职工的学历层次，亟须培养一批高级财经管理人才。为此，宁夏大学经济系的筹建势在必行。而当时宁夏整个地区的经济总量小，财政收入低，所以在筹建的过程中遇到了很多困难。值得庆幸的是，宁夏财政厅在其中发挥了重要作用，解决了诸多困难。财政厅在资金和师资两个方面给予了支持。1985年，在左理等同志的多方争取下，财政厅为加快财经类人才培养，向宁夏大学拨款一百万元，利用这批款项盖了一座近4000平方米的财经楼，购置了一批计算机以及图书资料。宁夏大学原来没有经济方面的专业课老师，教师资源稀缺，财政厅从财政、税务、国有企业中选出一批有经验、有职称的人来给学生上专业课，经济系的创办工作得以顺利开展。

　　"经济系起步了，发展顺利，领导班子凝聚力强，相互团结，目标一致，奔着为宁夏地区培养财经类管理人才的目标向前冲。"在左理的带领下，宁夏大学经济系虽起步较晚，但发展速度很快。经济系开始只有财政专业，而后又增加了会计专业。1986年，宁夏大学经济系面向社会招生，又增设了工商企业管理专业。现在宁夏大学的经济管理学院，是由原宁夏大学经济系、宁夏工学院的管理工程系和宁夏农学院的农业经济系三校三系合并而成。

　　作为经济管理学院经济学硕士点的负责人，左理一直领导着团队朝前走。当时，经济学硕士点的队伍还不太完整，一些新人还没有培养起来。考虑到这个情况，已经退休的左理继续给经济学研究生上课，指导研究生毕业论文答辩，坚持了将近十年。"我对退休的概念与他人有些不同。我的概念就是，作为一个社会的成员，就应该为社会做一些事情。不管在职与否，只要身体允许，就应该做点事情。我觉得这就是一个人的价值所在。"2017年，经管学院的师资队伍逐步完善了起来，左理才安心地放下了工作。

引进来与走出去

　　1992年8月到2002年2月，左理担任宁夏大学副校长，主抓师资工作。当时，学校的师资投入经费不足，教师流失严重，队伍稳定困难。左理认为，稳定教师队伍既要事业留人也要感情留人。"我意识到真正能够稳定住的，其实还是本身出生于宁夏周边地区的老师。我们从这个点切入，稳定住这一批教师人才。事实证明，这样做是可行有效的。"左理十分重视教师的地位，他强调"在一个学校里面，学生是主体，教师是主导。没有好的教师队伍，办学质量难以保证。"

　　王玉炯是宁夏当地人。他刚刚毕业，左理就亲自上门拜访，做思想动员，请他来学校工作。当时，王玉炯很想开展科研工作，可是当时的农学院没有充足的科研经费。对此，左理代表学校向王玉炯作出允诺：建设实验室，满足实验条件，并提供一套一百平方米的住房。最后，王玉炯博士同意来到宁夏大学，成为优秀的学科带头人，并先后担任了生命科学学院院长、宁夏大学党委副书记。

　　宁夏是农业省区，一直有牛羊养殖，饲料十分重要。现宁夏地区饲料方面的首席科学家李爱华，原是生物工程研究院的一位研究员。她长期从事饲料研究，研究热情很高，也颇有成就。但是当时学校的研究条件较差，缺设备。左理给李爱华批了专门的经费，用来支持她的研究。现西部荒漠化研究中心主任宋乃平博士，来自陕西，原在宁夏大学地理系读书，博士毕业后有意调离宁夏大学，左理通过多方努力，将宋乃平作为高层次人才成功挽留在宁夏大学。通过政策倾斜，左理为宁夏大学留住了不少优秀教师，逐步提升了学校的教学质量。

　　"进入宁夏大学校领导班子之后，我认为学校必须定位明确，一切为教师服务，包括尊重教师的自主权，各种待遇要向教师倾斜。"左理说。通过学校各个职能部门不断努力，在服务上得到了较大改进，也为教师在教学与科研上提供了保障。

1997年年底，原宁夏大学和宁夏教育学院、银川高等师范专科学校、宁夏工学院四校合并，组建成了新宁夏大学，第一轮合校后，新宁夏大学既有文科也有理科，同时也包含工科和艺术类学科。作为一所综合性的大学，更需要提高学校各学科的专业实力和教学水平。对此，左理倡导教师们要积极"走出去"和"引进来"。"现在是个开放的世界，经济全球化的同时，也意味着教育全球化。我们不能拘泥于宁夏这个小圈子，教师要积极主动地参加全国各类学术性会议。深入社会，确定研究方向，只有激励老师走出去，这样才能引进来更好的教学资源。"左理曾多次到全国各高校参与学术讨论、校际合作等活动，并成为兰州大学客座教授、延边科技大学兼职教授。

同时，左理也主张在国际上主动出击，向世界高等院校伸出合作之手。1995年，他代表宁夏大学参加了由宁夏政府组织的赴日本访问团，在此期间与日本岛根大学建立了校级合作关系。双方确立了共同的科研项目——宁夏境内的青铜器研究。这项课题由日本校方出资，与宁夏大学合作进行研究，这也为宁夏大学日后成立的中日联合研究所奠定了前期工作基础。2001年4月中旬，左理率宁夏大学代表团访问巴基斯坦，参加了由国际伊斯兰大学主办的国际学术讨论会，签订了两校学术文化交流协议。此外，他还代表宁夏大学参加亚洲及太平洋地区大学联盟，同时还邀请亚洲及太平洋大学联盟的主要负责人到宁夏大学进行访问，加强彼此间的交流，并与美国、加拿大等多个国家进行了交流，开始转向实质性的交流合作，宁夏大学与韩国、马来西亚、法国等一些国家和地区互换留学生。左理在任职期间率先带路，积极走出去，为宁夏大学向国际化大步迈进发挥了重要作用。

今天的宁夏大学已成为省部共建的"211工程"高校。1996年，在参加一次全国性的会议时，左理主动找到国家教委主任，他说："'211工程'是国家重点建设工程，西部大开发是国家大战略，而宁

2019年10月9日，档案馆口述档案采访工作人员与左理（中）合影

夏又是个比较落后的地区，教师队伍难以稳定。如果'211工程'全都建在发达地区，那些不发达地区的高校如何发展起来？我认为'211工程'的布局应该全国分布，不要局限于京津沪这些地方。"此后他3次在教育部召开会议和汇报工作中，向部长和主管副部长申述宁夏大学进入"211工程"的必要性。经过一届又一届领导班子和全体教职员工的负重拼搏，不懈努力，宁夏大学终于在2008年迈入"211工程"建设高校行列。

　　谈起明天的宁夏大学，左理自信地表示，他相信学校会越来越好，"我们要注意到，宁夏大学在发展，其他大学也在发展。因此，宁夏大学还要继续朝前赶。在院系专业上进行必要的调整，专业的设置要适应市场需求。"虽然退休多年，但左理一直在关注着宁夏大学的成长，也一直期待宁夏大学向着更好的方向发展。

（编校：张惠）

后 记

　　经过精心筹备和两年的辛勤工作，《贺兰山下种树人——宁夏大学口述实录（第二辑）》终于和广大读者见面了。

　　挖掘、抢救、编研宁夏大学弥足珍贵的历史记忆，记录先行者们艰苦而坚实的创业足迹，珍藏并传承前辈们用智慧与汗水浇铸出的"宁大精神"，是我们档案人的历史机缘和现实使命。2018年暑假前后，几名德高望重的老教师的相继离世，促使我们加快了开展这项工作的脚步。

　　在数百名离退休老领导、老教师中，遴选50名左右作为访谈对象，对我们来说是个不小的挑战。为此，我们以宁夏大学六十周年校庆"创校荣誉奖"颁奖名单为基础，兼顾不同学科专业、校区分布、历史沿革等因素，经请示最后确定了入选名单。

　　通过半年多的档案查询、电话咨询、登门拜访、资料整理等前期准备，2019年6月至11月底，档案馆对入选的老领导、老教师先后进行了深度采访。采访摄制组顶着炎炎烈日，放弃假期休息，涉足北京、上海、福州、昆明、贵阳、郑州等地，用镜头记录下一组组感人的瞬间，保留下大量生动鲜活、启人心智的音像档案，征集到不少珍贵的照片、手稿、著作、证书等实物档案。2018年8月，我在校订完成三本校庆丛书交付出版社后，立即赶往北京采访了重病中的原校长张奎，两个月后，张校长溘然长逝，这既让我们哀痛，也让我们深切体味到"抢救式"做好口述档案工作的重要性和紧迫性，认识到校史档案工作无可替代的价值。

为编撰成书，载入史册，自2019年12月起，档案馆（校史馆）全体老师倾心投入，对100多万字的访谈资料，进行了仔细甄别和反复筛选，前后增删、补正达7次之多，再次经口述人审稿、授权，于2020年8月底最终定稿，交付出版社。

本书共收录52名老领导、老教师的采访口述实录内容（含对已逝世的几位老师相关内容的补录）。分为"采访视频文字""人物通讯""亲友回忆文章"三大版块，以期立体呈现被采录对象在宁夏大学工作、生活的真实图景，以不同的视角全方位描绘"宁大人"在艰难中前行、在奋进中崛起的全貌，诠释"'沙枣树'精神"的丰厚内蕴，为广大读者留存一份值得珍藏和回味的宝贵记忆。被采访（含补录）者以姓名汉语拼音字母顺序排列。全书"第一辑"收录25人，已出版；"第二辑"收录27人，即本辑。

"口述档案"是近年来兴起的一项新颖的档案编研形式，以清新自然、别具一格见长。宁夏大学此项工作能走在西部高校前列，离不开学校领导的重视关怀，得益于中国高校档案学会与兄弟高校的指导与支持，依托于我校档案人自身的孜孜进取。校党委书记李星于百忙之中撰写总序；郎伟、谢应忠两位副校长对我们的工作多次予以指导；自治区党委办公厅，自治区档案馆，宁夏大学发展规划处、计财处、离退休人员服务处、办公室、资产与实验室管理处、校友办等部门都给予我们有力的协作配合。特别是疫情防控期间，编辑们克服困难，仍赶往学校加班加点，笔耕不辍。在此，对各位领导、部门、个人的无私付出，一并表达真诚的感谢和深深的敬意！

本次采录工作邀请函、采访提纲、文稿撰写供稿、视频剪辑等，均由档案馆牵头制订、实施、定稿。在新闻传播学院朱俊松副教授指导下，人文学院硕士研究生黄思伶、张娜、辛婉怡、徐自立、牛露露以及新闻传播学院本科生马文梅、刘雪茹、于晨曦、刘文妍、郭晓雪、张彤彤等11名同学，电话联系、登门走访、查阅资料、撰写采访提纲与通讯稿，做了大量颇有成效的工作，值得表扬。全书由档案馆王海文馆长统稿，郎伟副校长最终审定。

根据工作计划，采录工作任务落实、文稿初审分工负责情况如下：王海文（李增林、陈育宁、夏森、张奎、陈若希）；马海龙（张秀林、张德山、徐兆桢、孙占科、杨新民、刘慧英、马友谅、华世献、张汉升）；张惠（朱光曜、田乃祥、马玉树、孙静、谢贤熙、王正华、王庆同、杨明）；褚文娜（杨圣诠、夏宗建、王天勇、郑金玉、郝德欣）；杜维民（陈如熙、王晡暐、王希蒙、尹长安）；马健（吴家麟、汤翠芳、徐正敏）；贾国华（刘世俊、郭雪六、李玉鼎）；王斌（纪生荣、秦文忠、刘雅轩）；翟伟（李占松、杨秀珍）；陆为（周鹏起、周佩茹）；刘晔（左理）；韩勇（俞灏东）；胡彬（乔治华）；赵芳红（王力行）；雍文娟（蒋振邦）；王翔（付森根）；马瑞（王世英）；张加琦（蒋振国）。此外，图片收集、编辑由王翔负责；退休教师张新民、新闻传播学院硕士研究生封宏砚，参与了文稿的编辑工作。在此，对上述同志的辛勤付出，予以充分肯定。

此项工作的顺利完成和丛书的如期出版，宁夏二元传媒有限公司，宁夏阳光出版社贾莉、李媛媛两位编辑，付出了大量心血，在此谨表谢忱！

因编撰经验不足、编者水平有限，书中难免有错漏不当之处，敬请广大读者批评指正。

王海文

二〇二一年五月二十日于金波湖畔

后
记

299